U0498657

中国人口迁移流动

对城市住房价格的影响研究

——基于结构变迁的视角

李双强 著

西南财经大学出版社

中国·成都

图书在版编目(CIP)数据

中国人口迁移流动对城市住房价格的影响研究:基于结构变迁的视角/李双强
著.—成都:西南财经大学出版社,2023.11
ISBN 978-7-5504-5989-2

Ⅰ.①中… Ⅱ.①李… Ⅲ.①人口流动—关系—城市—房价—研究—中国
Ⅳ.①C924.24②F299.233.5

中国国家版本馆 CIP 数据核字(2023)第 218069 号

中国人口迁移流动对城市住房价格的影响研究——基于结构变迁的视角

ZHONGGUO RENKOU QIANYI LIUDONG DUI CHENGSHI ZHUFANG JIAGE DE YINGXIANG YANJIU—JIYU JIEGOU BIANQIAN DE SHIJIAO

李双强 著

责任编辑:廖术涵
责任校对:周晓琬
封面设计:墨创文化
责任印制:朱曼丽

出版发行	西南财经大学出版社(四川省成都市光华村街55号)
网 址	http://cbs.swufe.edu.cn
电子邮件	bookcj@swufe.edu.cn
邮政编码	610074
电 话	028-87353785
照 排	四川胜翔数码印务设计有限公司
印 刷	郫县犀浦印刷厂
成品尺寸	170mm×240mm
印 张	16
字 数	422 千字
版 次	2023 年 11 月第 1 版
印 次	2023 年 11 月第 1 次印刷
书 号	ISBN 978-7-5504-5989-2
定 价	78.00 元

1. 版权所有,翻印必究。
2. 如有印刷、装订等差错,可向本社营销部调换。

前言

改革开放以来，中国的人口迁移数量经历了从慢到快的增长，以及从计划性的永久迁移向市场性的临时迁移的转变。人口的迁移流动也带动了各类资本的流动，资本的汇集给城市带来可持续发展的人力、物力和智力资源，推动了经济的高速增长和城市化进程，同时也滋生出一系列亟待解决的社会和经济问题，比如教育、医疗、养老、社会保障，尤其是以住房为代表的资产价格的大幅上涨和时间序列上的非平稳性发展，给我国经济的可持续发展带来了隐患。如何引导如此庞大的群体有序迁移流动和合理分布，实现人口与经济、资源环境永续共生，这是摆在中国社会面前的一个重大课题。解决这些问题的前提是要更进一步地科学分析与总结人口迁移流动的历史规律，以及随着我国住房价格的差异化发展和城乡结构、产业结构的变化所呈现出的新的空间流动特征，尤其是分析这些规律与特征内在的演变机理，厘清各因素之间的逻辑互动关系，进而预估发展的趋势。

同时，我国城市住房价格自 2003 年开始迅速上涨，直至 2011 年基本存在"普涨"的局面（不包括 2008 年），但自 2012 年开始，"普涨"现象不复存在，"差异化上涨"开始凸显，一线城市房价快速攀升，远超其他类型城市，而县城去库存成为当地政府"十三五"规划拟定的头等大事。为什么不同类型城市甚至同等类型城市在短短几年时间内，住房价格发展趋势开始出现明显的差异与分化呢？本书认为，这与影响住房市场发展中最为重要的"人口"因素直接相关。假定一定时期内人口规模不变，"人的流向"在很大程度上可能是造成住房价格空间差异的重要原因，那么在剥离其他因素之后，人口迁移流动与住房价格差异化发展之间到底存在怎样的互动关系，尤其是随着迁移流动特征的变化（时间和空间维度）住房价格呈现出怎样的城市与区域发展特征、内在的影响机制以及发展趋势如何，这是本书研究的落脚点。

基于此，本书基于结构变迁的视角，研究了人口迁移流动对城市住房价格的影响，首先通过对相关理论与文献进行梳理与回顾，形成了支撑全书研究的理论基础与逻辑起点；其次对城乡结构变迁、产业结构变迁、人口迁移流动与城市住房价格的发展历程进行了分析，准确描述了结构变迁、人口迁移流动与城市住房价格的空间和时间特征；接着基于城乡结构变迁的视角，通过理论模型和实证分析研究了在中国快速的城镇化过程中，大量人口从农村涌入城市，"乡→城"人口迁移对中国城市住房价格的影响，从而对城市住房价格的上涨给出解释；继而基于产业结构变迁的视角，通过理论分析和实证检验，研究了人口迁移流动对城市住房价格的差异化影响，解释了中国城市住房价格的上涨差异与分化；最后从微观的视角，研究了流动人口结构对城市住房需求和住房价格的影响，从流动人口内部结构的差异再一次对中国城市住房价格差异化上涨给出了解释。

本书的内容主要分为以下七章：

第1章：导论。本章首先阐述了本书的研究背景与意义，对研究中涉及的核心概念进行了界定；其次，梳理了国内外关于结构变迁、人口迁移流动与城市住房价格研究的相关文献；继而，阐明了本书的研究思路、内容与方法，介绍了本书的结构安排；最后，阐述了本书的创新与不足之处。

第2章：相关理论基础。本章首先从迁移定律、推拉理论、刘易斯模型、托达罗模型、收益-成本理论等阐释了城乡结构变迁和人口迁移流动的相关理论；其次回顾了配第-克拉克定理、库兹涅兹产业结构论、国际标准产业结构等产业结构变迁的相关理论；最后，从静态和动态供求价格模型介绍了城市住房价格理论，并对相关理论进行了评述和总结。

第3章：结构变迁、人口迁移流动与城市住房价格特征分析。本章在核心概念界定的基础上，首先以城镇化率作为衡量城乡结构变迁的指标，分析了中国城乡结构变迁的历程，并分别从区域层面和分线城市层面研究了中国城乡结构变迁的特征；其次，以产业结构合理化和产业结构高度化两个指标探讨了中国产业结构变迁的历程，并结合省域和地市级相关数据探讨了不同区域和不同等级城市的产业结构变迁特征；继而，以各地区常住人口的机械增长状况，研究了区域和分线城市的人口迁移流动特征；最后回顾了中国城镇住房制度改革的四个阶段，并结合市域层面的住宅商品房价格，运用泰尔指数、变异系数和莫兰指数等研究了中国城市住房价格及其增长的空间差异和空间关联特征。

第4章：城乡结构变迁、人口迁移流动与城市住房价格。本章首先构建了农村→城市迁移的两区域模型，并通过对模型均衡状态下的求解，推导出城乡结构变迁与城市住房价格之间的线性关系，在模型中引入了迁移成本这一重要因素，基于理论模型分析提出了关于人口迁移流动对城市住房价格影响的三个命题；其次，结合中国地级市及以上城市2006—2016年的面板数据，运用固定效应模型和系统GMM模型，从静态和动态两个方面对三个研究命题进行了初步验证；最后，为了进一步验证上述研究结论的稳健性，通过替换被解释变量和变换模型估计两种方式对研究结论进行了稳健性检验。

第5章：产业结构变迁、人口迁移流动与城市住房价格。本章首先构建了包含工业部门和政府部门的城市→城市人口迁移的两区域模型，并通过对模型均衡状态下的模拟求解，从理论上推导出了产业结构变迁对人口迁移流动的作用，以及对城市住房价格的差异化影响作用，并基于求解结果提出了产业结构变迁、人口迁移流动与城市住房价格之间关系的三个研究命题；其次，运用全国226个城市的面板数据，对上述三个研究命题进行了初步验证；最后，通过替换核心解释变量和划分子样本等方式对研究结论进行了稳健性检验。

第6章：流动人口结构特征对城市住房价格的影响研究。本章首先运用2011—2017年的全国流动人口动态监测调查数据，以是否在城市租或购房衡量对城市住房的需求，从统计学上分析了流动人口特征对城市住房需求的差异；其次，运用logit模型实证分析了流动人口特征对城市住房需求的影响，并根据实证结果提出了流动人口结构对城市住房价格影响的研究假设；最后，以全国流动人口动态监测调查数据为基础，并与中国城市统计年鉴数据进行匹配，运用面板数据模型，研究了流动人口结构对城市住房价格的影响，从流动人口结构的视角再一次对城市住房价格的差异化上涨进行了解释。

第7章：结论与启示。本章一是对全书的主要研究结论进行了总结，二是根据本书研究结论提出了几点政策启示。

通过以上理论研究与实证分析，本书的主要研究结论如下：

第一，从城乡结构变迁特征来看，中国自改革开放以来，城镇化进程稳步推进；其中东部地区城镇化率最高，东北地区次之，中部和西部地区城镇化率最差，一线城市基本完成城市化进程。从差距上来看，新一线城市与一线城市的城镇化率差距最大；三线城市与二线城市的差距次之，四线城市与三线城市相差7个百分点左右，五线与四线城市基本无差距。

第二，从产业结构变迁特征来看，中国的产业结构合理化和高度化程度在样本内均得到一定的改善和提升。分区域来看，东部地区的产业结构合理化和高度化水平均最优；东北地区产业结构合理化指数在样本期间内波动最大。分线城市来看，一线城市的产业结构协调度和高度化最优；新一线城市在产业结构协调程度上明显优于二线城市，而产业结构高度化指数与二线城市相当；三线城市的产业结构合理化程度显著优于四线和五线城市，五线城市的产业结构高度化水平优于三线和四线城市。

第三，从人口迁移流动的特征来看，在2010年之前，东部地区的常住人口每年增长在400万以上，形成"孔雀东南飞"的格局，2010年以后，东部地区的常住人口增长态势变弱，虽然人口仍在东部地区集聚，但集聚的速度明显放缓，并且已有常住人口向中、西部回流的趋势；东北地区的衰落形式未得到好转，人口流失速度和规模都明显加快。分线城市来看，一线和新一线城市的常住人口在样本期间内持续流入，但四个一线城市的常住人口增速明显放缓；2014 年后伴随着劳动力的回流，二线城市的常住人口持续净流出；以中、西部为主体的四五线城市，在样本期间内持续表现为人口净流出。

第四，从中国城市的住房价格特征来看，一线城市住房价格最高，且与国内其他城市的住房价格差距逐步拉大；新一线城市与二线城市，三线城市、四线城市与五线城市的住房价格差距较小，且随着时间的变化差距无扩大趋势；2003—2011 年，中国城市住房价格存在"普涨"局面（不包括 2008 年），2012 年以后，"普涨"局面不复存在，中国城市住房价格开始"差异化上涨"，且一线城市领涨。从空间关联特征来看，中国城市的住房价格在空间上具有较强的正相关性。

第五，从结构变迁、人口迁移流动与城市住房价格的研究来看，城市的住房价格不仅与上期的城镇化率正向相关，而且与城镇化率的增长率正向相关，同时，迁移成本通过作用于城市的城镇化进程，对城市住房价格的上涨具有调节效应。即随着城乡结构的变迁，人口不断由农村迁移流动至城市，从而推动城市住房价格上涨，同时迁移成本通过作用于城乡结构变迁进程，进一步地推动了城市住房价格上涨。

第六，从产业结构变迁、人口迁移流动与城市住房价格的研究来看，城市产业结构的变迁优化显著推动了人口向该城市迁移流动。城市迁移流动的人口不断增多，对城市住房产生大量需求，从而推动了城市住房价格的上涨。各城市产业结构变迁程度的不同，导致各地区人口迁移流动规模有所差异，从而造成了中国城市住房价格的差异化上涨。

第七，从流动人口结构特征对城市住房价格的影响研究来看，流动人口结构特征对城市住房需求有显著性影响差异，从而对城市的住房价格也有一定的影响差异。城市流动人口内部结构的差异，也是造成城市住房价格产生差异、分化的重要原因。

　　当今世界正经历百年未有之大变局，俄乌冲突及其引发的能源危机和粮食危机持续加剧，地缘政治风险持续飙升，世界经济遭受重创。但我们深感有幸生活在一个伟大的国度、伟大的时代，自改革开放以来，无论国际风云如何变幻，祖国始终行稳致远。快速发展的中国仍有众多的问题等待我们去探索、去思考、去解决，作为一名青年学者，我深感责任重大。

　　最后，由于本书作者的知识结构和研究水平有限，书中难免有不足之处，欢迎各位读者批评指正。

李双强

2023 年 10 月

目录

1 导论

1.1 研究背景与意义

1.1.1 研究背景

由于我国二元经济结构的存在，优质的资源、产业不断向城市聚集，引致"乡→城""城↔城"大规模的人口迁移流动。改革开放以来，我国的人口迁移数量经历了从慢到快的增长和从计划性的永久迁移向市场性的临时迁移的转变（马忠东，2019）[①]。根据国家统计局数据，截至 2019 年年末我国流动人口数量达 2.36 亿，占总人口的 16.85%，相当于每 6 个人当中就有 1 个流动人口。人口在空间上的大规模迁移流动，致使我国空间经济格局发生了深刻改变，进而对我国经济社会发展产生了深远影响（李文宇 等，2019）[②]，人口的迁移流动带动各类资本的流动，资本的汇集给城市带来可持续发展的人力、物力和智力资源，推动了经济的高速增长（陈钊 等，2008）[③] 和城市化进程（王桂新 等，2014）[④]，同时也滋生出一系列亟待解决的社会和经济问题，比如教育、医疗、养老、社会保障，尤

---

① 马忠东. 改革开放 40 年中国人口迁移变动趋势：基于人口普查和 1% 抽样调查数据的分析 [J]. 中国人口科学，2019（3）：16-28.

② 李文宇，陈健生，刘洪铎. 为什么区域政策越来越重视"抢人"：基于一个拓展的线性模型研究 [J]. 中央财经大学学报，2019，377（1）：100-110.

③ 陈钊，陆铭. 从分割到融合：城乡经济增长与社会和谐的政治经济学 [J]. 经济研究，2008（1）：22-33.

④ 王桂新，黄祖宇. 中国城市人口增长来源构成及其对城市化的贡献：1991—2010 [J]. 中国人口科学，2014，34（2）：2-16.

其是以住房为代表的资产价格的大幅上涨（陆铭 等，2014）[①] 和时间序列上的非平稳性发展（陈斌开 等，2016）[②]，给我国经济的可持续发展带来了隐患。

人口迁移流动是多因素交织产生的结果，把握住了人口迁移流动的特征和内在影响机制就把握住了这些因素对经济和社会影响的共同作用效果，这一问题已经引起政府高层的高度重视，《国家人口发展规划（2016—2030 年）》把"优化人口空间布局""完善人口流动政策体系"提升到全局性和战略性的高度。

学术界比较一致的观点认为，我国人口结构发生了根本性变化，少子化、老龄化导致房价失去进一步上涨的原动力（李超 等，2015）[③]，且2015 年是我国住房市场发展的转折年（徐建炜 等，2012）[④]。然而 2015年、2016 年部分二线或省会城市房价也开始大幅上涨，但并不是普涨。根据胡润研究院发布的《2017 中国高净值客户海外置业展望》，合肥、厦门、南京 2016 年涨幅分别为 48.4%、45.5%、42%，远超一线城市。有的城市涨幅却很小，比如西安、重庆、昆明等；有的同比却小幅下降，比如大连及东北的其他部分大城市。为什么不同类型城市甚至同等类型城市在短短几年时间内，住房价格发展趋势开始出现明显的差异与分化呢？

本书认为，这与影响住房市场发展中最为重要的"人口"因素直接相关。有关部门数据显示，2016 年"80 后"占据流动人口的 49.9%，这部分人具有住房的刚性需求，他们的流动方向和流动意愿将直接影响不同城市和地区住房市场的需求潜力和市场规模。假定一定时期内人口规模不变，"人的流向"在很大程度上可能是造成住房价格空间差异的重要原因，那么在剥离其他因素之后，人口迁移流动与住房价格差异化发展之间到底存在怎样的互动关系，尤其是随着迁移流动特征的变化（时间和空间维度）住房价格呈现出怎样的城市与区域发展特征、内在的影响机制以及发展趋势如何，这是本书研究的落脚点。

[①] 陆铭，欧海军，陈斌开. 理性还是泡沫：对城市化、移民和房价的经验研究 [J]. 世界经济，2012（1）：32-56.

[②] 陈斌开，张川川. 人力资本和中国城市住房价格 [J]. 中国社会科学，2016（5）：43-64.

[③] 李超，倪鹏飞，万海远. 中国住房需求持续高涨之谜：基于人口结构视角 [J]. 经济研究，2015（5）：118-133.

[④] 徐建炜，徐奇渊，何帆. 房价上涨背后的人口结构因素：国际经验与中国证据 [J]. 世界经济，2012（1）：24-42.

基于此，本书基于结构变迁的视角，研究人口迁移流动对城市住房价格的影响，首先通过对相关理论与文献进行梳理与回顾，形成了支撑全书研究的理论基础与逻辑起点；其次对城乡结构变迁、产业结构变迁、人口迁移流动与城市住房价格的发展历程进行了分析，准确描述了结构变迁、人口迁移流动与城市住房价格的空间和时间特征；再次分别基于城乡结构变迁和产业结构的视角，通过理论模型构建和实证研究，分析了人口迁移流动规模对城市住房价格的影响，对中国城市住房价格的增长与差异进行了解释；最后从微观的视角研究了流动人口结构对城市住房需求和住房价格的影响，从流动人口内部结构特征对中国城市住房价格差异进行了解释。

1.1.2 研究意义

（1）理论意义。人口与住房市场是房地产研究领域的一个重要"分支"，之前的研究主要集中在人口结构对住房市场的影响，在21世纪初，西方学者针对欧美地区就人口迁移流动这一视角展开了大量的研究，研究结论莫衷一是。之所以在欧美两个地区的研究出现了不同的结论，这可能是因为国外的学者关注的都是"国外移民"，移民的质量或者结构大有不同。从国内研究来看，国内学者的研究主要集中在人口结构和人口规模的角度，而从人口迁移流动的角度分析住房价格空间差异的相对较少。本书从宏观和微观两个角度考察了人口迁移流动对城市住房价格的影响，分别在城乡结构变迁和产业结构变迁的视角下，考察了人口迁移流动规模对城市住房价格的影响，并且还从微观上研究了人口迁移流动结构对城市住房需求和住房价格的影响，对中国城市住房价格的增长的差异和分化做出了解释，给予了系统、全面与贴合当今现实的回答，延续并深化了此领域的研究，丰富了现有的研究成果，是对现有学术研究的有益补充。

（2）现实意义。人口问题和房地产经济已经成为影响中国经济可持续增长两大无可争议的重要因素。中央经济工作会议再次明确指出："要落实人地挂钩政策，根据人口流动情况分配建设用地指标"，紧紧地把两大因素绑定在一起，城市的竞争逐渐演变为"引人"的竞争。因此，本书研究人口迁移流动对城市住房价格的影响，有助于决策层从户籍制度和产业结构变迁等方面合理引导人口在空间上的迁移流动，有效预防城市住房供求失衡，在缓解一线、新一线城市住房压力的同时，对促进三、四线城市住房市场的发展具有重要意义，同时也对将来政府"因地（城）施策"精准调控有着重要的借鉴意义，有利于我国的社会稳定和经济的可持续发展。

1.2 核心概念界定

1.2.1 城乡结构变迁

城乡结构是相对广泛的概念，在本书的研究中，城乡结构主要指人口的城乡结构。依据《人口科学大辞典》对其的定义，人口城乡结构反映了城镇人口和农村人口在总人口中的组成状况与数量构成。城乡人口结构变迁，既是社会经济变动的结果，同时又是影响社会经济发展的重要因素[①]。本书采用了人口城镇化率对城乡结构变迁进行测度和衡量。

1.2.2 产业结构变迁

产业结构，也被称为国民经济的部门结构，指国民经济各部门之间以及各产业部门的内部构成。产业结构变迁包括产业结构合理化和产业结构高度化两个维度（干春晖 等，2011）[②]，本书亦从这两个维度对中国产业结构变迁的特征进行了分析。

产业结构合理化不仅反映了各部门之间的协调程度，同时也反映了对资源的利用程度，研究者一般采用结构偏离度对其进行衡量，但该指数忽略了各部门产业在国民经济当中的重要程度。本书参考干春晖（2011）的做法[③]，采用泰尔指数对我国的产业结构合理化程度进行了衡量和测算：

$$TL = \sum_{i=1}^{n} \left(\frac{Y_i}{Y}\right) \ln\left(\frac{Y_i}{Y} \middle/ \frac{L_i}{L}\right) \tag{1-1}$$

---

① 向洪，张文贤，李开兴. 人口科学大辞典 [M]. 成都：电子科技大学出版社，1994.

② 干春晖，郑若谷，余典范. 中国产业结构变迁对经济增长和波动的影响 [J]. 经济研究，2011（5）：4-16.

③ 同②.

式（1-1）中，i 表示国民经济中产业部门个数；在本书中，$n = 3$，表示我国三次产业部门；Y_i 和 L_i 分别表示该产业的产值和从业人员个数；Y_i/Y 表示产出结构，L_i/L 表示就业结构，因泰尔指数是产出结构和就业结构耦合度的衡量，该指数越大，表明产业结构偏离均衡状态越大。

产业结构高度化是对产业结构升级的衡量，鉴于经济服务化的特征事实（吴敬琏，2008）[①]，本书参考干春晖（2011）、吴万宗（2018）[②] 的做法，以第三产业产值占第二产业产值比重衡量了我国的产业结构高度化水平。

1.2.3 人口迁移流动

联合国《多种语言人口学辞典》将人口迁移定义为：人口在两个地区间的空间流动或者地理流动，并且这种流动通常伴随着居住地由迁出地到迁入地之间的永久性改变，这种迁移称为永久性迁移，与其他人口流动的最主要区别是永久居住地的变化。从该定义来看，可引申出人口迁移的两个属性：第一，人口迁移的时间属性。只有那些居住地发生"永久性"改变的人口移动才能称为人口迁移，而由日常通勤、旅游、探亲等原因导致的人口移动不属于该范畴。第二，人口迁移的空间属性。人口迁移的迁入地和迁出地必须具有一定的空间距离，一般以跨越行政界线为依据，同一行政区域内改变居住地的人口移动不属于人口迁移。

从人口迁移是否跨越国界来区分，人口迁移可分为国际人口迁移和国内人口迁移。国际人口迁移指跨越国界的，人口从某个国家向另一个国家的长期移动，如大航海时代欧洲人口向北美的迁移、十五世纪至十九世纪中叶非洲黑奴向美洲的被迫迁移、近代中国人口向东南亚地区的迁移等，都属于世界历史上规模较大的人口迁移。相较于国际人口迁移，国内人口迁移更加普遍，如中国东北等地开发、中国"三线建设"等都导致了大规模的国内人口迁移；同时，伴随着科技进步和生产率的提高，人口由乡村向城市的迁移也属于国内人口迁移范畴。

人口流动是人口在不同地区之间所做的各种各样短期的、重复的或周

---

① 吴敬琏. 中国增长模式抉择 [M]. 上海：上海远东出版社，2008.

② 吴万宗，刘玉博，徐琳. 产业结构变迁与收入不平等：来自中国的微观证据 [J]. 管理世界，2018，34（2）：22-33.

期性的运动，其最主要的特征为一般不会变更户籍所在地，是短期暂时性的人口移动，如大学生上学、外出务工、探亲旅游等，都属于人口流动。

依据人口流动的时间特征，人口流动可分为四类：第一，长期人口流动，指离开户籍所在地一年以上，在外寄居，但户口仍在原地的人口流动；第二，暂时人口流动，指离开户口所在地一天以上、一年以下的，在外寄居，但户口仍在原地的人口流动；第三，季节性人口流动，指有规律地离开户口所在地和返回户口所在地，又称周期性人口流动；第四，往返性人口流动，一般指早出晚归、不在户籍登记地以外区域过夜的人口流动[①]。

从国内来看，人口迁移与人口流动存在较大的差别，从现有文献研究来看，其区别主要可以分为以下三类：

第一，依据户籍登记地是否发生了变更来区别人口迁移与人口流动，如户籍登记地变更则为人口迁移，反之则为人口流动。

第二，依据流动的时空特征来区别人口迁移与人口流动，一般情况下认为人口迁移较人口流动的流动距离更远、时间更长。

第三，依据居住地是否发生改变来判别人口迁移和人口流动，如居住地发生长期或永久性的改变则为人口迁移，反之则为人口流动。

事实上，这些区别主要与我国的户籍制度密切相关，从国际上来看，人口迁移与人口流动的区分不是十分严格，一般只用人口迁移形容人口跨区域的流动，人口流动这一概念在国外不太常见。

本书同样不对人口迁移和人口流动进行明确区分，以常住人口的变化反映地区的人口迁移流动状况。常住人口一般指在实际居住地居住半年及以上的人口，在扣除人口的自然增长后，常住人口的变化反映了该地区人口流进流出的机械增长。因此，本书衡量地区迁移流动人口数量的指标为：

净迁移流动人口=本年常住人口-上年常住人口-上年常住人口×自然增长率

若净迁移流动人口为正，则表示该地区人口呈净流入状态，反之则为净流出。

---

① 吴忠观. 人口科学辞典 [M]. 成都：西南财经大学出版社，1997.

　中国人口迁移流动对城市住房价格的影响研究——基于结构变迁的视角

1.2.4　城市住房价格

城市的住房价格有新房价格、二手房价格和租金价格等，反映了住房的市场价值。与西方发达国家的住房市场不同，我国的房地产市场交易主要还是以新房交易为主，以 2009—2015 年中国 40 个大中城市①为例，2009—2015 年新建商品住房交易面积共计 20.57 亿平方米，同期二手住房交易面积为 10 亿平方米，新建商品住房交易面积占商品住房市场总交易面积的 67.28%②，因此，运用新房价格作为城市平均住房价格具有一定的科学性。参考已有文献研究（陆铭 等，2014；张莉 等，2017；倪鹏飞，2019；周颖刚 等，2019）③④⑤⑥，本书通过住宅商品房销售额和住宅商品房销售面积对城市的住房价格进行推算。

同时，自 2017 年以来，全国行政化管控调控拉开序幕，各大城市纷纷开展了限价、限购、限售、限贷、限商、限企、限地，导致新房价格不能完全反映市场的真实情况，甚至在部分城市出现了新房价格和二手房价格倒挂的现象，因此，本书城市住房价格数据在时间上截止到 2016 年年底。

1.3　国内外文献综述

国内外学术界对人口与住房的研究非常多，随着计量方法的发展，逐步呈现出多学科、多方法与多角度的交叉融合，尤其是 2008 年美国次贷危

---

①　40 个大中城市指：北京、天津、石家庄、太原、呼和浩特、沈阳、大连、长春、哈尔滨、南京、杭州、合肥、上海、福州、南昌、济南、青岛、厦门、宁波、郑州、武汉、长沙、广州、南宁、深圳、海口、重庆、成都、贵阳、昆明、西安、兰州、西宁、银川、乌鲁木齐、无锡、苏州、温州、北海、三亚。

②　根据住房和城乡建设部内部统计数据计算。

③　陆铭，欧海军，陈斌开. 理性还是泡沫：对城市化、移民和房价的经验研究 [J]. 世界经济，2012（1）：32-56.

④　张莉，何晶，马润泓. 房价如何影响劳动力流动？[J]. 经济研究，2017（8）：157-172.

⑤　倪鹏飞. 货币政策宽松、供需空间错配与房价持续分化 [J]. 经济研究，2019，54（8）：87-102.

⑥　周颖刚，蒙丽娜，卢琪. 高房价挤出了谁：基于中国流动人口的微观视角 [J]. 经济研究，2019（9）：106-122.

机之后，曾经存在较大争议而沉寂多年的 Mankiw 和 Weil（1989）^① 关于美国婴儿潮与住房市场发展的研究，又一次成为学术界引用、讨论与借鉴的热门文献。虽然他们的理论由于模型建构和实证方法过于简化，且对当时美国住房市场短期预测并不准确而为人诟病，但自 2006 年开始出现的次贷问题及美国住房市场的发展变化，印证了其长期预判的正确性，也让我们充分意识到，长期来看影响住房市场发展的因素当中"人"的因素是重中之重。本书基于城乡结构变迁和产业结构变迁的视角，探讨了人口迁移流动对城市住房价格的影响，本节对国内外相关研究做了系统性综述，并进行了客观的评判。

本书的文献综述主要分为四个方面，一是关于结构变迁的相关研究，主要介绍了关于城乡结构变迁和产业结构变迁的国内外相关研究；二是关于人口迁移流动的相关研究，主要回顾了人口迁移流动形式及其影响因素的国内外文献；三是关于城市住房价格的相关研究，主要总结归纳了国内外住房价格发展特征与影响因素的相关文献；四是关于人口迁移流动与城市住房价格的相关文献。

1.3.1 结构变迁的相关研究

（1）城乡结构变迁相关研究

长期以来，由于经济发展水平和国内体制因素的影响，我国城乡结构呈现典型的城乡二元发展格局。改革开放以后，城乡二元发展格局逐步被打破，城镇化（城市化）成为城乡结构变迁的主旋律。从现有文献来看，相关研究主要集中在城乡结构变迁的路径选择、城乡结构变迁的影响及其影响因素三个方面，同时由于影响城乡结构变迁的因素也是影响人口迁移流动的因素（在下文中有详细阐述），本书在此主要对城乡结构变迁的路径选择及其主要影响的相关文献进行梳理和总结。

一是关于城乡结构变迁路径选择的相关研究。在我国城乡结构变迁进程中，优先发展大城市还是中小城市的问题一直以来都是相关学者关注的重点。亨德森（2007）在关于我国城市化发展的研究中指出，中国城市多年来吸引了大量的农村人口流入，但总体而言，城市的特征依然表现为数

---

① MANKIW N G, WEIL D N. The baby boom, the baby bust, and the housing market ［J］. Regional Science & Urban Economics, 1989, 19（2）：235-258.

量众多，但单个城市人口规模偏低①。王小鲁（2010）对城市化的国际比较研究也认为我国百万以上人口规模的城市数量仍处于偏低水平，城市的集中度较低，生产要素集聚能力发挥不够充分②。余壮雄（2015）认为改革开放以来，我国的城镇化发展战略经历了三个阶段，即由中小城市优先发展到城市间自由竞争发展，再到更加注重中小城市发展③，并基于2003—2013年（第二阶段）的城市面板数据进行实证检验，发现城镇化效率与城市规模的关系由早期的 U 形逐步向倒 U 形转变，即特大城市在城镇化效率方面的优势正在逐步减弱，而中大型城市是今后一段时期我国城镇化率提升的重要载体。刘修岩等（2017）对城市空间结构与地区经济效率的研究得出，在城市内部采用较为集聚单中心的空间布局更有利于经济效率的提升，在国家或省级层面，宜采用多中心的空间布局④。罗知等（2018）认为城镇化发展路径的选择应当兼顾效率与公平，以降低人口迁入的成本，为迁入人口提供更多的就业机会，其基于我国省级面板数据的实证研究得出，更加兼顾收入分配公平性的省份，其城镇化率显著高于其他省份约两个百分点⑤。

二是关于城乡结构变迁影响的相关研究。万广华（2013）基于国家统计局的家庭调查数据实证检验得出，在不同发展阶段，城镇化率的提升对国内居民的收入差距影响不同⑥，具体表现为：1978—1994 年，城镇化导致居民收入差距有所扩大；1995 年以来，城镇化率的提升使得城乡差距逐步缩小，居民收入分配的均等性有所改善。欧阳志刚（2014）采用城乡商品价格指数作为衡量城乡一体化的变量，研究得出，改革开放初期，城乡分割的二元发展格局使得城乡居民收入差距有所扩大，但随着 20 世纪 90 年代末城乡平衡政策的推出，城乡一体化发展进程加快，城市农村居民收

① 亨德森. 中国城市化面临的政策问题与选择 [M] //比较：第 31 辑. 北京：中信出版社.

② 王小鲁. 中国城市化路径与城市规模的经济学分析 [J]. 经济研究，2010（10）：22-34.

③ 余壮雄，张明慧. 中国城镇化进程中的城市序贯增长机制 [J]. 中国工业经济，2015（7）：38-53.

④ 刘修岩，李松林，秦蒙. 城市空间结构与地区经济效率：兼论中国城镇化发展道路的模式选择 [J]. 管理世界，2017（1）：51-64.

⑤ 罗知，万广华，张勋，等. 兼顾效率与公平的城镇化：理论模型与中国实证 [J]. 经济研究，2018（7）：91-107.

⑥ 万广华. 城镇化与不均等：分析方法和中国案例 [J]. 经济研究，2013（5）：73-86.

入差距得到缓解①。雷潇雨（2014）基于我国东、中、西部176个城市的面板数据实证得出，城镇化水平的提升对提高城市居民消费率具有显著的促进作用，但城镇化的过快发展则会抑制消费率的提升；其分区域的回归结果表明，对于东部地区城市而言，过快的城镇化会显著抑制消费率的增长，但这一效应在中部地区则很微弱②。林伯强（2016）将居民消费的概念进一步细化。他采用家电扩散模型，对30个省份的居民收入、城镇化与家电消费的面板数据进行了实证检验，其结果表明，居民收入的增加和城镇化水平的提高均显著促进了家电消费的增长，其中城镇化水平的提高对家电消费的促进作用更加明显③。

（2）产业结构变迁相关研究

国内外学者关于产业结构变迁的研究，主要集中在产业结构变迁的影响因素及其影响两个方面。

一是关于产业结构变迁影响因素的相关研究。国内外学者普遍认为鲍莫尔效应（Baumol，1967；Acemoglu et al.，2008；等）④⑤和恩格尔效应（Kongsamut et al.，2001；Boppart et al.，2014；等）⑥⑦是影响一个国家或地区产业结构变迁的重要原因。其中，鲍莫尔效应认为在相互补充的产业之间，先行完成技术创新的产业产品相对价格较低，导致生产要素向其他产业流动，从而推动产业结构的变迁。恩格尔效应对产业结构变迁的解释为，由于不同产品需求弹性存在差异，当收入增加时，居民对需求弹性较大的产品需求大幅提升，从而引导生产要素向该产业集中。在此基础上，

① 欧阳志刚. 中国城乡经济一体化的推进是否阻滞了城乡收入差距的扩大 [J]. 世界经济，2014（2）：116-135.

② 雷潇雨，龚六堂. 城镇化对于居民消费率的影响：理论模型与实证分析 [J]. 经济研究，2014（6）：44-57.

③ 林伯强，刘畅. 收入和城市化对城镇居民家电消费的影响 [J]. 经济研究，2016（51）：69-81.

④ BAUMOL W J. Macroeconomics of unbalanced growth：the anatomy of the urban crises [J]. American Economic Review，1967，57（3）：415-426.

⑤ ACEMOGLU D，GUERRIERI V. Capital deepening and non-balanced economic growth [J]. Journal of Political Economy，2008（3）.

⑥ KONGSAMUT P，REBELO S，XIE D Y. Beyond balanced growth [J]. Review of Economic Studies，2001，68（4）.

⑦ BOPPART. Structural change and the Kaldor facts in a growth model with relative price effects and non-gorman preferences [J]. Econometrica，2014，82（6）：2167-2196.

国内学者从其他视角开展了大量的研究，进一步丰富了产业结构变迁影响因素的理论和实证研究成果。郭凯明等（2017）[①] 借助新古典增长模型，研究了多重因素对我国产业结构变迁的影响，结果表明，鲍莫尔效应在第一产业、第三产业就业占比的下降方面具有显著推动作用，国际贸易效应则促进了第二产业就业占比的上升。颜色等（2018）[②] 在鲍莫尔效应和恩格尔效应之外引入需求结构变迁效应，将消费需求和投资需求加以区分，得出需求结构的变化对我国产业结构变迁具有显著影响。

也有学者从政府行为的角度展开了研究。宋凌云等（2012）[③] 基于新结构经济学理论的研究发现，省级地方官员能够在短期内引导所在地区的产业结构变迁，但其影响作用随着官员任期的增加而弱化。他们关于政府补贴与产业结构变迁的研究得出，政府补贴行为往往不能很好地遵循市场规律的客观要求，从而导致政府补贴对产业结构调整的影响效应也存在一定的短期性。李力行等（2015）[④] 的实证研究得出，各地经济开发区的建立显著推动了地方产业结构的调整。韩永辉等（2017）[⑤] 通过量化各地产业政策，实证检验了产业政策对产业结构变迁的影响，得出产业政策能够有效推动地方产业结构的合理化和高度化。杨亚平等（2013）[⑥] 从地区间要素成本差异的视角研究了产业迁移，其基于国内35个大中城市的面板数据回归结果表明，劳动力和土地相对成本的上涨会显著抑制工业产值并促进服务业产值的增加。付宏等（2013）[⑦] 采用研发经费和人员作为创新投入指标，实证检验得出创新投入对我国产业结构的高级化具有显著的促进

---

① 郭凯明，杭静，颜色. 中国改革开放以来产业结构转型的影响因素 [J]. 经济研究，2017（3）：34-48.

② 颜色，郭凯明，杭静. 需求结构变迁、产业结构转型和生产率提高 [J]. 经济研究，2018（12）：83-96.

③ 宋凌云，王贤彬，徐现祥. 地方官员引领产业结构变动 [J]. 经济学（季刊），2012（1）：71-92.

④ 李力行，申广军. 经济开发区、地区比较优势与产业结构调整 [J]. 经济学（季刊），2015（4）：885-910.

⑤ 韩永辉，黄亮雄，王贤彬. 产业政策推动地方产业结构升级了吗？基于发展型地方政府的理论解释与实证检验 [J]. 经济研究，2017（8）：33-48.

⑥ 杨亚平，周泳宏. 成本上升、产业转移与结构升级：基于全国大中城市的实证研究 [J]. 中国工业经济，2013（7）：147-159.

⑦ 付宏，毛蕴诗，宋来胜. 创新对产业结构高级化影响的实证研究 [J]. 中国工业经济，2013（9）：56-68.

作用。杨丹萍等（2016）[①] 以第三产业增加值占 GDP 的比重作为衡量产业结构水平的变量，研究了国际贸易与产业结构的关系，结果表明国际贸易对我国产业结构升级的影响表现为 U 形，其认为造成这一现象的主要原因在于不同时期的贸易结构。

二是关于产业结构变迁的影响研究。刘伟等（2008）[②] 的研究认为产业结构调整和技术进步是影响要素生产率的两个重要方面，并实证分析了两者对我国经济增长的贡献度，结果发现改革开放以来，产业结构调整显著推动了我国经济的快速增长，但随着近年来市场经济的深化发展，产业结构调整对经济增长的促进作用逐步弱化。与刘伟的研究结论相反，蔡跃洲等（2017）[③] 的研究则认为 1978 年以来，我国经济增长的主要原因在于技术进步，由于国内外技术差距的持续缩小，近年来技术进步对经济增长的贡献度下降，而产业结构调整贡献度不断提升。干春晖等（2011）[④] 从经济波动的视角切入，研究了产业结构变迁与经济增长波动性的关系，得出产业结构合理化和高度化对经济增长的波动性均具有抑制和放大两种效应。但总体而言，产业结构合理化对经济波动的影响表现为抑制作用，而产业结构高度化对经济波动的影响则表现为放大作用。

1.3.2 人口迁移流动的相关研究

由于没有户口制度，国外学者对人口迁移与流动并未做出区分，西方主流文献对人口迁移流动的研究主要集中在解释"迁移流动的影响因素"和"迁移流动的形式"两个方面。

关于影响因素的研究。Ravenstein（1885）在《人口迁移规律》一书中提出了迁移定律，产生了逐步迁移（step-wise migration）的概念[⑤]。随后

---

① 杨丹萍，杨丽华. 对外贸易、技术进步与产业结构升级：经验、机理与实证 [J]. 管理世界，2016（11）：172-173.

② 刘伟，张辉. 中国经济增长中的产业结构变迁和技术进步 [J]. 经济研究，2008（11）：5-16.

③ 蔡跃洲，付一夫. 全要素生产率增长中的技术效应与结构效应：基于中国宏观和产业数据的测算及分解 [J]. 经济研究，2017（1）：74-90.

④ 干春晖，郑若谷，余典范. 中国产业结构变迁对经济增长和波动的影响 [J]. 经济研究，2011（5）：4-16.

⑤ RAVENSTEIN E G. The laws of migration [J]. Journal of Royal Statistical Society, 1885（52）：241-301.

从"推拉理论"（Herberle，1938）① 开始，发展经济学和新古典经济学派分别从各自的角度对其进行了拓展。发展经济学侧重于对发展中国家"乡→城"人口流动的解释，从"刘易斯模型"（Lewis，1954）② 到"托达罗模型"（Todaro et al.，1970）③ 的比较一致的观点认为，"收入差距"是影响人口流动最为重要的因素（蔡昉，1995）④。而新古典经济学对这一问题的认识则显得更具有争议性，其中"收益-成本理论"支持者认为，迁移的决策取决于在迁入地所获取的收益是否能超过迁出成本（Schultz，1961；Grogger et al.，2008）⑤，迁入地的选择与生活质量、工资和住房价格直接相关（Berger et al.，1992）⑥。而 Pedersen 和 Pytlikova（2008）则认为，在迁入地是否具有良好的社会网络关系和公平竞争性的劳动力市场准入制度，对迁移的决策更为重要，而社会福利影响并没有我们想象的那么重要⑦。综合这些研究，产生分歧的原因与学者研究的国别和时间阶段直接相关。反观我国，地区经济与社会的发展更是日新月异，因此对此类问题的研究也需要采用"动态"的思维进行对待。

关于迁移形式的研究。影响最大的莫过于 Zelinsky（1971）所提出的"人口移动转变假说"，把人口迁移流动转变特征与社会经济发展水平相联系，分为现代化前的传统时期、早期转型时期、晚期转型时期、发达时期以及未来超先进社会时期 5 个阶段。到了晚期转型时期之后，"乡→城"人口迁移逐步被"城→城"和城市内部移动所替代⑧。后续针对发达国家

① HERBERLE R. The causes of rural-urban migration a survey of German theories [J]. American Journal of Sociology, 1938, 43 (6)：932-950.

② LEWIS W A. Economic development with unlimited supplies of labour [J]. Manchester School, 1954, 22：139-191.

③ TODARO M P. A model of labor migration and urban unemployment in less developed countries. [J]. American Economic Review, 1969, 59 (1)：138-148.

④ 蔡昉. 人口迁移和流动的成因、趋势与政策 [J]. 中国人口科学, 1995 (6)：8-16.

⑤ SCHULTZ T W. Investment in human capital [J]. Economic Journal, 1961, 82 (326)：1-17；GROGGER, JEFFREY, HANSON, GORDON H. Income maximization and the selection and sorting of international migrants [J]. Social Science Electronic Publishing.

⑥ BLOMQUIST G, MARK C. Mobility and destination in migration decisions：the roles of earnings, quality of life, and housing prices [J]. Journal of Housing Economics, 1992, 2 (1)：37-59.

⑦ PEDERSEN P J, PYTLIKOVA M, SMITH N N. Selection or network effects? migration flows into 27 OECD countries, 1990-2000 [J]. Iza Discussion Papers, 2008, 52 (7)：1160-1186.

⑧ ZELINSKY W. The hypothesis of the mobility transition [J]. Geographical Review, 1971, 61 (2)：219-249.

的研究也进一步证实了这一假说（Bell et al., 2000; Bell et al., 2015)①②。西方学者在此类研究中还提出了生命周期理论（life cycle theory）和生命过程方法（life course approach）。生命周期理论认为生命周期内会由家庭决定人口迁移轨迹；生命过程方法则指出不同社会背景的人群的人生迁移轨迹也各不相同。同样，自2011年开始我国流动人口在流入地的生活、就业趋于稳定（朱宇 等，2016)③，"乡→城"人口流动的增长率在下降，并出现"流动人口不流动"的现象（段成荣 等，2013)④。直观判断这种现象与"假说"有相似之处，但仍需严谨的学术研究来进行判定。这一问题现今国内学术界很少涉及，假如符合"假说"，那么相关"城→城"和城市内部移动的研究就要引起我们的重视，因为这种形式的迁移流动，无论是与住房价格问题还是与城市内部的居住分层、隔离问题，都存在更为直接的联系。

由于我国户籍制度的特殊性，国内相关研究是根据"有无户籍转移"来对"迁移流动"进行区分的，"无户籍转移"就是我们通常意义上所讲的"流动人口"，研究的焦点主要是我国人口迁移流动的特征、影响因素以及空间格局，数据主要采用的是2010年及以前的人口普查数据或抽样调查数据。

关于人口迁移流动的特征。20世纪80年代以来，省际人口迁移规模越来越大，经历了快速增长后进入了调整期（段成荣 等，2019)⑤，人口迁移流动的特征也逐步被学界所关注。顾朝林等（1998）在对中国人口流动进行宏观分析后发现，流动人口向大中城市集聚趋势明显，且就城、就近、就富迁移，呈现出明显的家庭式迁移的特征⑥，严善平（2007）的研

① BELL M, HUGO G J. Internal migration in Australia 1991-1996: overview and the overseas-born [J]. Canberra: Department of Immigration and Multicultural Affairs. 2000.

② BELL M, EDWARDS E C, KUPISZEWSKA D, et al. Internal migration data around the world: assessing contemporary practice [J]. Population, Space and Place 20159 (1): 1-17.

③ 朱宇, 林李月, 柯文前. 国内人口迁移流动的演变趋势：国际经验及其对中国的启示 [J]. 人口研究, 2016, 40 (5): 50-60.

④ 段成荣, 吕利丹, 王宗萍. 我国流动儿童生存和发展：问题与对策：基于2010年第六次全国人口普查数据的分析 [J]. 南方人口, 2013, 28 (4): 44-55.

⑤ 段成荣, 谢东虹, 吕利丹. 中国人口的迁移转变 [J]. 人口研究, 43 (2): 14-22.

⑥ 顾朝林, 蔡建明, 张伟, 等. 中国大中城市流动人口迁移规律研究 [J]. 地理科学进展, 1998, 66 (3): 204-212.

究也发现了迁移人口越来越向主要的输出地和输入地集中，呈现出明显的两极分化趋势①；马忠东（2019）认为人口迁移已实现从计划性的永久迁移向市场性的临时迁移的转变，同时，人口迁移也实现了从个人行为向家庭行为的转变②。从微观特征变化来看，流动人口在年龄上逐步年轻化、时间短期化、学历高级化（马红旗 等，2012）③；段成荣等（2019）通过分析改革开放以来的第三、四、五、六次人口普查以及 2005 年、2015 年 1%的人口抽样调查数据，总结了人口迁移流动的几个大趋势：流动人口规模经历了长期增长后步入调整期；流动人口中老年趋势明显且老年和儿童流动人口规模快速增加；跨省流动快速增长，"城-城"流动显著增加，并将继续增加；流动人口人力资本禀赋持续升级④。与此同时，户籍制度一直作为人口迁移的桎梏制约着人口迁移的发展（王桂新，2019）⑤。

关于人口迁移流动的空间格局。受"三线"及"支边"建设等影响，改革开放之前人口迁移主要表现为由东向西、向北的迁移模式（王桂新，2019）⑥；改革开放后，从东向西的开发型迁移向由西向东的经济迁移转变（张善余，1990）⑦，通过对"五普"和"六普"数据的对比，20 世纪 90 年代以来，中国省际人口迁移的区域模式总体上相当稳定，人口迁移分布具有明显的顽健性（王桂新 等，2012；王桂新 等，2016）⑧⑨，但也出现了某些局部性的变化，如人口迁入地和迁出地都呈一定的集中趋势，人口迁移重心北移，长三角都市圈取代珠三角都市圈成为省际人口迁入的主要地区；丁金宏等（2005）采用"五普"的数据和国务院人口普查办公室、国家统计局人口及社会科技统计司的 10%抽样调查数据，着重分析了中国

① 严善平.中国省际人口流动的机制研究［J］.中国人口科学，2007（1）：71-77.
② 马忠东.改革开放 40 年中国人口迁移变动趋势：基于人口普查和 1%抽样调查数据的分析［J］.中国人口科学，2019（3）：16-28.
③ 马红旗，陈仲常.我国省际流动人口的特征：基于全国第六次人口普查数据［J］.人口研究，2012（6）：89-101.
④ 段成荣，谢东虹，吕利丹.中国人口的迁移转变［J］.人口研究，2019，43（2）：14-22.
⑤ 王桂新.新中国人口迁移 70 年：机制、过程与发展［J］.中国人口科学，2019（5）：2-14.
⑥ 同⑤.
⑦ 张善余.我国省际人口迁移模式的重大变化［J］.人口研究，1990（1）：2-8.
⑧ 王桂新，潘泽瀚，陆燕秋.中国省际人口迁移区域模式变化及其影响因素：基于 2000 和 2010 年人口普查资料的分析［J］.中国人口科学，2012（5）：4-15.
⑨ 王桂新，潘泽瀚.中国人口迁移分布的顽健性与胡焕庸线［J］.中国人口科学，2016（1）：2-13.

省际人口流动的区域差异性，发现东部沿海和西部新疆地区等省（区、市）为净迁入地区，而中南部地区为人口净迁出地区①；蒋小荣、汪胜兰（2017）基于百度迁移大数据，结合复杂网络分析方法，分析了中国城市间人口日常流动的网络特征，发现城市间人口流动网络呈现明显的等级层次性，东部沿海三大都市圈依旧是人口流动的热点区域，整个网络结构在空间上呈现以北京、上海为"两大"中心，重庆、西安、广州和深圳为"四小"中心的"两大四小"的格局②。

关于人口迁移流动的影响因素。国内外诸多学者认为经济因素是影响人口迁移流动的首要因素（Lewis，1954；Todaro，1969）③④，国内学者的实证研究也表明区域经济差异是影响中国人口迁移流动的重要因素（李拓等，2015）⑤，如严善平（2007）采用"四普""五普"的数据和1995年1%人口抽样调查数据研究发现，20世纪末我国地区间的经济和预期收入差距，以及地缘和血缘关系是影响人口省际迁移流向的重要因素⑥。除了收入因素，第三产业的发展程度也是引致省际流动人口的重要因素（张耀军等，2014）⑦。潘竟虎、李天宇（2009）⑧、于涛方（2012）⑨、张坤（2014）⑩等的研究结果表明，生活质量、创新能力、高端服务业发展及产业结构等因素也是影响人口迁移流动的重要因素。除经济因素外，一些学者还从城

---

① 丁金宏，刘振宇，程丹明，等. 中国人口迁移的区域差异与流场特征 [J]. 地理学报，2005（1）：106-114.

② 蒋小荣，汪胜兰. 中国地级以上城市人口流动网络研究：基于百度迁徙大数据的分析 [J]. 中国人口科学，2017（2）：35-46.

③ LEWIS W A. Economic development with unlimited supplies of labour [J]. Manchester School，1954，22：139-191.

④ TODARO M P. A model of labor migration and urban unemployment in less developed countries [J]. American Economic Review，1969，59（1）：138-148.

⑤ 李拓，李斌. 中国跨地区人口流动的影响因素：基于286个城市面板数据的空间计量检验 [J]. 中国人口科学，2017（2）：75-85.

⑥ 严善平. 中国省际人口流动的机制研究 [J]. 中国人口科学，2007（1）：71-77.

⑦ 张耀军，岑俏. 中国人口空间流动格局与省际流动影响因素研究 [J]. 人口研究，2014，38（5）：54-71.

⑧ 潘竟虎，李天宇. 甘肃省人口流动空间格局和影响因素的ESDA分析 [J]. 统计与信息论坛 2009（9）：63-67.

⑨ 于涛方. 中国城市人口流动增长的空间类型及影响因素 [J]. 中国人口科学，2012（4）：49-60.

⑩ 张坤. 中国农村人口流动的影响因素与实施对策：基于推拉理论的托达罗修正模型 [J]. 统计与信息论坛，2014（7）：23-29.

市公共服务视角，发现城市公共服务的供给能力是影响人口迁移流动的重要因素，人们更愿意向公共服务的城市迁移流动（夏怡然 等，2015；侯慧丽，2016；覃成林 等，2016；杨晓军，2017）①②③④。当然，还有一些学者还研究了气候变化对人口迁移的影响，认为随着气温的升高，人口流动率会显著提高，直接证实了气温对人口流动有显著影响（卢洪友 等，2017）⑤。这些研究说明，对人口迁移流动的研究需根据产业结构等相关影响因素的变化，因此区分省内、省外和城市内部进行研究就显得更为重要了。现今国内学者关于后两种形式的人口迁移流动的特征和原因的分析并不多见。

1.3.3　城市住房价格的相关研究

国内外文献对城市住房价格重点关注两个方面：价格的空间传导与空间差异，对前者的研究要远远多于后者。国外学者有关住房价格"空间差异"的研究主要分为两类：一类文献关注度量方法的讨论。大部分研究基于特征价格模型（hedonic pricing model，HPM）的框架与传统的空间计量相结合（Wu et al.，2015）⑥，其中"空间扩展法"（spatial expansion method，Casetti，1972）是使用比较广泛的一种方法⑦。但 Bitter et al.（2007）研究认为，"地理加权回归法"（geographically weighted regression，GWR）相比"空间扩展法"更易于空间范围内每个点位的局部回归⑧，而且在探索变量空间变化关系及对未来结果进行预测的过程中具备明显优势

①　夏怡然，陆铭. 城市间的"孟母三迁"：公共服务影响劳动力流向的经验研究 [J]. 管理世界，2015（10）：78-90.
②　侯慧丽. 城市公共服务的供给差异及其对人口流动的影响 [J]. 中国人口科学，2016（1）：118-127.
③　覃成林，刘佩婷. 行政等级、公共服务与城市人口偏态分布 [J]. 经济与管理研究，2016，37（11）：102-110.
④　杨晓军. 城市公共服务质量对人口流动的影响 [J]. 中国人口科学，2017（2）：104-114.
⑤　卢洪友，文洁，许文立. 气候变化对中国人口流动的效应研究 [J]. 湖北社会科学，2017（2）：77-83.
⑥　WU J，DENG Y. Intercity information diffusion and price discovery in housing markets：evidence from Google searches [J]. The Journal of Real Estate Finance and Economics，2015，50（3）：289-306.
⑦　CASETTI E. Generating models by the expansion method：applications to geographical research [J]. Geographical Analysis，1972，4（1）：81-91.
⑧　BITTER C，MULLIGAN G F. Incorporating spatial variation in housing attribute prices [J]. Journal of Geographical Systems，2007（9）：81-91.

（Farber et al.，2006）①。而 Helbich（2014）则认为 GWR 无法把全域性的共性影响因素和局部影响因素共同纳入同一个模型②，进而所得到的回归结果也会存在偏误（Wei et al.，2012），"混合地理加权回归法"（MGWR）可以规避这一问题，对于区域性小范围的研究尤为适合，作者采用这种方法后发现，奥地利作为一个小国其住房价格也存在显著的区域性差异。

另一类文献主要关注差异存在的原因。Yeates（2002）研究发现，家庭收入的极化效应是造成澳大利亚各地区房价差异的主要因素。Baumont et al.（2004）通过分析法国 Dijon（第戎市）的住房数据后发现，其空间差异源自离中央商务区的远近③。Du et al.（2011）研究得出土地政策是造成中国住房价空间差异的主要因素④，同样的观点还存在于其他国家，比如 Glaeser et al.（2012）⑤ 对美国大都市区、Ball（2011）对英国南部住房市场的研究。除了以上因素之外，不少国外学者的研究发现货币政策尤其是利率（Galvao et al.，2013）⑥ 是比较重要的影响因素。由于市场环境的不同，不同国家相关因素的研究也存在一定区别，但综合来看，基本上都在关注收入、城市属性、货币政策等方面，对于人口因素的研究近两年才开始有所涉及（Burke et al.，2011）⑦，但相对较少。

自 2012 年开始我国城市住房价格的空间传导开始弱化，空间差异开始凸显（邱少君，2014）⑧，甚至在城市内部亦是如此（王京海 等，2015）⑨。针对国内住房市场的研究主要集中在产生空间差异的影响因素上，除了人

---

① FARBER S, YEATES M. A comparison of localized regression models in a hedonic price context [J]. Canadian Journal of Regional Science, 2006: 29-42.

② HELBICH M. Spatial heterogeneity in hedonic house price models: the case of Austria [J] Urban Studies, 2014 (51): 1-22.

③ BAUMONT, CATHERINE, ERTUR, et al. Spatial analysis of employment and population density: the case of the agglomeration of Dijon 1999 [J]. Geographical Analysis, 2004, 36 (2): 146-176.

④ DU H, MA Y, AN Y. The impact of land policy on the relation between housing and land prices: Evidence from China [J]. Quarterly Review of Economics & Finance, 2011, 51 (1): 19-27.

⑤ GLAESER E L, GOTTLIEB J D, TOBIO K. Housing booms and city centers [J]. American Economic Review, 2012, 102 (3): 127-133.

⑥ GALVAO J R, ANTONIO F. Quantile autoregressive distributed lag model with an application to house price returns [J]. Oxford Bulletin of Economics and Statistics, 2013 (75): 307-321.

⑦ BURKE T, HAYWARD D. Melbourne \ " s housing past, housing futures [J]. Urban Policy & Research, 2011, 19 (3): 291-310.

⑧ 邱少君. 我国房地产市场的分化及其趋势 [J]. 中国房地产, 2014 (7): 33-35.

⑨ 王京海, 孙晨, 姚婉, 等. 公共服务设施可达性对房价影响及其空间解读: 以南京市鼓楼区与建邺区为例 [J]. 2015 中国城市规划年会集（16 住房建设规划），贵阳: 384-393.

口以外，大致可以分为三类：一是货币政策和信贷规模的影响差异；二是供需的差异；三是城市属性和地理环境的空间差异。

国内学者关于货币政策和信贷规模对城市住房价格影响差异的研究较多，早先梁云芳和高铁梅（2007）研究发现，东、西部城市的房价更易受到信贷规模的影响①，尤其是西部地区（魏玮 等，2010)②，而中部地区房地产市场更多依赖于地区的经济发展状况。此外，国内很多学者就货币政策冲击对住房价格的区域异质性影响进行了实证检验，袁科和冯邦彦（2007）从货币政策对区域性房价造成差异的视角入手，认为货币政策传导对区域房地产市场具有非对称性效力，货币政策对房地产价格的效力由东向西依次递增③；王先柱等（2011）进一步深入研究了利率对需求和供给的影响，从需求端来看，利率对房地产需求的抑制效果，东部要好于中、西部，从供给端看，较中、西部而言，东部地区的房地产开发投资对利率变化更为敏感④；余华义和黄燕芬（2015）通过 GVAR 模型进一步验证了货币政策对房地产市场的影响存在区域差异，货币供应量冲击对一线城市和东部城市房价有较大的正向影响，但对中、西部城市房价影响较弱⑤。

关于供需对住房价格的影响。刘学良（2014）在利用城市人口增长、城市发展水平增长等需求端因素解释房价增长率差异失败后，从需求的角度出发，认为城市间住房供给差异是导致区域房价差异的主要原因⑥，国家倾向内地的土地供应政策将会导致沿海地区房价上涨过快（陆铭 等，2015)⑦，沿海地区和内地大城市的土地供给受到限制，而这些地区人口流

---

① 梁云芳，高铁梅.中国房地产价格波动区域差异的实证分析［J］.经济研究，2007（8）：133-142.

② 魏玮，王洪卫.房地产价格对货币政策动态响应的区域异质性：基于省际面板数据的实证分析［J］.财经研究，2010（6）.

③ 袁科，冯邦彦.货币政策传导对区域房地产市场非对称性效力研究［J］.南方金融，2007（9）：20-22.

④ 王先柱，毛中根，刘洪玉.货币政策的区域效应：来自房地产市场的证据［J］.金融研究，2011（9）：42-53.

⑤ 余华义，黄燕芬.货币政策效果区域异质性、房价溢出效应与房价对通胀的跨区影响［J］.金融研究，2015（2）：95-113.

⑥ 刘学良.中国城市的住房供给弹性、影响因素和房价表现［J］.财贸经济，2014（4）：125-137.

⑦ 陆铭，张航，梁文泉.偏向中西部的土地供应如何推升了东部的工资［J］.中国社会科学，2015（5）：60-84.

入较多，内地城市土地供给较多人口却是流出，这种供给与需求的错配造成房价的空间差异（韩立彬 等，2018）①，住房供需的空间错配同样也会导致大小城市间房价的分化，持续宽松的货币政策将会使这种分化进一步加剧（倪鹏飞，2019）②。

关于城市属性和地理环境的空间差异。吴璟（2009）研究得出，我国住房价格的短期波动差异性可以通过城市属性来解释③，尤其是教育资源在不同城市和城市内部不同区域的分布不均导致了住房价格空间上的显著差异（冯皓 等，2010；胡婉旸 等，2014）④⑤，在教育资源丰裕的地区拥有更多的高校毕业生，他们更倾向于留在本地生活，形成住房刚需，推动房价上涨（陈斌开 等，2016）⑥。城市环境质量（Zheng et al.，2011）⑦ 和基础设施建设也对住房价格产生着显著的影响，比如高铁等交通设施（Geng et al.，2015）⑧。

1.3.4　人口迁移流动与城市住房价格的相关研究

人口与住房市场是房地产研究领域的一个重要"分支"，之前的研究主要集中在人口结构对住房市场的影响上，如陈斌开（2012）基于"五普"数据和 2005 年的小普查数据，研究了中国人口结构转变对住房需求的影响，研究发现住房需求和年龄高度相关，人口老龄化将导致中国住房增长率在 2012 年以后大幅下降⑨；徐建炜（2012）的研究也得出了相似的结论，

---

①　韩立彬，陆铭.供需错配：解开中国房价分化之谜［J］.世界经济，2018，41（10）：126-149.

②　倪鹏飞.货币政策宽松、供需空间错配与房价持续分化［J］.经济研究，2019，54（8）：87-102.

③　吴璟.中国城市住房价格短期波动规律研究［D］.北京：清华大学，2009.

④　冯皓，陆铭.通过买房而择校：教育影响房价的经验证据与政策含义［J］.世界经济（12）：91-106.

⑤　胡婉旸，郑思齐，王锐.学区房的溢价究竟有多大：利用"租买不同权"和配对回归的实证估计［J］.经济学（季刊），2014，13（3）：1195-1214.

⑥　陈斌开，张川川.人力资本和中国城市住房价格［J］.中国社会科学，2016（5）：43-64.

⑦　ZHENG S, CAO J, KAHN M E. China's rising demand for green cities: evidence from cross-city real estate price hedonics［J］. NBER Working Papers, No. 16992.

⑧　GENG B, BAO H, LIANG Y. A study of the effect of a high-speed rail station spatial variations in housing price based on the hedonic model［J］. Habitat International, 2015（49）：333-339.

⑨　陈斌开，徐帆，谭力.人口结构转变与中国住房需求：1999—2025：基于人口普查数据的微观实证研究［J］.金融研究，2012（1）：133-144.

认为 2015 年以后中国的房价不再具有快速上涨的条件①；也有学者就性别结构研究了人口对城市住房价格的影响，结果显示，男性比例的上升显著推动了中国 2003—2009 年住房价格的上涨（Wei，2012）②。国内外学者的研究思路和框架基本是类似的。影响力最大的当属 Mankiw 和 Weil（1989）就 1910—1983 年美国"婴儿潮"对住房市场的影响的研究，他们根据人口出生率的变化预测，至 2007 年美国住房价格将下降 47%③。虽然他们的估计方法、变量选择和模型设计受到后续研究的批评（Hamilton，1991④；Alperovich，1995⑤），但其长期的预测趋势得到了事实的验证。同样，Mc-Fadden（1994）⑥、Muellbauer 和 Murphy（1997）⑦ 等人给予了更加仔细的测算，但基本上是在 Mankiw-Weil 的研究框架之内进行的补充性研究。自此，人口因素对住房市场的影响引起了学术界的高度关注。

在 21 世纪初，西方学者就人口迁移流动这一视角展开了大量的研究，Saiz（2003、2007）、Saiz 和 Wachter（2011）对美国大都市住房市场的研究发现，移民对房价和房租都是显著的正向影响⑧⑨⑩；同样 Ather（2012）对加拿大的研究也得出了类似的结论，只是影响程度有所下降。很有意思的现象是，对欧洲国家的研究得出了与北美研究相反的结论。Sá（2015）对英国住房市场的研究发现，移民对原住民的流出呈现正向的挤出效应，

① 徐建炜, 徐奇渊, 何帆. 房价上涨背后的人口结构因素: 国际经验与中国证据 [J]. 世界经济, 2012 (1): 24-42.

② SHANG-JIN WEI, XIAOBO ZHANG, YIN LIU. Status Competition and Housing Prices [J]. NBER Working Papers, 2012.

③ MANKIW N G, WEIL D N. The baby boom, the baby bust, and the housing market [J]. Regional Science & Urban Economics, 1989, 19 (2): 235-258.

④ HAMILTON B W. The baby boom, the baby bust, and the housing market: a second look [J]. Regional Science & Urban Economics, 1991 (1), 21: 547-552.

⑤ ALPEROVICH G. The baby boom, the baby bust and the housing market: a further look at the debate [J]. Annals of Regional Science, 1995, 29 (1): 111-116.

⑥ MCFADDEN D. Demographics, the housing market, and the welfare of the elderly in studies [M]. Illinois: University of Chicago Press, 1994.

⑦ MUELLBAUER J, MURPHY A. Booms and busts in the UK housing market [J]. The Economic Journal, 1997 (107): 1701-1727.

⑧ SAIZ A. Immigration and housing rents in American cities [J]. Journal of Urban Economics, 2007, 61 (2): 345-371.

⑨ SAIZ A, WACHTER S. Immigration and the neighborhood [J]. American Economic Journal Economic Policy, 2011, 3 (2): 169-188.

⑩ SAIZ A. Room in the kitchen for the melting pot: immigration and rental prices [J]. Review of Economics & Statistics, 2003, 85 (3): 502-521.

进而对流入地区的房价产生显著的负向效应，并且移民的教育程度越低对房价的负向效应越强[1]。Accetturo et al.（2012）对意大利住房市场的研究发现，移民导致了城市住房价格下降，作者认为这种现象的出现是因为移民的进入使得城市的居住环境变差，城市原住民迁出[2]。同样的现象也在英国存在（Braakmann, 2016）[3]。之所以欧美两个地区出现了相反的结论，这可能是由于国外的学者关注的都是"国外移民"，移民的质量或者结构大有不同。

以上研究在实证方法和数据使用上无可挑剔，但遗憾的是这些实证的理论基础相对缺乏。针对此问题 Nenov（2015）给予了很好的补充，作者通过建构一个加入劳动力迁移摩擦因素的"动态多区域均衡模型"（dynamic multi-region equilibrium model）得到了递归均衡的结果，其发现，美国住房价格和城市之间劳动力的流动存在互相影响的关系[4]，但在其理论模型的假定条件下这种影响较弱。此研究的理论模型建构方式确实值得我们借鉴，但假设前提和约束条件与中国的现实存在一定的差异，还需要改进。Garriga et al.（2017）[5] 基于中国的现实，构建了一个多部门的动态一般均衡模型（multi-sector dynamic general-equilibrium model），并将人口迁移、住房需求和供给等内生化，探讨了乡城移民与住房市场之间的动态关系，认为城镇化过程可以解释城市房价波动的三分之二以上，住房供给和生产效率仍然是影响住房价格的关键因素。

从国内研究来看，国内学者的研究主要集中在人口结构和人口规模的角度，而从人口迁移流动角度分析住房价格的空间差异的相对较少。高波等（2012）根据2000—2009年35个大中城市的数据研究得出，区域房价差异导致较高房价区域相对就业减少，进而促使产业升级[6]。同样陆铭等

① SÁ F. Immigration and House Prices in the UK [J]. Economic Journal, 2015, 125（587）: 1393-1424.

② ACCETTURO A, BUGAMELLI M, LAMORGESE A R. Welcome to the machine: firms' reaction to low-skilled immigration [J]. Temi Di Discussione, 2012, 32（1）: 218-238.

③ BRAAKMANN N. Immigration and the property market: evidence from England and Wales [J]. Real Estate Economics, 2016（527）

④ NENOV P T. Regional reallocation and housing markets in a model of frictional migration [J]. Review of Economic Dynamics, 2015（18）: 863-880.

⑤ GARRIGA C, TANG Y, WANG P. Rural-urban migration, structural transformation, and housing markets in China [J]. NBER Working Papers, 2017（No. 2014-028）.

⑥ 高波，陈健，邹琳华. 区域房价差异、劳动力流动与产业升级 [J]. 经济研究, 2012（1）: 67-80.

（2015）在其研究中也阐明了类似的逻辑，认为东部地区在继续成为劳动力流入地的同时，因土地供给受限，推动了东部地区的房价，并相对减少了劳动力流入的数量，最终提升了工资[1]。与本书更为契合的陆铭等（2014）的研究发现，移民占比更高的城市，房价和房价的增长率都有显著提高，且移民占比和移民占比变化对房价的影响，主要是通过城市移民和收入水平较高的移民来实现的[2]。李超等（2015）在 Mankiw-Weil 框架下的研究也认为，人口结构因素的影响程度在时间和空间上均得到了明显强化，经济发展速度较快的城市和区域往往对高学历的劳动年龄人口吸引力相对较高，进而推高了房价[3]。邹瑾等（2015）采用宏观数据和面板误差修正模型研究得出，人口老龄化对房价的影响存在显著的区域差异[4]。中国人民银行南昌中心支行课题组（2016）把产业结构转型、劳动力迁移和住房市场共同纳入 DSGE 的框架并进行研究后发现，大量劳动力迁移对住房需求有长期的影响作用[5]。但遗憾的是 DSGE 的推导过于复杂，此研究仅考虑了一个地区，并没有根据中国经济区域结构，考虑劳动力在不同区域之间的迁移过程，也并未评估分区域劳动力迁移对房地产价格的影响。

1.3.5 文献评述

纵观现有文献，本书发现以下几点欠缺：

第一，以往关于我国人口迁移流动特征与规律的研究基本都是基于2010 年"六普"及之前的数据，但近十年以来，我国的城市住房价格、产业结构、落户政策等社会经济环境与自然环境都发生了很大的变化，对人口的新的迁移流动特征与规律，尤其是实证分析这些特征与规律的研究相对缺乏。

第二，针对住房价格的研究，现有文献主要集中在其空间传导上，而对住房价格空间差异化特征涉及较少，文献综述中所列举的部分文献虽有涉及，但并不是学者们研究的重点。

---

① 陆铭，张航，梁文泉. 偏向中西部的土地供应如何推升了东部的工资 [J]. 中国社会科学，2015（5）：60-84.
② 陆铭，欧海军，陈斌开. 理性还是泡沫：对城市化、移民和房价的经验研究 [J]. 世界经济，2014（1）：30-54.
③ 李超，倪鹏飞，万海远. 中国住房需求持续高涨之谜：基于人口结构视角 [J]. 经济研究，2015（5）：118-133.
④ 邹瑾，于焘华，王大波. 人口老龄化与房价的区域差异研究：基于面板协整模型的实证分析 [J]. 金融研究，2015（11）：68-83.
⑤ 中国人民银行南昌中心支行课题组. 结构转型、劳动力迁移与房地产市场：基于多部门 DSGE 模型分析 [J]. 金融与经济，2016（10）：13-18.

第三，关于我国城市住房价格与人口互动关系的研究，基本都是从人口规模、人口结构的角度展开的，而从人口迁移流动的角度进行研究的并不多见。即使现有涉及人口迁移流动的相关研究，对流动人口指标的测算方法和使用也有待改进。

第四，关于人口迁移流动与经济变量之间的研究基本是分离的。人口学研究仅对人口流动特征做了数据上的分析归纳，经济学研究仅把人口迁移流动作为一个变量观测其影响程度，并未将其纳入统一的研究框架之内对两类变量之间的互动影响关系进行探讨。即使现有关于人口结构、劳动力转移对住房价格空间差异影响的研究，对中间的影响机制也未进行解释。

第五，研究方法上，针对本书所研究的内容，现有文献基本都是从经验分析的角度出发的，缺乏理论的实证基础。城市住房价格的影响因素比较复杂，需要系统的理论分析框架将微观和宏观因素纳入其中进行综合分析，继而细分在不同条件下均衡的变化，并对其进行分析。最好的研究方式是，先通过严谨的理论框架推导出各变量之间的逻辑关系，然后运用宏微观数据实证这些关系的现实存在性。

1.4 研究思路、内容与方法

1.4.1 研究思路

本书总体上遵循了事实分析→理论研究→实证检验的分析思路。首先，本书在文献研究的基础上确定了研究方向，并对结构变迁、人口迁移流动与城市住房价格等核心概念进行了界定，通过对相关理论进行梳理与回顾，形成了支撑全书研究的理论基础与逻辑起点；其次，对城乡结构变迁、产业结构变迁、人口迁移流动与城市住房价格的发展历程进行了分析，准确描述了结构变迁、人口迁移流动与城市住房价格的空间和时间特征；再次，分别基于城乡结构变迁和产业结构的视角，通过理论模型构建和实证研究，分析了人口迁移流动规模对城市住房价格的影响，并对中国城市住房价格的增长与差异进行了解释；最后，从微观的视角，研究了流动人口结构对城市住房需求和住房价格的影响，从流动人口内部结构特征对中国城市住房价格差异进行了解释。

本书在系统的理论回顾和文献借鉴的基础上，基于结构变迁的视角，围绕人口迁移流动对城市住房价格的影响这一核心，从事实描述、理论分析和实证研究等层面依次展开,深入分析了结构变迁视角下人口迁移流动对城市住房价格的影响机制。本书的技术路线如图1-1所示。

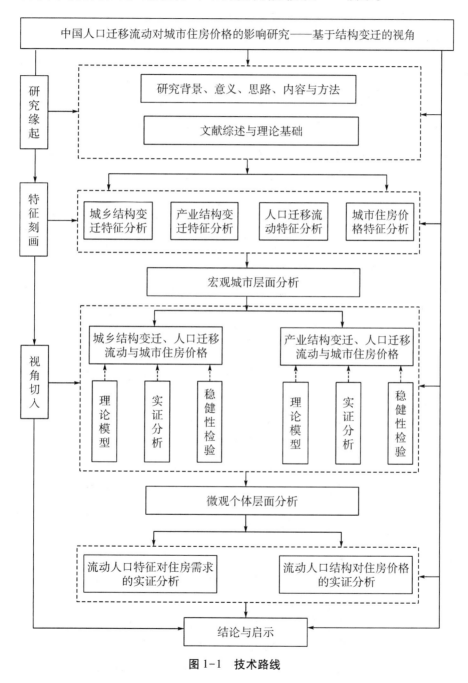

图1-1 技术路线

1.4.2 研究内容

本书在系统的理论回顾和文献借鉴的基础上，基于结构变迁的视角，围绕人口迁移流动对城市住房价格的影响这一核心，从事实描述、理论分析和实证研究等层面依次展开，深入分析了结构变迁视角下人口迁移流动对城市住房价格的影响。本书共分为七章，具体内容与结构安排如下：

第1章：导论。本章首先阐述了本书研究的背景与意义，对研究中涉及的核心概念进行了界定；其次，梳理了国内外关于结构变迁、人口迁移流动与城市住房价格研究的相关文献；再次，阐明了本书的研究思路、内容与方法，介绍了本书的结构安排；最后，阐述了本书可能的创新与不足之处。

第2章：相关理论基础。本章为本书的理论基础，对本书的理论模型构建和实证检验涉及的相关理论基础进行了回顾和介绍。本章首先从迁移定律、推拉理论、刘易斯模型、托达罗模型、收益-成本理论等阐释了城乡结构变迁和人口迁移流动的相关理论；其次回顾了配第-克拉克定理、库兹涅兹产业结构论、国际标准产业机构等产业结构变迁的相关理论；最后，从静态和动态供求价格模型方面介绍了城市住房价格理论，并对相关理论进行了评述和总结。

第3章：结构变迁、人口迁移流动与城市住房价格特征分析。本章的目的在于从时间和空间上准确刻画中国结构变迁、人口迁移流动和城市住房价格的特征，是本书的基础章节，为下面的理论研究和实证分析提供了现实解析与数据支撑。本章在核心概念界定的基础上，首先以城镇化率作为衡量城乡结构变迁的指标，分析了中国城乡结构变迁的历程，并分别从区域层面和分线城市层面研究了中国城乡结构变迁的特征；其次，以产业结构合理化和产业结构高度化两个指标探讨了中国产业结构变迁的历程，并结合省域和地市级相关数据探讨了不同区域和不同等级城市的产业结构变迁特征；再次，以各地区常住人口的机械增长状况，研究了区域和分线城市的人口迁移流动特征；最后回顾了中国城镇住房制度改革的四个阶段，并结合市域层面的住宅商品房价格，运用泰尔指数、变异系数和莫兰指数等研究了中国城市住房价格及其增长的空间差异和空间关联特征。

第4章：城乡结构变迁、人口迁移流动与城市住房价格。本章的目的主要在于在城乡结构变迁的视角下，研究大量人口从农村涌入城市对中国城市住房价格有怎样的影响，从而对城市住房价格的上涨给出解释。本章从理论和实证两个层面对城乡结构变迁、人口迁移流动与住房价格的关系进行了研究，具体而言，首先构建了农村—城市迁移的两区域模型，并通过对模型均衡状态下的求解，推导出城乡结构变迁与城市住房价格之间的线性关系，并在模型中引入迁移成本这一重要因素，基于理论模型分析提出了关于人口迁移流动对城市住房价格影响的三个命题；其次，结合中国地级市及以上城市 2006—2016 年的面板数据，运用固定效应模型和系统GMM 模型，从静态和动态和两个方面对三个研究命题进行了初步验证；最后，为了进一步验证上述研究结论的稳健性，本章还通过替换被解释变量和变换模型估计两种方式对研究结论进行了稳健性检验。

第 5 章：产业结构变迁、人口迁移流动与城市住房价格。本章研究的主要目的在于在产业结构变迁视角下，人口是如何迁移流动的，以及对城市住房价格造成了怎样的差异性影响，以对中国城市住房价格的差异和分化进行解释。本章首先构建了包含工业部门和政府部门的城市—城市人口迁移的两区域模型，并通过对模型均衡状态下的模拟求解，从理论上推导出了产业结构变迁对人口迁移流动的作用，以及对城市住房价格的差异化影响作用，并基于求解结果提出了产业结构变迁、人口迁移流动与城市住房价格之间关系的三个研究命题；其次，运用全国 226 个城市的面板数据，对上述三个研究命题进行了初步验证；最后，本章还通过替换核心解释变量和划分子样本等方式对研究结论进行了稳健性检验。

第 6 章：流动人口结构特征对城市住房价格的影响研究。本章研究的目的主要在于从微观的视角出发，研究流动人口结构对城市住房需求和住房价格的影响，从流动人口内部结构的差异再一次对中国城市住房价格差异化上涨给出解释。本章首先运用 2011—2017 年的全国流动人口动态监测调查数据，以是否在城市租或购房衡量对城市住房的需求，从统计学上分析了流动人口特征对城市住房需求的差异；其次，运用 logit 模型实证分析了了流动人口特征对城市住房需求的影响，并根据实证结果提出了流动人口结构对城市住房影响的研究假设；最后，以全国流动人口监测调查数据为基础，并与中国城市统计年鉴数据进行匹配，运用面板数据模型，研究了流动人口结构对城市住房价格的影响，从流动人口内部结构特征对中国城市住房价格差异进行了解释。

第 7 章：主要研究结论与启示。本章对本书研究结论进行了概括总结，并根据研究结论提出了几点政策启示。

1.4.3 研究方法

本书以经济学的理论方法为基础，结合运用了统计学、人口学、房地产经济学、城市经济学、计量经济学的理论基础与技术方法，具体来看，本书所采用的主要研究方法如下：

历史分析与比较分析相结合的方法。本书首先从历史视角回顾了城乡结构变迁、产业结构变迁、人口迁移流动和住房制度改革的历程，剖析了每一阶段城乡结构变迁、产业结构变迁、人口迁移流动与住房制度改革的特点；并从区域和分线城市层面，对比分析了不同区域和不同等级城市的城乡结构变迁、产业结构变迁、人口迁移流动和城市住房价格的空间和时间特征，为本书的理论研究和实证分析提供了现实解析与数据支撑。

宏观分析与微观分析相结合的方法。本书首先在宏观层面上，从城乡结构变迁、产业结构变迁两个视角研究了人口迁移流动对城市住房价格的影响，从理论上和实证上解释了中国城市住房上涨及其差异；其次从微观视角上，运用全国流动人口动态监测调查数据，研究了流动人口结构对城市住房需求和住房价格的影响，从流动人口内部结构特征对中国城市住房价格差异进行了解释。

规范分析与实证分析相结合的方法。本书首先构建了农村—城市迁移的两区域模型，并通过对模型均衡状态下的求解，推导出城乡结构变迁与城市住房价格之间的线性关系，并在模型中引入迁移成本这一重要因素，基于理论模型分析提出了本书研究的三个命题；其次构建了包含工业部门和政府部门的两区域模型，并通过对模型均衡状态下的模拟求解，从理论上推导出了产业结构变迁对人口迁移流动的作用，以及对城市住房价格的差异化影响作用，并基于求解结果提出了本书研究的另外三个命题；最后，结合中国地级市及以上城市面板数据，综合运用固定效应模型和系统GMM 模型，从静态和动态两个方面对六个研究命题进行了初步验证，并通过变换模型估计方法、替换变量、划分子样本的方法对研究结论进行了稳健性检验。

1.5 本书的创新与不足

1.5.1 本书的创新

本书的创新之处主要体现在以下三个方面：

第一，研究视角的创新。已有研究主要关注的是人口结构对城市住房价格的影响，而鲜有文献研究人口迁移流动对城市住房价格的影响。首先，本书聚焦于人口迁移流动对城市住房价格的影响，一是分别基于城乡结构变迁和产业结构变迁的视角，从理论分析和实证研究两个方面研究了人口迁移流动规模对城市住房价格的影响，对中国城市住房价格的增长与差异进行了解释；二是从微观的视角，研究了流动人口结构对城市住房需求和住房价格的影响，从流动人口内部结构特征对中国城市住房价格的差异进行了解释。本书对关于人口迁移流动对城市住房价格的影响给予了系统、全面与贴合当今现实的回答，延续并深化了此领域的研究，丰富了现有的研究成果，是对现有学术研究的有益补充。

第二，理论框架的创新。本书将产业结构变迁、人口迁移流动与城市住房价格纳入一个统一综合分析框架，构建了一个包含工业部门和政府部门的两区域一般均衡模型，并通过对模型均衡状态下的模拟求解，从理论上推导出了产业结构变迁对人口迁移流动的作用，以及对城市住房价格的差异化影响作用，从理论上解释了中国城市住房价格增长的差异与分化，在该分析框架下，可从动态、多区域、公共服务供给、户籍制度等角度对模型进行拓展，延续并深化了人口迁移流动对城市住房价格影响的理论研究。

第三，机制识别的创新。本书首先是通过规范分析和实证检验，识别了城乡结构变迁、人口迁移流动对城市住房价格的影响机制，认为城市的住房价格与城乡结构变迁不是简单的线性关系，而是与滞后一期的城镇化率和当期城镇化率的增幅正向线性相关，得出乡→城人口迁移是导致城市住房价格上涨的重要原因。其次是将产业结构变迁、人口迁移流动和城市住房价格纳入综合分析框架，识别了产业结构变迁通过影响人口迁移流动，进一步地会对城市住房价格产生影响这一重要机制，发现城→城之间的人口迁移是导致我国城市住房价格差异化上涨的重要原因。最后是通过将微观数据与宏观数据进行匹配，识别了流动人口的结构特征对城市住房价格的影响机制，发现流动人口内部结构差异也是使城市住房价格出现差异的原因之一。

1.5.2 存在的不足

同时，本书的研究也存在以下两点不足之处：

第一，受数据收集和可得性的限制，本书仅以新房价格衡量了城市的平均住房价格，虽然在很大程度上反映了城市的平均住房价格，但由于缺乏城市层面的二手房价格数据，不能完全对城市住房价格进行度量和分析。

第二，本书从人口迁移流动规模和结构两个方面研究了其对城市住房价格的影响，但遗憾的是，由于模型的推导和求解过于复杂，本书的理论模型主要从宏观方面分析了人口迁移流动对城市住房价格的影响，而未能将微观个体融入其中。

2 相关理论基础

本章为本书的理论基础，对本书的理论模型构建和实证检验涉及的相关理论基础进行了回顾和介绍，具体而言，首先从迁移定律、推拉理论、刘易斯模型、托达罗模型、收益-成本理论等阐释了城乡结构变迁和人口迁移流动的相关理论；其次回顾了配第-克拉克定理、库兹涅兹产业结构论、国际标准产业机构等产业结构变迁的相关理论；最后从静态和动态供求价格模型介绍了城市住房价格理论，并对相关理论进行了评述和总结。

2.1 城乡结构变迁、人口迁移流动相关理论

本书的城乡结构变迁主要是指人口的城乡结构变迁，而同时人口的城乡结构变迁又是人口从农村向城市迁移的结果，因此，城乡结构变迁的相关理论即人口迁移流动的相关理论，故在本书中不再对其做明确区分，在本节对城乡结构变迁相关理论与人口迁移流动相关理论一并进行阐述和回顾。

自 Ravenstein（1885）[①] 提出"迁移定律"以来，从推拉理论（Herberle，1938）[②] 开始，发展经济学和新古典经济学派分别从各自的角度对人口迁移理论进行了拓展。发展经济学侧重于对发展中国家"乡→城"人口迁移

---

① RAVENSTEIN E G. The laws of migration [J]. Journal of Royal Statistical Society, 1885（52）: 241-301.

② HERBERLE R. The causes of rural-urban migration a survey of German theories [J]. American Journal of Sociology, 1938, 43（6）: 932-950.

的解释，从"刘易斯模型"（Lewis，1954）[①] 到"托达罗模型"（Todaro，1960）[②]，比较一致的观点认为收入差距是影响人口迁移的最主要因素（蔡昉，1995）[③]。而新古典经济学对这一问题的认识更加具有争议性，其中收益-成本理论支持者认为，迁移决策的关键在于迁入地的收益是否能够超过迁出成本（Grogger et al.，2008）[④]，迁入地的选择与生活质量、收入和住房价格密切相关（Blomquist et al.，1992）[⑤]。而 Pedersen 和 Pytlikova（2008）则认为，在迁入地是否具有良好的社会网络关系和公平竞争性的劳动力市场准入制度，对迁移决策更为重要，而社会福利对迁移决策的影响并没有那么重要[⑥]。综合这些研究可发现，产生分歧的原因与学者所研究的国别和时间阶段直接相关。基于此，本书主要对迁移定律、推拉理论、刘易斯模型、托达罗模型和收益-成本理论进行回顾和介绍。

2.1.1　迁移定律

美国统计学家 Ravenstein（1885）在其论文 *The Laws of Migration* 中，通过对比 1871 年和 1881 年的英国人口普查资料，总结提炼出在人口迁移过程中的七大定律[⑦]：第一，距离对人口迁移的影响较大，多数移民倾向于短距离的迁移，迁移目的地主要为商业中心；第二，人口迁移具有层级递进的模式，离商业中心较近地区的人口迁出所导致的人口空缺将由更远地区的人口迁入所弥补；第三，人口迁移的方向是双向的，分为顺向迁移和逆向迁移；第四，乡→城迁移的可能性远大于城→城迁移；第五，人口迁移过程中存在着性别差异，女性人口迁移以短距离迁移为主，距离较远的迁移以男性为主；第六，交通工具便利在一定程度上能够促进人口的迁

---

①　LEWIS W A. Economic development with unlimited supplies of labour [J]. Manchester School, 1954, 22：139-191.

②　TODARO M P. A model of labor migration and urban unemployment in less developed countries [J]. American Economic Review, 1969, 59 (1)：138-148.

③　蔡昉. 人口迁移和流动的成因、趋势与政策 [J]. 中国人口科学, 1995 (6)：8-16.

④　GROGGER J, HANSON G H. Income maximization and the selection and sorting of international migrants [J]. Journal of Development Economics, 2011, 95 (1)：42-57.

⑤　BLOMQUIST G C, BERGER M C. Mobility and destination in migration decisions：the roles of earnings, quality of life, and housing prices [J]. Journal of Housing Economics, 1992, 2 (1)：37-59.

⑥　PEDERSEN P J, PYTLIKOVA M, SMITH N, et al. Selection or network effects? Migration flows into 27 OECD countries, 1990—2000 [J]. Iza Discussion Papers, 2008, 52 (7)：1160-1186.

⑦　RAVENSTEIN E G. The laws of migration [J]. Journal of Royal Statistical Society, 1885 (52)：241-301.

移；第七，经济动机，即生活质量的提高和改善在迁移决策中占有支配地位。Ravenstein 的迁移定律为后续人口迁移理论及相关方面的研究提供了基础与方向。

2.1.2 推拉理论

推拉理论最早由人口统计学家 Herberle 于 1938 年在其经典论文 *The Cause of Rural-Urban Migration：A Survey of German Theories* 中系统性提出[①]，Herberle 认为人口迁移过程是迁入地的拉力（吸引力）和迁出地的推力（排斥力）共同作用的结果，人口迁移的根本目的就是生活质量的提高，迁入地中有利于改善生活条件的因素即拉力，迁出地中不利的改善生活条件的因素即推力，人口迁移的过程就是由这两种力量前拉后推所决定的。同时，推拉理论成立的前提还包括两个基本假设，一是迁移者的行为是理性选择的结果，二是迁移者对迁入地和迁出地的信息具有充分的了解，对迁入地和迁出地的拉力和推力有明确的认知，能从利益的角度做出明确的选择。

推拉理论提出以后，后续研究人口迁移的一些学者在此基础上，提出了一系列量化模型，使得实证分析中有运用推拉理论的可能，其中影响最大的当属 Zipf（1946）所提出的引力模型（gravity model）[②]，Zipf 参考物理学中万有引力模型，在模型中纳入迁入地和迁出地的人口规模和二者的地理距离，认为两地间的迁移人口数量与人口规模成正比，与二者间的距离成反比，模型的表达形式为

$$\text{Mig}_{ij} = k\frac{\text{Pop}_i * \text{Pop}_j}{\text{Dis}_{ij}} \tag{2-1}$$

其中，Mig_{ij} 表示两地之间的人口迁移规模，Pop_i 和 Pop_j 分别表示两地的人口规模，Dis_{ij} 表示两地之间的距离，k 为常数。该模型仅考虑了人口规模和地理距离对人口迁移的影响，忽略了经济因素，因此在后续的研究中，国内外学者在引力模型的基础上，引入了经济发展水平、基础设施建设、公共服务等社会经济指标，以刻画经济社会因素对人口迁移流动的影响。

---

① HERBERLE R. The causes of rural-urban migration a survey of German theories [J]. American Journal of Sociology, 1938, 43 (6)：932-950.

② ZIPF G K. The P1P2/D hypothesis：on the intercity movement of persons [J]. American Sociological Review, 1946, 11 (6)：677-686.

2.1.3 刘易斯模型

英国经济学家 Lewis (1954)[①] 在 *Economic Development with Unlimited Supplies of Labor* 中提出了二元经济结构理论，他将发展中国家的经济发展分为生产率相对较低的传统农业部门和生产率相对较高的城市工业部门，农业部分生产率低，劳动力过剩；工业部门生产率较高，是经济增长的主要部门，其扩大需要农业部门提供大量的劳动力，在此阶段，劳动力由农业部门向工业部门转移，此为发展中国家的经济发展的第一阶段。此后，由于农业部门生产率的提高，农业部门与工业部门开始竞争劳动力，二元经济合为一元经济。刘易斯模型将劳动力转移与经济增长联系到一起，较好地解释了发达国家的经济增长历史，但该模型忽略了劳动力不能无限供给的现实和农业部门在经济增长中所发挥的作用。

Ranis 和 Fei (1961)[②] 对刘易斯模型进行了修正，认为农业部门生产率的提高和剩余产品的出现是劳动力转移的先决条件，同时将刘易斯模型的二阶段理论拓展到三阶段。第一阶段为农业部门存在大量失业人口，边际生产率为零，劳动力从农业部门向工业部门无限迁移；第二阶段为农业部门的劳动生产率有所提高，但仍然低于工业部门，劳动力依旧从农业部门向工业部门迁移，但迁移速度与规模减慢；第三阶段为农业部门与工业部门生产率相等，人口迁移方向随机。三阶段理论又被称为刘易斯-拉尼斯-费景汉发展模式。

2.1.4 托达罗模型

虽然拓展后三阶段模型扩大了其适应性，但是对城市失业人口与农村人口持续向城市流动并存的现象并不能做出解释[③]。Todaro (1969)[④] 对此现象进行了解释，并提出了托达罗模型，该模型的主要观点为：第一，劳动力从农业部门向工业部门迁移的动力是在城市中所获得的预期收入，而

---

① LEWIS W A. Economic development with unlimited supplies of labour [J]. Manchester School, 1954, 22: 139-191.

② RANIS G, FEI J C H. A theory of economic development [J]. American Economic Review, 1961, 51 (4): 533-565.

③ 盛来运. 国外劳动力迁移理论的发展 [J]. 统计研究, 2005, 22 (8): 72-73.

④ TODARO M P. A model of labor migration and urban unemployment in less developed countries [J]. American Economic Review, 1969, 59 (1): 138-148.

非绝对收入；第二，个体的迁移决策是进城后的预期收入与迁移成本综合权衡后的结果，如果个体预期收入大于迁移成本，则选择迁移，反之则不迁移；第三，迁移决策不仅受短期内预期收入与迁移成本的影响，还受长期预期收入与成本的影响；第四，个体特征的差别，导致同一时间内同一地区的人们的迁移倾向也有所区别。后来的学者从工资水平、劳动力市场、就业与失业概率等方面对托达罗模型进行了实证研究，从多个方面证明了模型的有效性，但该模型也存在一定的缺点，如假设迁移人群都是风险厌恶型，对特定制度环境下的劳动力就业选择问题不能做出很好的解释，等等。

2.1.5 收益-成本理论

收益-成本理论最早由芝加哥经济学派代表人物 Schultz（1961）[①] 提出，该理论认为迁移行为本身是迁移者追求自身利益最大化的行为，通过迁移行为的实施，迁移者将会得到比迁移前更大的收益。在迁移过程中，迁移的收益可分为货币收入（如迁移后工资收入的增加等）和非货币收入（社会关系的改善、个人心理的满足感等）两类；与之对应，迁移成本也可分为货币成本和非货币成本，前者包含迁出地的收入、交通成本以及失业期间的机会收益等，非货币成本包含时间成本、心理成本等，当迁移的收益大于迁移成本时，迁移行为才会发生。夏思达将这模型进行量化，建立了收益-成本模型：

$$\sum_{i=1}^{n} \frac{y_{mi} - y_{ni}}{(1 + r)^i} - C > 0 \qquad (2-2)$$

式（2-2）中，y_{mi} 和 y_{ni} 分别表示第 i 年迁移者在迁入地和迁出地所获得的预期收入，n 表示可获得预期收益的年数，r 表示贴现率，C 表示迁移成本，如该不等式成立，则迁移。因年轻人迁移成本相对较低，且获得预期收益的时间相对较长，该理论可对迁移人群中年轻人较多的现象做出很好的解释，遗憾的是，影响迁移决策的因素较多，无法全部进行量化，而且对预期收入和成本也不能进行准确分析和测算，故该理论存在一定的局限性。

---

① SCHULTZ T W. Investment in human capital [J]. Economic Journal, 1961, 82 (326): 1-17.

当然，关于人口迁移流动的理论还有流转理论（Zelinsky，1971）[①]、双重劳动力市场理论（Doeringer et al.，1971）[②]、移民网络理论（Massey et al.，1993）[③]、新迁移经济学理论（Taylor，1991）[④] 等，因与本书研究相关性不高，故不再进行回顾和介绍。

2.2 产业结构变迁相关理论

产业结构变迁一直以来都是经济学关注的重点与热点，大量的发展经济学家对此进行了深入研究，成果丰硕，鉴于本书主要研究的是产业结构变迁与人口迁移流动之间的关系，故本书主要对产业结构变迁视角下的人口迁移流动相关理论进行回顾和阐释，主要回顾了配第-克拉克定律、库兹涅兹产业结构论和国际标准产业结构理论。

2.2.1 配第-克拉克定理

配第-克拉克定理来源于 Petty 于 1769 年出版的 *Political Arithmetic* 一书，后经 Clark（1960）在 *The Conditions of Economic Progress* 中对其进行归纳和验证[⑤]，形成了广为人知的配第-克拉克定理。该理论认为，由于各产业部门之间收入弹性和技术进步的差异，随着一国或某个地区的经济发展，即人均国民收入的提高，第一产业部门收入和吸纳劳动力相对比重将逐步降低，劳动力首先向第二产业部门进行转移，第二产业部门的收入和劳动力相对比重随之上升；随着经济的进一步发展，劳动力逐步从第二产业部门向第三产业部门转移，第三产业部门在国民收入中所占比重和吸纳劳动力的比重也开始上升。总而言之，随着经济的发展，劳动力首先从第一

---

① ZELINSKY W. The hypothesis of the mobility transition ［J］. Geographical Review，1971，61（2）：219-249.

② DOERINGER P B，PIORE M J. Internal labor markets & manpower analysis ［J］. Industrial & Labor Relations Review，1971：344.

③ MASSEY D S，ARANGO J，HUGO G，et al. Theories of international migration：a review and appraisal ［J］. Population & Development Review，1993，19（3）：431-466.

④ TAYLOR O S E. Migration incentives，migration types：the role of relative deprivation ［J］. The Economic Journal，1991，101（408）：1163-1178.

⑤ CLARK C. The conditions of economic progress ［J］. Population，1960，15：374-375.

产业部门流入第二产业部门，然后再从第二产业部门流到第三产业部门。

2.2.2 库兹涅兹产业结构论

库兹涅兹产业结构论与配第-克拉克定理有相似之处，也是探讨国民收入和劳动力在各产业间分布演变的学说，但与其又有一定的差异，由 Kuznets（1941）[1] 在其经典著作 *National Income and Its Composition* 中提出。Kuznets 在 Clark（1940）研究的基础上，将第一产业、第二产业、第三产业分别称为农业、工业和服务业，通过对 10 多个国家各产业部门的收入和劳动力分布结构的大量数据进行分析发现：第一，农业部门的收入和吸纳劳动力的相对比重随着国民经济的发展，呈不断下降趋势，且收入占国民收入比重下降的速度远远大于劳动力相对比重的下降速度；第二，工业部门收入占国民收入的相对比重呈不断上升趋势，但其吸纳劳动力的相对比重却保持大体不变；第三，服务业部门所吸纳劳动力的相对比重呈不断上升趋势，反而其占国民收入的比重无明显变化，即劳动力主要由农业部门转移到了服务业部门。

2.2.3 国际标准产业结构

Chenery 和 Syrquin（1980）[2] 在库兹涅兹产业结构论的基础上，对 101 个国家的 20 年间的产业结构数据进行了分析和总结，提出了"世界发展模型"，并在此基础上延展出了"国际标准产业结构"。该理论认为，随着经济的发展，产业结构的变动呈现出一定的规律性，在不同的发展阶段，三次产业产值结构和就业结构应对应不同的标准数值，如在人均国民收入达到 400 美元时（1970 年为基期），农业、工业、服务业和基础设施的产值份额分别应为 22.8%、27.6%、41.1% 和 8.5%，三次产业的就业份额分别应为 43.8%、23.5% 和 32.7%，即在每一个发展阶段，三次产业的产值结构和就业结构都会对应一个标准的数值。同时，Chenery 和 Syrquin（1980）在研究过程中还发现，在发达国家的工业化进程中，产业产值结构的变迁与劳动力结构的变迁基本同步。而在发展中国家，劳动力结构的

① KUZNETS S. National income and its composition [C]. European Conference on Optical Communication. SAGE Publications, 1941: 968-987.

② CHENERY H, SYRQUIN M. A comparative analysis of industrial growth [M]. Economic Growth and Resources. Palgrave Macmillan UK, 1980.

调整要慢于产业产值结构的调整，究其原因，他们认为是发展中国家生产效率提高使得岗位就业能力小于产值创造能力。

除上述理论以外，还有分析工业内部结构变迁的霍夫曼系数（Hoffman，1969）①、衡量产业兴衰的雁行理论（Akamatsu，1935）等相关理论，由于与本书的研究关联性不强，故在此不再介绍。

2.3　城市住房价格相关理论

城市住房价格理论本身是价格理论的一种。价格的形成、决定是多因素共同作用的结果，有经济变量因素，也有非经济变量因素。城市住房价格更是如此，受区位、环境、供求等个多因素的影响，其价格形成理论更加多元化，有均衡价格模型、非均衡价格模型、特征价格模型、三部门模型和空间分布模型等（何雄，2009）②。在本书的研究中，重点考虑的是在结构变迁视角下，人口迁移流动对城市住房价格的影响，且没有考虑投资需求对城市住房价格的影响。因此，在城乡结构变迁的视角下，所有的城市是同质的，城市内部的房屋也是无差异的，不受区位的影响，其价格的决定仅取决于供需均衡时的价格；在产业结构变迁的视角下，城市的差异仅是产业结构的不同，其价格的决定也仅取决于供求均衡时的价格，故本书主要从供求理论角度对城市住房价格理论进行阐释。

2.3.1　静态供求价格模型

假设住房的供给函数和需求函数分别表示为式（2-3）和式（2-4），D 为住房需求量，S 为住房供给量，p 为住房价格，a 和 a_1 分别为截距项，b 和 b_1 分别为斜率，且 $b < 0$，$b_1 > 0$，表示随着住房价格的升高，供给上升，需求下降。

$$D = a + b * p \qquad (2-3)$$
$$S = a_1 + b_1 * p \qquad (2-4)$$

---

① HOFFMAN W G. Stadien und typen der industrialisierung [J]. Weltwirtschaftliches Archiv, 1969, 103: 321-327.

② 何雄. 住宅价格的影响因素及理论模型研究: 住宅价格理论的文献综述 [J]. 经济经纬 (5): 78-81.

在市场达到均衡时，房屋供给量与需求量相等（$D = S$），可求得住房市场静态均衡价格和供需量分别为

$$p_e = (a - a_1) / (b_1 - b) \qquad (2-5)$$

$$D_e = S_e = a + b * p_e \qquad (2-6)$$

如图 2-1 所示，静态均衡点为 E。假设在短期内住房供给无弹性，为垂直的曲线 S'，随着人口不断向城市迁移，住房需求增加，需求曲线由 D 变成 D'，则短期内新的均衡价格为 p''，高于原均衡价格；住房价格升高，导致住房供给增加，如果长期住房供给曲线为无限弹性 S''，则将会回到原来的均衡价格 p_e，但如果长期住房供给曲线为一定弹性 S，则会形成新的均衡价格和供需量 E'。因此，住房价格的变动主要取决于供给曲线和需求曲线的弹性（钱瑛瑛 等，2015）[①]。

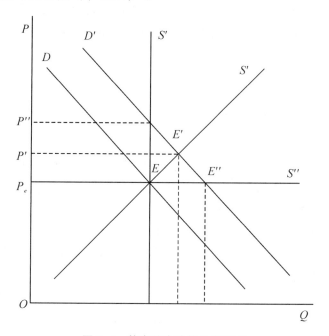

图 2-1   静态住房价格均衡决定

2.3.2   动态供求价格模型

动态供求价格模型是在静态模型的基础上加入了时间变量，同时也比

---

①   钱瑛瑛，唐代中. 房地产经济学 [M]. 3 版. 上海：同济大学出版社，2015.

静态模型多了几个约束条件：第一，住房市场是完全竞争市场，这保证了住房市场的均衡价格和均衡产量不受人为因素的干扰，是市场的结果；第二，由于住房从开发到上市存在一定的时间间隔，故住房供给存在一定滞后期；第三，房地产商没有预见性，当期住房的供给量决定于上期住房价格；第四，住房需求量取决于当期的住房价格；第五，市场完全出清。基于以上几点假设，可建立如下动态供求价格模型：

$$D_t = a + b * p_t \tag{2-7}$$

$$S_t = a_1 + b_1 * p_{t-1} \tag{2-8}$$

$$D_t = S_t \tag{2-9}$$

$$p_t = (a_1 - a)/b + b_1/b * p_{t-1} \tag{2-10}$$

式（2-7）至式（2-10）中，D_t 和 S_t 分别是第 t 期的供给和需求曲线，式（2-9）是均衡条件，式（2-10）为均衡时的价格，表明动态供求均衡模型中，住房的均衡价格不仅取决于供给曲线和需求曲线的弹性，还与上期的住房价格有关。

2.4　理论评述与小结

本章为本书的理论基础，对本书的理论模型构建和实证检验涉及的相关理论基础进行了回顾和介绍。具体而言，首先以迁移定律、推拉理论、刘易斯模型、托达罗模型、收益-成本理论等阐释了城乡结构变迁和人口迁移流动的相关理论，其次回顾了配地-克拉克定理、库兹涅兹产业结构论、国际标准产业机构等产业结构变迁的相关理论，最后从静态和动态供求价格模型介绍了城市住房价格理论。

总体而言，关于城乡结构变迁、人口迁移流动、产业结构变迁和住房价格的相关理论，都是较为经典、成熟的理论，在近些年无明显的开拓性进展。本书在上述理论的基础上，分别在城乡结构变迁和产业结构变迁的视角下，构建了人口迁移流动与城市住房价格的理论模型，为本书的实证研究奠定了理论基础。

3 结构变迁、人口迁移流动 与城市住房价格特征分析

　　本章的主要目的在于从时间和空间上准确刻画中国结构变迁、人口迁移流动和城市住房价格的特征，是本书的基础章节，为下文的理论研究和实证分析提供了现实解析与数据支撑。本章在核心概念界定的基础上，首先以城镇化率作为衡量城乡结构变迁的指标，分析了中国城乡结构变迁的历程，并分别从区域层面和分线城市层面研究了中国城乡结构变迁的特征；其次，以产业结构合理化和产业结构高度化两个指标探讨了中国产业结构变迁的历程，并结合省域和地市级相关数据探讨了不同区域和不同等级城市的产业结构变迁特征；继而，以各地区常住人口的机械增长状况，研究了区域和分线城市的人口迁移流动特征；最后回顾了中国城镇住房制度改革的四个阶段，并结合市域层面的住宅商品房价格，运用泰尔指数、变异系数和莫兰指数等研究了中国城市住房价格及其增长的空间差异和空间关联特征。

3.1　中国城乡结构变迁特征分析

　　首先，本节从宏观上分析了中国自改革开放以来的城乡结构变迁的主要历程；其次，将本书研究的样本城市划分为东部地区、中部地区、西部地区和东北地区四大区域，分析了城乡结构变迁在区域层面上的特征；最后，本节将样本期间内城市分为一线城市、新一线城市、二线城市、三线城市、四线城市和五线城市六类，从城市层面上进一步对城乡结构的特征进行了分析和研究。

3.1.1 中国城乡结构变迁历程

按照前文（1.2.1）的概念界定，本书以人口城镇化率衡量了我国的城乡结构变迁。自1978年改革开放以来，中国的城镇化过程呈逐步上升趋势（见图3-1），城镇化率由1978年的17.9%上升到59.6%，按照同期人口计算，在1978年城镇人口仅有1.7亿人，而这一数字在2018年为8.3亿人，城镇化率上升三倍多，城镇人口数量增加了四倍多。

参考许伟（2019）的观点，按照国家不同时期提出的城镇化的内容与要求，改革开放以来的中国城镇化过程可分为四个阶段[①]：

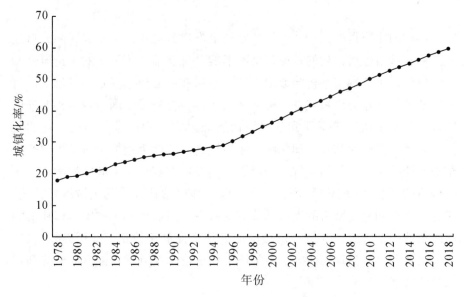

图 3-1　中国城镇化率变动趋势图

数据来源：国家统计局。

第一阶段：中国特色城镇化建设起步阶段（1978—1992年）。自党的十一届三中全会召开以来，我国的城镇化过程实现了由政府主导到市场和政府共同推进的转变，通过放宽农民集体落户的条件，有序引导城镇化向以轻工业为主导的生活型转变；依靠沿海经济特区的发展和建设，推动了东部沿海地区城镇的率先崛起；通过立法的形式，严格控制大城市的人口

---

① 许伟. 新中国成立70年来的城镇化建设及其未来应然走向 [J]. 武汉大学学报，2019 (7)：13-20.

规模，为小城镇的发展创造了有利的外部环境，到党的十四大召开时，中国城镇化率达 27.9%，较 1978 年提高了约 10 个百分点。

第二阶段：中国特色城镇化建设稳步推进阶段（1992—2002 年）。在此阶段，中国确立了社会主义市场经济体制，坚持和完善了城镇化由政府和市场共同推进的体制机制；通过全面放开小城镇落户限制、放宽中等城市的落户准入条件、严格限制特大城市的人口规模等户籍制度改革，有序推动了农民向城镇迁移流动；通过区域治理和产业园区的综合建设，促进了大城市和小城镇的协调发展；此外，西部大开发战略的推进实施，充分带动了西部地区城镇化的发展进程。该阶段我国城镇化率提高约 13 个百分点。

第三阶段：中国特色城镇化建设全面推进阶段（2002—2012 年）。党的十六大召开以后，中央领导集体明确提出了"以人为本、科学发展"的城镇化目标，依托国家各种惠农政策（免农业税、教育、医疗等），推动了城乡一体化的发展；通过户籍政策的进一步放宽和农村土地产权制度改革等措施，充分推动了人口城镇化的发展；并依托城市群和主体功能区的建设，推动了全国范围的城镇协调发展。2012 年我国城镇化率达 39.1%。

第四阶段：中国特色新型城镇化建设阶段（2012 年至今）。以习近平同志为核心的党中央进一步明确"创新、协调、绿色、开放、共享"的新发展理念，构建了以提高城乡居民获得感、幸福感、安全感为目标的中国特色新型城镇化战略。通过进一步打破城乡二元体制壁垒，加快推进了农民市民化的进程；以扶贫攻坚战略为重点，进一步缩小了城乡差距，推动城乡一体化发展；以城市群建设为契机，推动多种规模城镇的协调发展。在中国特色新型城镇化建设阶段，我国的城镇化进程显著加快，截至 2018 年年底，我国总体城镇化率达 59.6%，城镇化率增加了 20%，其增速在我国城镇化进程遥遥领先其他阶段，表明中国新型城镇化建设取得了显著效果。

3.1.2 区域层面城乡结构变迁特征

上节从总体上探讨了我国的城镇化进程，本书参考任泽平（2018）的地区分类方法，将中国分为东部地区、中部地区、西部地区和东北地区四大区域，探讨城镇化率在不同地区之间的差异，其中东部地区包括北京市、天津市、上海市、山东省、河北省、广东省、浙江省、江苏省、福建省和海南省 10 个省（市）；中部地区包括河南省、江西省、山西省、安徽省、湖北省、湖南省 6 个省份；西部地区包括重庆市、四川省、陕西省、甘肃省、云南省、贵州省、青海省、宁夏回族自治区、内蒙古自治区、新疆维吾尔自治区、广西壮族自治区 11 个省（区、市）[①]；东北地区包括黑龙江省、吉林省、辽宁省三个省。

受数据收集限制，本书测算了 2005—2017 年中国四个区域的城镇化率（见表 3-1），同时为了更直观地表示各地区城镇化率变动趋势，本书还绘制了各地区的城镇化率变化的折线图（见图 3-2）。需要说明的是，本书以式（3-1）对各地区的城镇化率进行了计算：

$$\mathrm{urban}_j = \sum_{i=1}^{n} \mathrm{pop}_{\mathrm{urban}} \Big/ \Big(\sum_{i=1}^{n} \mathrm{pop}_{\mathrm{urban}} + \sum_{i=1}^{n} \mathrm{pop}_{\mathrm{rural}} \Big) \qquad (3\text{-}1)$$

式（3-1）中，urban_j 表示第 j 个地区的城镇化率水平，n 为该区域内的省份个数，$\mathrm{pop}_{\mathrm{urban}}$ 表示该省的城镇人口数量，$\mathrm{pop}_{\mathrm{rural}}$ 表示该省的农村人口数量。

表 3-1　中国分区域城镇化率水平

年份	东部地区	中部地区	西部地区	东北地区	全国
2005	53.1%	36.5%	34.6%	55.2%	43.0%
2006	54.5%	38.0%	35.8%	55.5%	44.3%
2007	55.4%	39.4%	37.1%	55.8%	45.9%
2008	56.4%	40.9%	38.6%	56.7%	47.0%
2009	57.3%	42.3%	39.8%	56.9%	48.3%
2010	59.8%	43.6%	41.6%	57.7%	49.9%
2011	60.8%	45.5%	43.2%	58.7%	51.3%
2012	61.9%	47.2%	44.9%	59.6%	52.6%
2013	62.8%	48.5%	46.2%	60.2%	53.7%
2014	63.6%	49.8%	47.6%	60.8%	54.8%
2015	64.8%	51.2%	48.9%	61.3%	56.1%
2016	65.9%	52.8%	50.4%	61.7%	57.3%
2017	67.0%	54.3%	51.8%	62.0%	58.5%

数据来源：中经网数据库。

---

① 本书不包含西藏自治区及港澳台地区的数据，后文同。

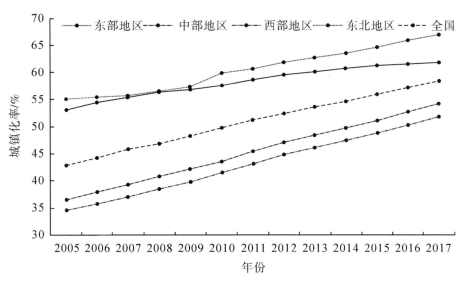

图 3-2 中国分区域城镇化率变动趋势图

数据来源：中经网数据库。

由表 3-1 和图 3-2 可知：

首先，东部地区的城镇化率最高，2017 年达 67%，比全国平均水平高约 10 个百分点，比城镇化率最低的西部地区高 15 个百分点。从增幅上来看，二者差距不大，东部地区在样本期间内城镇化率增加了 14 个百分点，西部地区增加了 17 个百分点。这主要是得益于改革开放以来，东部地区率先发展，大城市和小城镇的建设提质增速，工业园区遍地开花，有序将大量农村居民转移到城市当中来，使得东部地区的城镇化率水平在全国遥遥领先。

其次，东北地区的城镇化水平高于全国平均水平，仅次于东部地区。从图 3-2 中不难发现，东北地区的城镇化率在 2008 年之前尚优于东部地区，但在 2008 年被东部地区超越后，与东部地区的差距越来越大，2017 年的城镇化率比东部地区低 5 个百分点；在样本期间内城镇化率仅增加了不到 7 个百分点，整体增幅在我国四大区域中也是最小的。这反映了东北地区作为我国的老工业基地，在新中国成立以后，吸引了大量的农村人口进城工作，但随着我国经济发展的转型，传统、粗放的生产方式难以维系，致使两地区的经济增长乏力，城镇不能提供较多就业岗位，城镇化进程缓慢。

最后，中部地区和西部地区城镇化率水平相对较低，尤其是西部地区，在全国四个区域中垫底。2005年，中西部地区的城镇化率仅在35%附近，与东部地区相差20个百分点左右，随着区域协调发展战略的不断推进，西部大开发、中部崛起等战略的深入实施，中西部地区的城镇化水平有了显著的提高，与东部地区的差距也在逐渐减小。2017年，中部地区与东部地区城镇化率差距为12个百分点。

3.1.3 城市层面城乡结构变迁特征

上文分别从全国层面和区域层面分析了中国城乡结构变迁的特征，本节继续从城市的视角出发，探究中国城市的城乡结构变迁特征。本书以常住人口城镇居民占比来衡量城市的城乡结构变迁水平，剔除了数据缺失较多的城市，并对部分缺失数据进行插值和平滑处理。本书实际研究了2005—2017年中国239个城市的城乡结构变迁水平。数据来源于各省份、各城市统计年鉴和各城市国民经济和社会发展统计公报。

参考"2018年中国城市商业魅力排行榜"，本书将样本期间内城市分为一线城市、新一线城市、二线城市、三线城市、四线城市和五线城市六类，其中一线城市包含北京、上海、广州和深圳4个城市；新一线城市包括成都、杭州、重庆等12个城市；二线城市包括昆明、佛山、中山等29个城市；三线城市包括三亚、东营、南阳等57个城市；四线城市包括临汾、乐山、商丘等69个城市；五线城市包括长治、鹤壁、鹰潭等68个城市。本书的结果如表3-2所示，图3-3为不同等级城市城镇化率的变动趋势。

表3-2　中国城市分等级城镇化率水平

年份	一线	新一线	二线	三线	四线	五线	全国
2005	91.1%	63.7%	59.4%	44.0%	35.3%	35.2%	43.0%
2006	88.8%	65.6%	60.8%	44.9%	36.9%	36.4%	44.3%
2007	88.8%	66.5%	61.4%	45.8%	38.3%	37.4%	45.9%
2008	88.9%	67.4%	62.1%	46.9%	39.5%	38.7%	47.0%
2009	89.0%	68.3%	61.2%	48.3%	40.9%	41.3%	48.3%
2010	89.8%	70.3%	65.3%	49.9%	41.8%	41.5%	49.9%
2011	89.9%	71.2%	66.4%	51.3%	43.2%	43.1%	51.3%

表3-2(续)

年份	一线	新一线	二线	三线	四线	五线	全国
2012	90.1%	72.2%	67.4%	52.6%	45.0%	44.8%	52.6%
2013	90.3%	72.9%	68.4%	54.0%	46.3%	46.1%	53.7%
2014	90.3%	73.6%	69.2%	55.0%	47.5%	47.4%	54.8%
2015	89.9%	74.5%	70.3%	56.4%	48.8%	48.5%	56.1%
2016	90.1%	75.2%	71.4%	57.8%	50.3%	50.0%	57.3%
2017	90.0%	76.0%	72.2%	59.2%	51.7%	51.2%	58.5%

数据来源：各省份、各城市统计年鉴和各城市国民经济和社会发展统计公报。

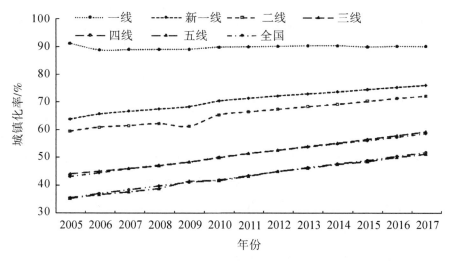

图 3-3　中国城市分等级城镇化率变动趋势图

数据来源：各省份、各城市统计年鉴和各城市国民经济和社会发展统计公报。

由表 3-2 和图 3-3 可知：

首先，一线城市已基本完成城镇化进程。我国四个一线城市的城镇化水平较高，达 90% 左右，且在样本期间内无明显波动趋势，表明中国四个一线城市的城镇化进程基本完成。尤其是深圳市，在样本期间内，城镇化率为 100%，三个城市的城镇化率也均在 85% 以上。

其次，从差距上来看，新一线城市与一线城市的城镇化率差距最大（15 个百分点左右），三线城市与二线城市的差距次之（12 个百分点左右），四线城市与三线城市相差 7 个百分点左右，五线与四线城市基本无差距。这说明单从城镇化率看，新一线城市跨入一线城市的难度最大，三线城市挤入二线城市难度次之，而其他城市实现城市等级跨越相对容易。

继而，除一线城市外，其他等级城市城镇化率变动趋势在样本期间内基本保持一致（新一线城市和二线城市城镇化率增加 12 个百分点左右，三线、四线、五线城市增加 15 个百分点左右）；结合一线城市的城镇化水平无明显变化的特征事实，表明城市落户政策的放开，在一定程度上推动了我国城镇化的进程。

从 2017 年我国各城市城镇化水平空间分布来看，城镇化率在 80% 以上的城市共有 17 个，整体分布相对分散，珠三角地区最多（深圳市、佛山市、东莞市、珠海市、中山市和广州市 6 个城市）；其次，城镇化率低于 50% 的城市共有 74 个，主要分布在中西部地区，沿海城市的城镇化率相对较高；最后，城镇化率最低的 5 个城市分别是百色市、保山市、定西市、昭通市和陇南市，其城镇化率才 35% 左右，城镇化进程相对缓慢。

3.2 中国产业结构变迁特征分析

本节首先以产业结构合理化和产业结构高度化两个指标，衡量了中国产业结构变迁的历程；其次按照上文 3.1 区域的划分，衡量了区域层面上的产业结构变迁历程；最后通过城市等级的划分，探讨了不同等级城市的产业结构变迁的特征。

3.2.1 中国产业结构变迁历程

依据上文（1.2.2）对产业结构变迁的概念界定，本书以产业结构合理化指数（tl）和产业结构高度化指数（ts）两个指标对中国改革开放以来的产业结构变迁程度进行了衡量（见图 3-4）。总体来看，中国产业结构合理化和高度化指数在样本期间表现出一定的波动性，产业结构合理化指数由 1978 年的 0.40 下降到 2017 年的 0.13，产业结构高度化指数由 1978 年的 0.50 上升到 2017 年的 1.28，表明随着中国经济的高速发展，其产业结构也在不断优化改善。具体而言，参考吴万宗（2018）[①]，依据中国经济改革的几次时间节点，可将中国产业结构的调整历程分为以下几个阶段：

---

① 吴万宗，刘玉博，徐琳. 产业结构变迁与收入不平等［J］. 管理世界，2018（2）：22-33.

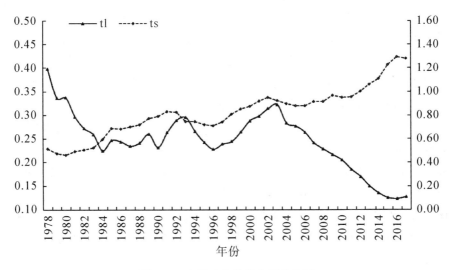

图 3-4　中国产业结构变迁趋势图

数据来源：国家统计局。

第一阶段：改革开放初期（1978—1984 年）。中国的改革始于农村，随着家庭联产承包责任制的推广实施，农村的剩余劳动力得以解放，农业的生产效率有所提高；与此同时，城市的轻工业和服务业的发展也需要大量劳动力，农村剩余劳动力在经过简单的技能培训后，即可胜任现代化的机器作业，城市的服务业在经过重工业为主的发展后得到补偿发展，三次产业向协调方向发展，产业结构逐步趋向合理化，产业结构合理化指数由 1978 年的 0.4 迅速下降到 0.23，产业合理化程度得以提升，产业结构高度化也在缓慢发展。

第二阶段：经济体制改革全面深化阶段（1985—1992 年）。在该阶段，尤其是党的十三大（1987 年）召开之前，政府几乎所有文件都要求优先发展消费品工业，服务业的发展取得了长足进步。到 20 世纪 80 年代中后期，随着部分轻工业的产能过剩、生产停滞等问题的凸显，党的十三大明确提出既要大力发展服务业，也要重视基础产业的发展，由此开始重视产业结构的调整，这也就使得在该阶段中国的产业结构合理化指数呈波动趋势，无显著变化，而产业结构升级趋势明显，产业结构高度化指数由 1985 年的 0.69 上升至 1992 年的 0.82。

第三阶段：市场经济体制建立阶段（1993—2000 年）。自 1992 年邓小平南方谈话以后，党的十四届三中全会确立了市场在资源配置中的基础性作用，中国特色社会主义市场经济体制开始确立，乡镇企业得以迅速发展，为农村剩余劳动力的转移提供了条件和支撑，城镇化进程加快。但服务业发展缓慢，且第二产业有重工业主导趋势（吴万宗，2018）。且伴随着1998年的国有企业改革，大量职工下岗，劳动力市场需求压力骤增。因此，在1997年以后，产业结构的不合理化程度显著提升。

第四阶段：市场经济体制逐步完善及入市红利阶段（2001—2008年）。随着市场经济体制的逐步完善，以及在2001年加入世界贸易组织以后，中国进一步融入全球化经济发展当中，国际上低端制造业的转移，使中国成为"世界工厂"，给中国的大量剩余劳动力提供了就业机会，第二产业迅猛发展，而服务业发展的步伐明显落后于制造业的发展，因此在该阶段，中国的产业结构合理化程度不断改善，而高度化的发展则出现了下滑趋势。

第五阶段：后金融危机阶段（2009—2017年）。一方面，受金融危机的影响，国际市场消费疲软，同时中国经济发展的新常态特征明显，中国经济告别两位数增长速度，经济增长更多依靠创新驱动，以"互联网+"为主导的第三产业吸引劳动力就业的能力不断提高，中国的产业结构不断优化，向高端化的方向发展。另一方面，伴随着农村土地承包经营流转政策的执行实施，农业的生产效率不断提高，产业结构也逐步趋向合理。在该阶段，产业结构合理化指数由2009年的0.22下降到2017年的0.13，产业结构高度化指数由2009年的0.97上升到2017年的1.28。

3.2.2　区域层面产业结构变迁特征

上节从整体上研究了中国改革开放以来中国产业结构变迁的历程。本节在上节的基础上，首先测算了中国30个省份的产业结构合理化和高度化指数①，并按照本书3.1.2所指出的区域分类方法（将中国分为东部地区、中部地区、西部地区和东北地区四个区域），探讨了不同区域的产业结构变迁特征。表3-3和表3-4分别是中国30个省份的部分年份产业结构合理化指数和产业结构高度化指数。

---

①　不包含西藏自治区和港澳台地区的数据。

表 3-3　中国 30 个省份的产业结构合理化指数

省份	2005年	2010年	2011年	2012年	2013年	2014年	2015年	2016年	2017年
上海	0.062	0.017	0.017	0.024	0.021	0.019	0.023	0.025	0.021
云南	0.596	0.512	0.463	0.426	0.408	0.393	0.389	0.372	0.350
内蒙古	0.394	0.487	0.482	0.458	0.397	0.368	0.382	0.377	0.301
北京	0.036	0.038	0.033	0.031	0.029	0.027	0.027	0.029	0.029
吉林	0.238	0.333	0.340	0.323	0.278	0.257	0.228	0.229	0.262
四川	0.231	0.235	0.240	0.226	0.226	0.207	0.181	0.169	0.163
天津	0.092	0.070	0.069	0.063	0.054	0.056	0.056	0.048	0.053
宁夏	0.321	0.463	0.482	0.472	0.445	0.403	0.389	0.403	0.364
安徽	0.217	0.218	0.242	0.223	0.203	0.183	0.157	0.153	0.155
山东	0.250	0.202	0.187	0.174	0.156	0.152	0.143	0.148	0.150
山西	0.385	0.341	0.352	0.310	0.278	0.265	0.247	0.243	0.279
广东	0.198	0.141	0.135	0.135	0.129	0.127	0.127	0.126	0.130
广西	0.312	0.331	0.327	0.341	0.339	0.329	0.327	0.324	0.287
新疆	0.313	0.342	0.360	0.330	0.287	0.273	0.240	0.237	0.277
江苏	0.166	0.099	0.089	0.082	0.078	0.081	0.073	0.074	0.073
江西	0.137	0.179	0.179	0.159	0.148	0.141	0.126	0.116	0.123
河北	0.207	0.171	0.167	0.147	0.130	0.133	0.126	0.132	0.154
河南	0.331	0.252	0.244	0.228	0.203	0.209	0.194	0.199	0.202
浙江	0.113	0.065	0.055	0.056	0.051	0.057	0.057	0.051	0.053
海南	0.136	0.155	0.151	0.147	0.119	0.106	0.092	0.084	0.097
湖北	0.241	0.303	0.308	0.302	0.281	0.245	0.225	0.205	0.202
湖南	0.192	0.215	0.224	0.223	0.226	0.235	0.228	0.223	0.256
甘肃	0.506	0.520	0.529	0.501	0.469	0.457	0.404	0.392	0.419
福建	0.160	0.116	0.099	0.089	0.083	0.086	0.081	0.078	0.089
贵州	0.800	0.662	0.640	0.596	0.560	0.498	0.421	0.379	0.362
辽宁	0.172	0.207	0.215	0.202	0.170	0.167	0.157	0.135	0.153
重庆	0.248	0.345	0.311	0.263	0.231	0.200	0.179	0.160	0.165
陕西	0.385	0.280	0.267	0.493	0.450	0.434	0.398	0.383	0.391
青海	0.398	0.339	0.346	0.323	0.326	0.296	0.267	0.256	0.222
黑龙江	0.353	0.308	0.301	0.176	0.151	0.127	0.112	0.103	0.084

数据来源：中国统计年鉴、分省份统计年鉴。

表 3-4 中国 30 个省份的产业结构高度化指数

省份	2005年	2010年	2011年	2012年	2013年	2014年	2015年	2016年	2017年
上海	1.038	1.362	1.406	1.553	1.675	1.870	2.130	2.339	2.271
云南	0.956	0.897	0.979	0.958	0.994	1.049	1.135	1.213	1.262
内蒙古	0.864	0.661	0.624	0.640	0.677	0.770	0.801	0.928	1.257
北京	2.350	3.129	3.295	3.368	3.443	3.658	4.035	4.165	4.237
吉林	0.894	0.690	0.656	0.651	0.673	0.685	0.780	0.896	0.979
四川	0.925	0.695	0.636	0.668	0.682	0.791	0.991	1.157	1.283
天津	0.748	0.876	0.880	0.909	0.949	1.008	1.120	1.333	1.420
宁夏	0.899	0.848	0.816	0.847	0.852	0.890	0.938	0.966	1.020
安徽	0.985	0.652	0.599	0.598	0.604	0.666	0.786	0.847	0.903
山东	0.557	0.675	0.723	0.777	0.821	0.898	0.968	1.013	1.058
山西	0.665	0.652	0.597	0.696	0.741	0.902	1.307	1.439	1.185
广东	0.846	0.900	0.911	0.957	1.009	1.057	1.130	1.198	1.265
广西	1.094	0.750	0.705	0.739	0.754	0.810	0.845	0.876	1.100
新疆	0.798	0.682	0.696	0.776	0.830	0.959	1.159	1.194	1.154
江苏	0.627	0.788	0.827	0.867	0.908	0.992	1.064	1.118	1.117
江西	0.736	0.609	0.614	0.646	0.656	0.701	0.777	0.879	0.887
河北	0.642	0.665	0.646	0.670	0.680	0.730	0.833	0.873	0.949
河南	0.577	0.500	0.518	0.549	0.578	0.728	0.830	0.877	0.915
浙江	0.751	0.844	0.857	0.906	0.940	1.002	1.083	1.137	1.242
海南	1.698	1.670	1.608	1.665	1.743	2.072	2.252	2.427	2.513
湖北	0.935	0.779	0.738	0.733	0.772	0.883	0.943	0.979	1.069
湖南	1.017	0.867	0.805	0.823	0.858	0.914	0.996	1.097	1.185
甘肃	0.939	0.774	0.826	0.873	0.910	1.028	1.339	1.471	1.576
福建	0.790	0.778	0.758	0.759	0.752	0.761	0.826	0.877	0.952
贵州	0.948	1.209	1.267	1.226	1.151	1.070	1.137	1.127	1.120
辽宁	0.803	0.687	0.671	0.715	0.735	0.831	1.015	1.332	1.338
重庆	1.071	0.661	0.654	0.752	0.819	1.022	1.061	1.081	1.114
陕西	0.752	0.677	0.628	0.620	0.629	0.684	0.808	0.866	0.852
青海	0.806	0.632	0.554	0.572	0.572	0.691	0.829	0.881	1.053
黑龙江	0.624	0.742	0.719	0.918	1.005	1.242	1.595	1.889	2.186

数据来源：中国统计年鉴、分省份统计年鉴。

首先，从分省份的产业结构合理化指数来看，各省份的产业结构合理化指数在样本期间内都有一定的下降，即各省份的产业结构在协调程度上，均得到了一定程度的优化；样本期间内，上海、北京、浙江、天津、江苏和福建等地区的产业结构的协调程度最好，其产业结构合理化指数均在 0.1 以下，表明中国产业结构协调度最好的地区主要集中在东部沿海地区；宁夏、陕西、内蒙古、云南、甘肃和贵州的产业结构协调度最差，产业结构合理化的均值在 0.4 以上，尤其是贵州省，产业结构合理化指数平均值达 0.62。

其次，从分省份的产业结构高度化指数来看，中国大部分省份的产业结构高度化程度均有所提高，仅有安徽省一个地区的产业结构高度化指数在样本期间内有所下降；此外，重庆、广西、吉林和陕西等地区的产业结构高度化程度提升不大，不足 0.1%；北京、海南、上海、贵州和黑龙江等地区的产业结构高度化程度最高，尤其是北京市，在 2017 年产业结构高度化指数高达 4.237。与产业结构合理化较好的区域主要分布在东部沿海地区不同，产业结构高度化较好的地区分布相对较广，在西部地区和东北地区各有一个省份在全国前五；青海、河北、陕西、江西和河南等地区的产业结构高度化发展程度较低，排在全国末尾。

再次，从分区域的产业结构合理化指数变化趋势来看（见图 3-5），第一，各区域的产业结构合理化程度均有一定的提高，其中，东部、中部和东北地区合理化优化程度在 0.05 左右，西部地区合理化程度优化了 0.1 左右，之所以出现如此结果，主要是因为西部地区在样本初期，产业结构合理化指数较高，随着我国整体产业结构的调整和转型升级，西部地区产业结构合理化优化程度较快；第二，从波动程度上来看，东北地区的产业结构合理化指数波动幅度最大，尤其在 2008 年金融危机后，东北地区的产业结构不协调程度有所提高，至 2012 年我国经济整体进入新常态后，有所优化；第三，全国的四个区域中，仅有东部地区的产业结构合理化程度优于全国平均水平，在中国处于领先地位，其次是东北地区和中部地区，产业结构合理化在样本期间内相当，西部地区最差。

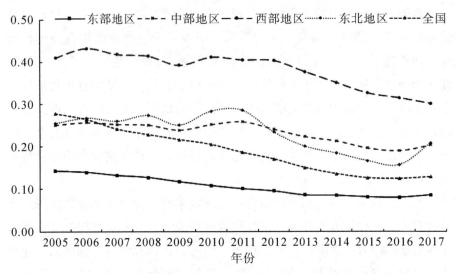

图 3-5 中国分区域产业结构合理化指数变迁趋势图

数据来源：中国统计年鉴、分省份统计年鉴。

最后，从分区域的产业结构高度化指数变化趋势来看（见图 3-6），第一，在样本期间的初期，各区域的产业结构高度化虽有差距，但差距相对较小，产业结构高度化指数最高的东部地区仅比最低的东北地区高0.23，而随着经济的发展，中国产业结构的调整，部分低端制造业从东部地区转移到中西部地区，导致各区域的产业结构高度化指数的差距越来越大，截至 2017 年年底，最高的东部地区比中部地区的产业结构高度化指数高 0.74；第二，在 2012 年以前，中国各区域的产业结构高度化指数调整速度相当，基本呈同步上涨趋势，而到 2012 年中国新常态特征愈发凸显后，东部地区和东北地区的产业结构高度化的改善程度显著高于中西部地区；第三，整体来看，在样本期间内，东部地区的产业结构高度化的均值最高，西部和东北地区次之，中部最差，这从侧面表明了中部地区在样本期间内承接了大量的低端产业转移。

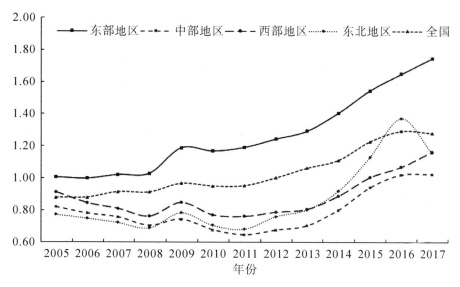

图 3-6　中国分区域产业结构高度化指数变迁趋势图

数据来源：中国统计年鉴、分省份统计年鉴。

3.2.3　城市层面产业结构变迁特征

上文分别从全国层面和区域层面分析了中国产业结构变迁的特征，本节基于城市的视角，从产业结构合理化和高度化两个指数继续对中国产业结构变迁的特征进行分析。本书对中国 284 个城市的产业结构合理化指数和高度化指数进行了测算①，受篇幅限制，在此仅展示中国 284 个地级及以上城市的产业结构变迁的描述性统计特征（见表 3-5）。

表 3-5　中国城市产业结构合理化和高度化指数的分年描述性统计

年份	产业结构合理化指数					产业结构高度化指数				
	样本量	均值	标准误	最小值	最大值	样本量	均值	标准误	最小值	最大值
2005	281	0.277	0.225	0.001	1.197	282	0.880	0.413	0.125	2.939
2006	284	0.258	0.206	0.002	1.065	284	0.833	0.393	0.110	2.835
2007	283	0.254	0.202	0.001	1.157	283	0.800	0.381	0.110	2.686
2008	283	0.264	0.219	0.001	1.445	284	0.773	0.384	0.094	2.852

---

① 本书剔除了数据缺失较多的城市，最终测算了中国 284 个地级及以上城市的产业结构合理化和高度化指数的数据。

表3-5(续)

年份	产业结构合理化指数					产业结构高度化指数			
	样本量	均值	标准误	最小值	最大值	样本量	均值	标准误	最小值	最大值
2009	280	0.270	0.234	0.001	1.435	284	0.815	0.405	0.146	3.214
2010	280	0.265	0.217	0.001	1.412	284	0.766	0.393	0.108	3.128
2011	279	0.272	0.222	0.002	1.720	284	0.730	0.376	0.113	3.294
2012	278	0.305	0.235	0.003	1.396	284	0.749	0.390	0.130	3.368
2013	278	0.290	0.203	0.001	1.240	284	0.778	0.404	0.207	3.443
2014	280	0.278	0.191	0.001	1.050	284	0.855	0.440	0.261	3.757
2015	280	0.281	0.199	0.000	0.995	284	0.959	0.482	0.352	4.034
2016	280	0.277	0.196	0.000	0.964	284	1.047	0.514	0.370	4.165

数据来源：中国城市统计年鉴。

按照上文3.1.3的分类标准，本书将全国284个城市分成一线、新一线、二线、三线、四线和五线城市六个等级，研究了不同等级城市的产业结构变迁状况，测算结果如表3-6和表3-7所示。

表 3-6　中国城市分等级产业结构合理化指数

年份	一线	新一线	二线	三线	四线	五线	全国
2005	0.022	0.094	0.138	0.249	0.368	0.311	0.277
2006	0.012	0.086	0.127	0.231	0.333	0.298	0.264
2007	0.009	0.088	0.115	0.226	0.319	0.307	0.241
2008	0.009	0.091	0.122	0.233	0.326	0.326	0.228
2009	0.010	0.094	0.128	0.229	0.343	0.333	0.216
2010	0.010	0.091	0.126	0.231	0.333	0.323	0.205
2011	0.015	0.095	0.128	0.232	0.342	0.339	0.185
2012	0.024	0.098	0.151	0.291	0.355	0.379	0.170
2013	0.035	0.111	0.163	0.273	0.347	0.341	0.150
2014	0.030	0.100	0.161	0.267	0.330	0.324	0.135
2015	0.029	0.113	0.160	0.256	0.346	0.329	0.125
2016	0.028	0.120	0.160	0.256	0.335	0.324	0.123

数据来源：中国城市统计年鉴。

表 3-7　中国城市分等级产业结构高度化指数

年份	一线	新一线	二线	三线	四线	五线	全国
2005	1.430	0.934	0.921	0.827	0.826	0.928	0.879
2006	1.483	0.912	0.896	0.774	0.780	0.869	0.879
2007	1.573	0.898	0.897	0.748	0.740	0.814	0.914
2008	1.648	0.866	0.902	0.715	0.700	0.788	0.912
2009	1.869	0.941	0.965	0.770	0.728	0.810	0.966
2010	1.811	0.916	0.950	0.740	0.671	0.737	0.950
2011	1.880	0.904	0.935	0.717	0.634	0.676	0.952
2012	2.001	0.941	0.980	0.740	0.642	0.683	1.001
2013	2.082	0.978	1.014	0.765	0.662	0.718	1.061
2014	2.206	1.060	1.117	0.822	0.723	0.814	1.110
2015	2.428	1.157	1.213	0.901	0.813	0.952	1.227
2016	2.592	1.264	1.286	0.982	0.909	1.037	1.293

数据来源：中国城市统计年鉴。

由表 3-6 和表 3-7 可知：

首先，无论是产业结构合理化指数，还是产业结构高度化指数，一线城市的产业结构水平在中国城市当中均属最优。一方面，从产业结构合理化指数来看，一线城市的合理化指数均在 0.05 以下，远低于全国的平均水平；另一方面，从产业结构高度化指数来看，一线城市的高度化指数在样本期间内最低值为 1.430（2005 年），尚高于其他等级城市在样本期间的最高值（1.286），足见一线城市在中国产业结构高度化发展过程中的引领作用之强。

其次，新一线城市与二线城市相比，产业结构合理化指数明显低于二线城市，而产业结构高度化指数与二线城市相当，无大的差距。这说明新一线城市在产业结构协调程度上明显优于二线城市，产业结构优化调整具有一定成效，而在产业结构升级上相比二线城市却无明显优势。

接着，从三、四、五线城市来看，三线城市的产业结构合理化程度显著优于四线和五线城市，在样本期间的初期尚优于全国平均水平，但随着中国产业结构的调整，中国的产业结构越来越合理，而三线城市的产业结构合理化水平在样本期间内却无显著优化；从产业结构高度化指数来看，五线城市的产业结构高度化水平优于三线和四线城市，这主要是因为在中国的经济发展过程中，轻重工业尤其是重工业在五线城市布局较少，相对集中在中国的三、四线城市，而随着中国的经济体制改革，各等级城市服务业齐头发展，最终使得五线城市的产业结构高度化水平优于三、四线城市。

3.3 中国人口迁移流动特征分析

本节先是从人口学的视角将中国人口迁移的历程分为"离土不离乡""离土又离乡"和"离土不回乡"三个阶段；然后按照1.2.3对城市净迁移流动人口的界定，分别从区域层面和城市层面探讨了中国人口迁移流动的特征。

3.3.1 中国人口迁移流动历程

改革开放以来，中国经历了大规模、长时间的人口迁移流动过程，按照不同的划分方式，可将中国人口迁移流动历程分为几个阶段：按照城镇化的发展过程，可分为人口迁移流动启动阶段、快速发展阶段、加速发展阶段和稳定阶段等（肖子华，2019)[①]；从人口学的视角可分为"离土不离乡""离土又离乡"和"离土不回乡"三个阶段（翟振武 等，2019)[②]；从户籍制度改革的视角又可分为人口迁移流动受较大制度阻碍阶段、制度放松人口迁移流动受限阶段、人口迁移流动在困境中发展阶段和制度完善人口流动区域不断增强四个阶段（乔晓春 等，2013)[③]；以上几种划分均是从不同角度对中国人口迁移流动历程的阶段划分，均有一定的理论意义与实践意义。在本书的研究中，着重按照翟振武（2019）的观点，对改革开放以来的中国人口迁移流动的过程进行回顾和分析。

第一阶段："离土不离乡"阶段（1978—1992年）。该阶段处于中国特色城镇化建设起步阶段（许伟，2019），中国的改革始于农村，家庭联产承包责任制的推广实施，解放了大量农村劳动力；同时，中央鼓励乡镇

---

① 肖子华.改革开放四十年与中国人口大流动［J］.人口与社会，2019（1）30-38.
② 翟振武，王宇，石琦.中国流动人口走向何方［J］.人口研究，2019，43（2）：6-11.
③ 乔晓春，黄衍华.中国跨省流动人口状况：基于"六普"数据的分析［J］.人口与发展，2013，19（1）：13-28.

企业的大力发展，倡导农村剩余劳动力就地转移至乡镇企业就业，就地转移和就地流动成为该阶段农村劳动力流向非农产业的主要通道，主要以省内迁移流动为主。

第二阶段："离土又离乡"阶段（1992—2008年）。自1992年邓小平同志南方谈话后，中国特色社会主义市场经济体制开始建立，全面放开了小城镇的落户限制，放宽了中等城市的落户准入条件；加之市场政策环境的宽松，东部沿海地区的民营经济发展活跃，为农民工提供了丰富的就业岗位，吸引了大量流动人口背井离乡，来城市就业，省际流动人口比例快速提升。

第三阶段："离土不回乡"阶段（2008年至今）。金融危机后，大量企业缩减就业岗位，引发了农民工的返乡潮。中国的产业结构和布局进行了深刻调整，逐步从劳动密集型向资本密集型进行调整。同时，伴随着我国高等教育的前期扩张，每年有800万左右的大学生进入劳动力市场，在一、二线城市就业，除逢年过节外，几乎很少回乡，这时期的流动人口以"80后""90后"新生代为主力军，且受教育程度相对较高。

3.3.2 区域层面人口迁移流动特征

按照上文1.2.3对净迁移流动人口的定义：净迁移流动人口=本年常住人口-上年常住人口-上年常住人口 * 自然增长率。本书对中国30个省（区、市）的净迁移流动人口进行了测度[1]，测度结果见表3-8。需要说明的是，因为逢5和逢0年份分别是中国的人口小普查和大普查年份，获得的数据相对准确，而其他年份数据为抽样调查数据，所以各地区在2005年、2010年和2015年的迁移流动人口趋势与其他年份不一致。

表3-8　中国30个省（区、市）的净迁移流动人口　　单位：万人

地区	2005年	2010年	2011年	2012年	2013年	2014年	2015年	2016年	2017年
上海	55.3	86.4	40.2	28.6	24.7	3.4	-18.0	-1.2	-11.7
云南	-4.3	2.8	-0.7	-1.4	-1.4	-1.6	-1.3	-1.1	-2.0
内蒙古	2.0	4.2	0.2	-0.6	-1.3	-1.2	-2.7	2.9	0.2
北京	43.9	95.4	50.7	42.6	35.7	27.5	8.5	-4.0	-11.3

---

① 不包含西藏自治区和港澳台地区的数据。

表3-8(续)

地区	2005年	2010年	2011年	2012年	2013年	2014年	2015年	2016年	2017年
吉林	2.2	1.7	-2.8	-1.8	-0.1	0.2	-0.2	-21.3	-15.4
四川	99.5	-162	-13.5	2.2	6.8	8.9	37.8	30.4	11.2
天津	17.2	67.9	51.9	55.3	55.3	41.2	26.9	14.7	-7.9
宁夏	1.4	1.7	0.8	2.0	1.2	1.7	0.7	1.8	0.9
安徽	-146	-214	-28.9	-17.7	0.7	12.0	18.3	9.5	15.3
山东	13.0	64.3	-2.3	-1.5	0.6	7.3	-14.6	41.9	-49.0
山西	-0.6	130.0	0.2	0.1	1.4	-0.9	-2.0	1.7	2.4
广东	10.4	237.2	-8.7	24.9	-23.6	15.9	59.6	76.2	88.2
广西	-264	-287	-4.9	1.4	0.1	-2.4	4.6	4.1	8.9
新疆	25.9	3.6	0.6	0.7	7.3	9.4	34.9	12.1	20.1
江苏	48.3	39.1	7.0	0.6	0.1	1.3	-3.1	6.6	8.5
江西	-5.4	-4.9	-8.0	-18.2	-14.7	-11.2	-8.2	-5.4	-3.5
河北	2.4	113.5	-2.1	-0.1	-2.1	5.9	-10.1	3.8	4.3
河南	-387	-128	-63.8	-28.4	-41.4	-29.0	-10.5	-1.6	-31.5
浙江	41.3	146.6	-9.3	-8.2	-4.2	-15.1	3.5	23.2	35.1
海南	2.7	-3.3	1.0	1.3	0.9	0.4	-0.4	-1.6	1.1
湖北	-1.7	-12.0	5.2	-4.2	-8.2	-11.6	7.0	4.8	-12.8
湖南	-406	125.0	-16.5	0.1	8.1	2.9	1.1	-6.6	-6.6
甘肃	-11.4	-11.8	-11.2	-2.2	-11.0	-7.1	-7.0	-5.7	0.1
福建	7.3	4.3	4.4	4.9	-0.3	8.6	4.5	5.1	4.8
贵州	-208	-82.6	-35.8	-7.1	-3.8	-14.8	1.1	5.0	1.9
辽宁	0.2	29.8	6.2	7.5	2.7	1.1	-9.7	-2.6	-8.2
重庆	-3.3	15.0	26.4	16.7	13.2	10.7	14.3	19.8	13.4
陕西	-6.7	-6.9	-5.9	-3.8	-3.6	-3.4	3.3	5.5	5.2
青海	-1.1	1.5	-0.2	0.3	-0.1	1.0	0.1	-0.5	-0.1
黑龙江	-4.0	-0.5	-8.2	-4.1	-3.9	-5.0	-24.8	-10.4	-8.4

数据来源:中经网数据库。

首先,从各省份的净迁移流动人口数量来看,不同省份呈现出不同的发展趋势。第一,上海、北京、天津等市在样本期间内的净迁移流动人口基本呈净增趋势,而到2015年后,三个地区的常住人口开始流出,呈负增长态势；第二，黑龙江省、吉林省和辽宁省三个地区的常住人口在样本期间内净流出，且在近年来，流出速度和规模明显扩大，仅一个黑龙江省在样本期间内的人口净流出数量都超过了100万人；第三，受中国产业结构优化和调整的影响，东部沿海的广东省、浙江省和江苏省三个地区的常住人口在2010年以后，有一定的流出，2016年以后状况有所缓解，人口呈净迁入状态；第四，伴随着西部大开发战略的深入实施，四川省、贵州省、重庆市和陕西省等地区的常住人口在2010年后出现回流现象，净迁移流动人口数量为正；第五，云南省、内蒙古自治区、宁夏回族自治区、山西省、江西省、青海省等地区在样本期间内基本呈流出态势，无明显的时间变化趋势。

其次，从分区域的常住人口变化来看（见表3-9），第一，随着东部沿海地区的出口导向经济的率先发展，吸引了大量本地农村居民和其他地区人口来当地就业或居住，大量的人口从中国其他地区向东部地区迁移，向京津冀、长三角和珠三角等都市圈流动，在2010年之前，东部地区的常住人口每年增长在400万人以上（任泽平，2018）①；与之对应的是，中、西部地区的人口呈现负增长态势。第二，到2010年以后，随着东部地区的产业结构转型升级，中、西部地区对东部地区的产业承接，以及老一代农民工的老化，东部地区的常住人口增长态势变弱，虽然人口仍在东部地区集聚，但集聚的速度明显放缓；并且已有常住人口向中、西部回流的趋势，尤其是西部地区，在2012年以后，净迁移流动人口由负变正。第三，东北地区的衰落形式未得到好转，人口流失速度和规模都明显加快，2014年后，东北地区的净流出人口每年在30万人以上。

表3-9 中国分区域净迁移流动人口数量　　　　　　　单位：万人

年份	东部地区	中部地区	西部地区	东北地区
2005	241.7	−801.3	−370.3	−1.6
2006	473.3	−95.0	−116.1	38.8
2007	480.2	−119.6	−136.0	13.7
2008	446.7	5.3	−57.7	−0.5
2009	441.7	−7.9	−60.4	14.6
2010	851.4	109.2	−522.2	31.0

---

① 任泽平，熊柴. 中国人口大迁移［EB/OL］. (2018-07-04). 泽平宏观.

表3-9（续）

年份	东部地区	中部地区	西部地区	东北地区
2011	133.0	−82.9	−44.1	−4.8
2012	148.2	−50.6	8.3	1.6
2013	87.2	−54.9	7.4	−1.3
2014	96.5	−50.0	1.2	−3.7
2015	56.6	−12.7	85.7	−34.7
2016	164.6	−7.1	74.3	−34.2
2017	62.2	−52.0	59.8	−32.1

数据来源：中经网数据库。

3.3.3 城市层面人口迁移流动特征

上文分析了中国人口迁移的历程和分区域的人口迁移流动状况，本节继续从城市的视角出发，对不同等级的城市迁移流动人口进行分析。需要说明的是，第一，本书测算城市迁移人口的数据来源于中国历年城市统计年鉴，测算的是全市的迁移流动人口。第二，依据《2017年中国城市统计年鉴》，截止到2016年年底，中国地级及以上城市共有297个，本书剔除了数据缺失较多的城市，实际测算了中国284个城市的迁移人口；当然，在这284个城市中，部分城市数据在个别年份也存在缺失。第三，由于在城市统计年鉴中，没有直接对常住人口数据进行公布，而自2006年以后，官方要求人均地区生产总值是以常住人口进行计算，因此，本书以地区生产总值比人均地区生产总值间接获得常住人口数据；同时，由于《2014年中国城市统计年鉴》中人均国内生产总值的测算采用的是年末户籍人口测算，缺乏市辖区常住人口数据，因此，2013年的常住人口数据采用插值法计算，其他年份部分缺失数据同样采用插值法进行处理。

受篇幅限制，本书仅展示了中国284个城市的迁移流动人口数量的描述性结果（见表3-10），并按照《2018年中国城市商业魅力排行榜》，将样本期间内城市分为一线城市、新一线城市、二线城市、三线城市、四线城市和五线城市六类对分线城市层面的人口迁移流动状况进行分析，其中一线城市包含北京、上海、广州和深圳4个城市；新一线城市包括成都、杭州、重庆等15个城市；二线城市包括昆明、佛山、中山等31个城市；三线城市包括三亚、东营、南阳等69个城市；四线城市包括临汾、乐山、商丘等 83 个城市；五线城市包括长治、鹤壁、鹰潭等 82 个城市。

表 3-10　中国 284 个城市迁移流动人口的分年描述性统计

单位：万人

年份	观测值	均值	标准差	最小值	最大值
2006	282	2.099	20.517	−132.56	216.11
2007	284	−2.934	25.302	−155.75	158.18
2008	284	2.136	20.152	−107.25	113.65
2009	284	−0.513	25.940	−259.62	145.44
2010	284	1.035	40.534	−137.44	359.55
2011	284	5.579	36.737	−123.40	261.73
2012	284	0.462	12.394	−82.737	114.04
2013	284	2.374	11.111	−33.807	73.983
2014	284	−3.744	11.174	−52.697	57.638
2015	284	−2.604	15.039	−125.12	101.81
2016	284	−0.551	15.362	−124.48	119.43

数据来源：中国城市统计年鉴。

由表 3-11 可知：第一，一线和新一线城市的常住人口在样本期间内持续流入，且由于对大城市规模的限制，四个一线城市的常住人口增速明显放缓，依据任泽平（2019）的研究结果[①]，一线城市在 2001—2010 年常住人口年均增长率为 3.4%，而在 2011—2016 年后，这一速度明显放缓至 1.5%，与本书的研究结果不谋而合；第二，以省会城市为主体的二线城市的常住人口数量在 2013 年之前持续增加，自 2014 年起，伴随着劳动力的回流，二线城市的常住人口持续净流出；第三，以中西部为主体的四线、五线城市，虽然受益于劳动力回流，常住人口由负增长转变为正增长，但仍然低于常住人口的自然增长，在样本期间内持续表现为人口净流出。此外，2016 年的一线、新一线、二线、三线、四线和五线城市的经济—人口比分别为 2.20、1.80、1.35、1.06、0.63 和 0.44（任泽平，2018），随着人往高处走、人随产业走的基本迁移流动逻辑，四线和五线城市的人口将持续流出。

---

① 任泽平，熊柴，闫凯. 中国人口大流动：3 000 个县全景呈现 [EB/OL]. (2019-03-09). 泽平宏观.

表 3-11　中国城市分等级迁移流动人口数量　　　　　单位：万人

表 3-11　中国城市分等级迁移流动人口数量　　　　　单位：万人

年份	一线	新一线	二线	三线	四线	五线
2006	293.62	−89.92	85.45	176.04	202.47	−75.55
2007	116.93	363.61	166.99	−221.78	−997.30	−261.93
2008	106.71	32.58	149.87	81.12	339.71	−103.12
2009	100.32	402.52	230.74	−69.55	−685.49	−124.27
2010	488.37	707.03	327.25	−308.01	−588.72	−331.94
2011	563.77	769.33	690.50	294.93	−419.34	−314.47
2012	76.45	134.22	151.73	−0.43	−153.41	−77.15
2013	42.19	171.58	33.97	77.40	−225.55	−123.66
2014	58.89	26.64	−1.62	−378.43	−508.85	−260.07
2015	48.88	65.16	−101.62	−331.04	−399.93	−21.23
2016	69.10	228.02	−16.43	−136.84	−145.95	−154.37

数据来源：中国城市统计年鉴。

　　此外，从人口净迁出城市数量上来看（见表 3-12），全国 284 个城市里面，2006 年净迁出城市数量为 117 个，而到 2016 年这一数字高达 184 个，表明随着中国经济的发展，其人口的集聚程度不断提高。根据美国、日本等国的国际经验，中国人口正逐渐并将持续从乡村或中小城市向一线、二线等大都市圈迁移流动。而一线城市由于落户门槛较高和人口规模的限制，在达到其城市依据城市承载力规划的人口后，近些年常住人口有迁出趋势。四线和五线城市中人口净迁出的城市数量不断增多，结合表 3-11，表明人口正加速从四线、五线城市流出。

表 3-12　中国城市分等级净迁出城市数量

年份	一线	新一线	二线	三线	四线	五线	全国
2006	0	3	8	29	34	43	117
2007	0	2	5	35	67	51	160
2008	0	2	10	31	51	62	156
2009	0	1	8	38	60	51	158
2010	0	3	9	32	57	56	157
2011	0	0	8	35	46	48	137
2012	2	2	11	38	64	54	171

表3-12（续）

年份	一线	新一线	二线	三线	四线	五线	全国
2013	2	4	17	47	60	56	186
2014	2	8	15	48	66	59	198
2015	1	5	22	54	66	66	214
2016	0	3	15	47	62	57	184

数据来源：中国城市统计年鉴。

3.4　中国城市住房价格特征分析

本节首先对中国住房改革历程的四个阶段进行了分析和回顾；其次分析了中国城市住房价格的特征，并运用变异系数和泰尔指数两个指标分析了中国城市住房价格的空间差异；最后运用空间经济学的分析方法研究了中国城市住房价格的空间关联特征。

3.4.1　中国住房制度改革历程

改革开放以后，邓小平同志于1978年首先提出了关于房改的问题，由此开始了40余年的中国住房制度改革。总体而言，中国的住房制度改革可主要分为四个阶段[①]：

第一阶段：住房实物分配制度改革阶段（1978—1993年）。这一阶段又可分为福利分房改革探索阶段（1978—1985年）和改革深化阶段（1986—1993年）。在改革探索阶段，中国主要以公房出售和补贴出售作为试点，为住房制度改革进行了多方式的尝试。截止到1985年年底，中国在160个城市和300多个县镇进行了补贴售房试点，销售住房一千余万平方米，为后续住房制度改革积累了有益经验；在改革深化阶段，于1986年成立了国务院住房制度改革领导小组，标志着中国住房制度改革进入全面试点、整体方案设计的阶段，最终于1993年的第三次房改会议上确立了"以出售公房为重点，售、租、建并举"的改革原则。

---

① 新华网.我国住房制度改革历程回顾［EB/OL］.（2014-03-03）［2022-03-26］.max. book118.com/html/2023/0614/6142025005005145.shtm.

第二阶段：住房实物分配向住房市场化改革的过渡阶段（1994—1998年）。1994年国务院下发了《关于深化城镇住房制度改革的决定》，旨在建立与社会主义市场经济体制相适应的新的城镇住房制度，要求全面推进住房公积金制度、推进租金改革、加快经适房的建设等，城镇住房制度改革进入全面深化实施阶段。至1998年，国务院发布了《国务院关于进一步深化城镇住房制度改革加快住房建设的通知》（以下简称《通知》），决定停止住房的福利分配，逐步实现住房分配的货币化，该《通知》宣告了中华人民共和国成立以来的福利分房制度的终结，为中国住房改革制度的里程碑。

第三阶段：住房市场化的全面实施阶段（1999—2004年）。自1998年住房市场化开始以来，城镇住房制度改革深入推进，住房消费得到有效启动，居民住房条件得以显著改善，中国整体的住房价格也逐步提高（见图3-7）。但住房价格增幅相对稳定，2003年之前，不管是商品房销售价格还是住宅商品房的销售价格同比增长均在5%以下（见图3-8）。同时，2003年国务院对1998年的《通知》进行了修正，要求增加普通商品住房供应和加快商品住宅的发展，将中国大多数家庭的住房消费推向了市场，实现了住房市场化的根本改变，与之相伴的是住房价格的快速上涨，2004年全国商品住宅价格的增幅同比增长将近20%（见图3-8）。

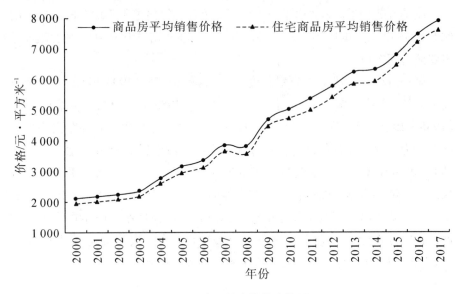

图 3-7　中国住房价格走势图

数据来源：国家统计局。

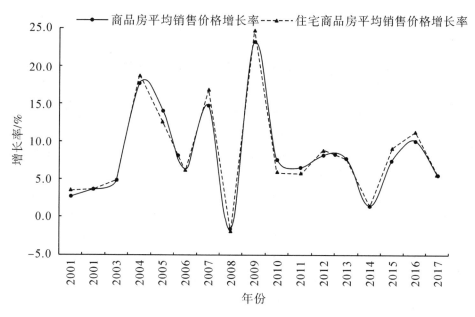

图 3-8 中国住房价格同比增长率走势

数据来源：国家统计局。

第四阶段：房地产调控阶段（2005年至今）。自2003年中国住房向市场化根本转变以后，住房价格过快上涨，滋生了一系列的社会问题，政府开始对房地产市场进行宏观调控。首先于2015年和2016年分别提出了"旧国八条""新国八条""国六条"和"90/70政策"等调控措施，故2015年和2016年中国住房价格增长率有一定下降（见图3-8），但总体上稳房价的目标尚未达到（见图3-7），住房价格持续上涨。受2008年全球金融危机的影响，中国商品房平均销售价格在2008年负增长，但伴随着中国四万亿元投资计划刺激政策的实施，商品房平均销售价格在2009年爆发式增长，同比增长率超过了20%。自2010年以后，商品房住房价格稳步上涨，政策调控效果尚不明显。

3.4.2 中国城市住房价格的空间差异特征

按照上文1.2.4对本书分析的城市商品住宅价格界定，本书以中国城市的住宅商品房销售额与住宅商品房销售面积的比值对中国各城市的住宅商品房价格进行了推算（数据来源于Wind数据库），对少量缺失数据进行平滑和插值补充，实际计算了中国283个地级及以上城市的住宅商品房销售价格及其增长率变化趋势，表 3-13 是历年中国城市住房价格及其增长率的描述性统计结果。

表 3-13　中国城市住房价格及其增长率的分年描述性统计

年份	城市住房价格				城市住房价格增长率				
	样本量	均值	标准误	最小值	最大值	样本量	均值	标准误	最小值	最大值
2005	281	1 707	987	630	6 996	—	—	—	—	—
2006	281	1 948	1 171	752	8 848	281	0.144	0.143	−0.28	1.170
2007	282	2 349	1 547	996	13 369	280	0.203	0.142	−0.23	0.748
2008	263	2 662	1 642	1 064	12 822	263	0.131	0.112	−0.20	0.664
2009	262	3 081	1 997	1 155	14 389	262	0.159	0.123	−0.29	0.684
2010	262	3 660	2 532	1 399	18 953	262	0.183	0.143	−0.24	1.173
2011	254	4 173	2 534	1 731	21 037	254	0.166	0.160	−0.26	1.390
2012	254	4 423	2 517	2 210	18 995	254	0.075	0.092	−0.20	0.422
2013	254	4 837	2 906	2 148	23 427	254	0.092	0.095	−0.11	0.949
2014	254	4 927	2 868	2 325	24 040	254	0.029	0.092	−0.51	0.425
2015	254	5 130	3 378	2 279	33 661	254	0.032	0.078	−0.19	0.400
2016	254	5 485	4 275	2 374	45 497	254	0.046	0.089	−0.27	0.429
2017	254	6 153	4 858	2 463	48 622	254	0.113	0.099	−0.10	0.494

数据来源：Wind 数据库。

首先从中国城市的住房价格绝对值的差异来看（见表 3-14）：

第一，一线城市住房价格最高（2017 年为 31 267 元），分别为新一线城市、二线、三线、四线和五线城市的 2.71、3.12、5.12、6.94、8.13 倍，而这一数值在样本期初分别为 1.89、2.31、3.57、5.00 和 5.59，充分体现出了中国四个一线城市的住房价格增长过快，与国内其他城市的住房价格逐步拉大，尤其是深圳市的住房价格，在 2017 年高达 48 622 元，为同期住房价格最低的双鸭山市（2 463 元）将近 20 倍，充分体现了中国住房价格在空间上的差异较大。

第二，新一线城市与二线城市，三线城市、四线城市与五线城市的住房价格差距较小，且随着时间的变化差距无扩大趋势；以新一线和二线城市的差距为例，2005 年新一线城市的住房价格是二线城市的 1.22 倍，2017 年为 1.15 倍，这主要是因为新一线城市和二线城市主要是中国的省会城市、计划单列市或东部沿海地区发展较好的城市等，在住房市场的发展过程中，省会城市自身对本省政治、文化中心，对本省其他地区资源具有一定吸附能力；而计划单列市和沿海地区经济发展较好的城市，在全国范围内对人口吸引力较大，所以导致新一线城市和二线城市的住房市场同步发展，二者未体现出明显的差距；而三线、四线、五线城市作为中国发展相对较慢的城市，其城市住房市场的发展主要得益于当地居民的城镇化，上文 3.13 中城镇化的分析结果表明，这三种类型的城市在样本期间内变化幅度基本一致，所以在城市住房价格的发展上也未体现出显著差异。

表 3-14　中国城市分等级住房价格　　　　　　单位：元

年份	一线	新一线	二线	三线	四线	五线
2005	6 379	3 375	2 760	1 782	1 275	1 140
2006	7 353	3 820	3 174	2 052	1 439	1 295
2007	10 181	4 618	3 885	2 457	1 698	1 532
2008	10 272	4 900	4 248	2 861	1 933	1 748
2009	12 241	5 665	5 023	3 295	2 233	2 007
2010	15 252	6 794	5 996	3 880	2 634	2 367
2011	15 262	7 336	6 720	4 295	3 126	2 863
2012	15 355	7 721	7 023	4 560	3 374	3 061
2013	17 857	8 161	7 736	4 969	3 692	3 336
2014	18 404	8 220	7 513	5 147	3 825	3 412
2015	22 884	8 712	7 923	5 172	3 931	3 486
2016	28 974	9 838	8 709	5 408	4 052	3 534
2017	31 267	11 530	10 010	6 105	4 505	3 843

数据来源：Wind 数据库。

其次，从中国城市住房价格的增长率来看（见表 3-15）：

第一，2011 年之前，中国城市住房价格存在"普涨"局面（不包含 2008 年）。伴随着中国城镇化和人口迁移的进程以及中国住房制度改革的历程，中国各类型城市的住房价格均迅速攀升，存在"普涨"局面。在 2006—2011 年，各等级城市住房价格的年均复合增长率均在两位数以上且相差相对较小，平均增长率最高的五线城市也仅比最低的新一线城市高不足 3 个百分点，而其他各等级的城市平均增长率相差均在 1 个百分点左右。

第二，2012 年以后，"普涨"局面不复存在，中国城市住房价格开始"差异化上涨"，且一线城市领涨。2012—2017 年，一线城市的平均住房价格增长率为15.3%, 远高于中国其他类型城市, 处于领涨地位; 2014年, 除一线城市外, 受大部分三线、四线、五线城市、县城去库存的影响, 这几种类型城市住房价格也开始上涨, 而新一线城市和二线城市的住房价格的增长率则分别为0.6%和0.8%; 而到2015年以后, 三线、四线、五线城市住房价格的增幅明显放缓, 除一线城市外, 新一线城市和二线城市明显处于领涨地位。2017年受党的十九大报告中"房子是用来住的, 不是拿来炒的"对房地产市场的准确定位的影响, 各地地方政府相继出台了不同的对房地产市场进行调整的政策, 整个房地产市场受政府调控政策的影响, 尤其是新一线和二线城市, 政策调控力度大, 虽然不能完全反映市场的真实情况, 但是也出现了新一线和二线城市领涨的现象。

表3-15   中国城市分等级住房价格增长率   单位:%

年份	一线	新一线	二线	三线	四线	五线
2006	15.6	13.7	14.2	14.7	14.0	14.8
2007	37.5	21.0	21.3	21.0	19.1	19.7
2008	1.1	6.1	9.9	15.6	12.8	14.9
2009	21.0	14.4	16.7	15.8	16.2	15.6
2010	23.8	18.8	20.1	16.2	18.0	19.7
2011	-0.2	11.1	11.6	12.6	19.1	21.6
2012	2.3	6.0	5.3	7.2	8.8	8.1
2013	16.1	5.7	9.6	8.9	9.7	9.2
2014	3.2	0.6	0.8	3.4	3.9	3.0
2015	21.9	5.7	5.2	1.3	3.3	2.4
2016	24.5	12.2	8.5	4.5	3.2	1.9
2017	7.9	17.0	15.5	11.6	11.0	8.7
2006—2011平均	15.6	13.8	16.0	15.8	16.1	16.6
2012—2017平均	15.3	8.4	7.3	6.0	6.0	4.7
2006—2017平均	14.2	10.8	11.3	10.8	11.1	10.7

最后, 本书还测算了中国城市住房价格的泰尔指数和变异系数, 一方面通过观察泰尔指数和变异系数的变化趋势, 以衡量中国住房价格空间差异状况的变化; 另一方面通过对泰尔指数的组间组内和组内各等级城市的分解, 以观察各等级城市对中国城市住房价格差异的贡献。

第一，从泰尔指数与变异系数的趋势来看（见图3-9），二者的波动趋势基本一致，一方面，在2005—2011年，两个指数虽有波动，但整体上变化幅度不大，变异系数由0.578增长至0.601，泰尔指数由0.130增长至0.134，表明中国城市的住房价格在此期间的空间差异没有显著扩大，即印证了上文所讲的"普涨"局面；另一方面，在2012年以后，两个指数迅速增大，变异系数由2012年的0.569增长至2017年的0.790，泰尔指数也由2012年的0.120增长至2017年的0.190，增幅均在50%左右，中国城市住房价格的空间差异迅速扩大，即中国住房价格"普涨"局面消失，城市住房价格出现差异化上涨；当然，在2014年，两个指数也出现了下降的现象，这主要是因为在2014年，中国城市的住房价格主要受三线、四线、五线等城市去库存的影响，这几种类型的城市住房价格普遍上涨，而新一线城市和二线城市的住房价格上涨幅度较小，导致泰尔指数和变异系数在2014年出现小幅下降的趋势。

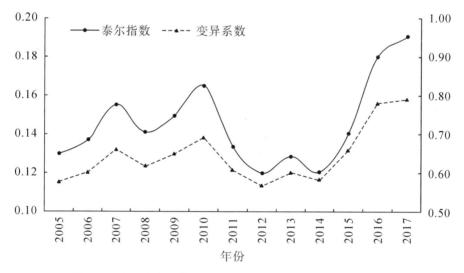

图3-9 中国城市住房价格的泰尔指数与变异系数变动趋势图

资料来源：作者测算。

第二，从泰尔指数的组间组内分解来看（见表3-16），虽然在样本期间内泰尔指数和变异系数均有所增大，中国城市住房价格的空间差异逐步拉大，但是从泰尔指数的组间组内分解来看，组间差距对住房价格的空间差异的贡献基本占70%左右，波动不大。这也表明中国城市住房价格的差距主要来自不同等级城市之间的差异，各分线城市内部差异对整体差异的贡献相对较小。

表 3-16　中国城市住房价格的空间差异

指数年份	变异系数	泰尔指数	泰尔指数分解		组内差距贡献分解/%					
			组内	组间	一线	新一线	二线	三线	四线	五线
2005	0.578	0.130	25.3	74.7	4.4	21.5	24.6	26.4	11.2	11.9
2006	0.601	0.137	27.7	72.3	4.3	17.5	27.9	31.2	8.8	10.3
2007	0.659	0.155	26.4	73.6	8.8	16.1	30.7	23.8	8.4	12.3
2008	0.617	0.141	28.3	71.7	8.7	17.7	29.5	27.1	8.0	9.0
2009	0.648	0.150	29.6	70.4	5.7	22.2	33.4	23.9	6.8	8.0
2010	0.692	0.165	32.3	67.7	7.4	23.7	25.8	30.0	6.7	6.3
2011	0.607	0.134	32.9	67.1	11.3	16.9	33.8	23.5	6.6	7.8
2012	0.569	0.120	31.2	68.8	7.0	18.0	39.0	23.4	5.8	6.7
2013	0.601	0.128	33.1	66.9	7.7	16.3	41.6	22.6	4.9	6.8
2014	0.582	0.121	32.4	67.6	7.9	18.5	31.6	30.0	5.5	6.4
2015	0.658	0.141	28.0	72.0	18.7	17.8	31.1	22.7	3.8	5.8
2016	0.779	0.180	25.8	74.2	21.8	17.8	32.6	19.9	3.2	4.6
2017	0.790	0.190	28.5	71.5	20.2	17.9	28.9	23.4	4.2	5.5

注：①平均增长率为几何平均增长率；②数据来源：Wind 数据库。

第三，从泰尔指数的组内差异分解来看（见表 3-16），新一线城市、二线城市和三线城市的住房价格差异对组内差距整体的住房价格差异变化不大，新一线城市和三线城市均保持在 20% 左右，二线城市保持在 30% 左右；四线城市和五线城市的住房价格差异对组内差异贡献基本呈逐年变小趋势，不同等级城市内部住房价格逐步趋同；一线城市的差异对组内差异的贡献在 2015 年以后迅速增大，至 20% 左右，四个城市内部的住房价格有所分化。

3.4.3　中国城市住房价格的空间关联特征

上文分析了中国城市住房价格的空间差异特征，本节在上节分析的基础上继续对住房价格的空间关联特征进行分析。

自 2003 年以来，中国城市的住房价格快速上涨，虽然自 2005 年以后中国的房地产市场经历了多轮调控，但没有从根本上遏制住住房价格快速上涨的趋势；同时，在住房价格上涨的过程中，学者们对住房价格的空间关联效应进行了广泛的研究（洪涛 等，2007；王松涛 等，2008；刘志平等，2013；丁如曦 等，2015)①②③④，研究均发现中国住房价格在空间上存在一定的相关性，即具有一定的波纹效应，取得了一定有价值的学术成果。当然，对西方欧美国家的研究亦是如此（Alexander et al.，1994；Holly，2010；等等)⑤⑥。遗憾的是，关于中国城市住房价格空间关联的效应很少有涉及中国全域的研究，一般均是以省际层面或区域层面（长三角、珠三角等城市）数据为样本单元，极少以中国区域城市层面数据进行研究；即便是有对全样本城市数据进行研究的（丁如曦 等，2015)⑦，其时间维度也仅在 2012 年就截止了。根据上文的分析，2012 年之前中国城市住房价格存在"普涨"局面。在"普涨"过程中，住房价格在空间上理应存在空间关联；但在 2012 年后，中国城市的住房价格开始"差异化上涨"，在这一过程中，住房价格的空间关联效应是否依旧存在呢，学界尚未进行深入探讨。

基于此，本节运用空间计量经济学的方法对中国城市住房价格的空间关联效应进行了研究，首先对测量空间相关的莫兰指数进行了介绍，其次对本书所使用的空间权重矩阵进行了说明，最后对中国城市住房价格全局相关和局部相关情况进行了分析。

（1）莫兰指数 I（Moran's I）

地理学第一定律指出，所有事物都与其他事物有关联，但与相近的事物更相关（Tobler，1970)⑧。由于这一定律的存在，以及地区之间资本、

① 洪涛，西宝，高波. 房地产价格区域间联动与泡沫的空间扩散：基于 2000—2005 年中国 35 个大中城市面板数据的实证检验 [J]. 统计研究，2007，24（8）：64-67.

② 王松涛，杨赞，刘洪玉. 我国区域市场城市房价互动关系的实证研究 [J]. 财经问题研究，2008（6）：122-128.

③ 刘志平，陈智平. 城市住房价格的空间相关性、影响因素与传递效应：基于区域市场关系层面的实证研究 [J]. 上海财经大学学报，2013，15（5）：81-88.

④ 丁如曦，倪鹏飞. 中国城市住房价格波动的区域空间关联与溢出效应：基于 2005—2012 年全国 285 个城市空间面板数据的研究 [J]. 财贸经济，2015，36（6）：136-150.

⑤ ALEXANDER C, BARROW M. Seasonality and cointegration of regional house prices in the UK [J]. Urban Studies, 1994, 31（10）：1667-1689.

⑥ HOLLY S, PESARAN M H, YAMAGATA T. Spatial and temporal diffusion of house prices in the UK [C] // Asme Fluids Engineering Division Summer Meeting. 2010.

⑦ 丁如曦，倪鹏飞. 中国城市住房价格波动的区域空间关联与溢出效应：基于 2005—2012 年全国 285 个城市空间面板数据的研究 [J]. 财贸经济，2015，36（6）：136-150.

⑧ TOBLER W R. A model of geographical movement [J]. Geographical Analysis, 1981, 13（1）.

人力、信息的流动，导致地区间的各种经济指标可能存在空间关联效应。对这一关联效应测度的研究，在学术界得到了广泛的关注，其中，最为流行的是 Moran（1950）[①] 所提出的莫兰指数 I：

$$I = \frac{n\sum_{i=1}^{n}\sum_{j=1}^{n}w_{ij}(x_i-\bar{x})(x_j-\bar{x})}{\sum_{i=1}^{n}\sum_{j=1}^{n}w_{ij}\sum_{i=1}^{n}(x_i-\bar{x})^2} = \frac{\sum_{i=1}^{n}\sum_{j=1}^{n}w_{ij}(x_i-\bar{x})(x_j-\bar{x})}{S^2\sum_{i=1}^{n}\sum_{j=1}^{n}w_{ij}} \quad (3-2)$$

式（3-2）中，i 和 j 分别为空间样本单元，在本书中指城市住房价格和住房价格的增长率；$S^2 = \left(\sum_{i=1}^{n}(x_i-\bar{x})^2\right)/n$，为样本方差；$w_{ij}$ 是空间权重矩阵，衡量 i 和 j 之间的距离；$\sum_{i=1}^{n}\sum_{j=1}^{n}w_{ij}$ 是所有的空间元素之和，如果将空间权重矩阵进行行标准化，则 $\sum_{i=1}^{n}\sum_{j=1}^{n}w_{ij} = n$，莫兰指数 I 可被重新写为

$$I = \frac{\sum_{i=1}^{n}\sum_{j=1}^{n}w_{ij}(x_i-\bar{x})(x_j-\bar{x})}{\sum_{i=1}^{n}(x_i-\bar{x})^2} \quad (3-3)$$

莫兰指数 I 的取值在 [-1, 1]，大于 0 表示空间正相关，即高值与高值相邻；小于 0 表示空间负相关，即低值被低值所包围；接近于 0 表示空间不相关，即样本在空间分布上是随机的，其绝对值越大，表示空间相关性越强。一般来讲，空间正相关要比空间负相关更为常见。通常通过构造 $Z(I)$ 统计量对莫兰指数的显著性进行检验：

$$Z(I) = \frac{I - E(I)}{\sqrt{\text{Var}(I)}} \quad (3-4)$$

式（3-4）中，$E(I)$ 和 $\text{Var}(I)$ 分别为莫兰指数 I 的期望和方差。

当然，上述式（3-3）测算的是全域的空间莫兰指数 I，反映的是整个样本的空间关联程度，如果想测度某个区域附近的空间关联状况，可采用局部莫兰指数 I 进行测度：

$$I_i = \frac{(x_i-\bar{x})}{S^2}\sum_{j=1}^{n}w_{ij}(x_i-\bar{x})^2 \quad (3-5)$$

---

① MORAN P A P. The oscillatory behaviour of moving averages [J]. Mathematical Proceedings of the Cambridge Philosophical Society, 1950, 46（2）：272-280.

局部莫兰指数 I 的含义与全局莫兰指数 I 相似，大于 0 表示在区域 i 为高值的集聚，即城市住房价格高的城市聚集在一起，小于 0 则表示住房价格高的地方被一些城市住房价格低的城市所包围。

（2）空间权重矩阵

空间权重矩阵是进行空间关联分析的基础和前提。关于空间权重矩阵的设置一般有邻接矩阵和距离矩阵两种形式。邻接矩阵一般采用 0，1 来设置，若两个区域相邻，则设置为 1，反之为 0，这种方式操作简单，设置简便，但不能准确反映现实世界的真实情况，如广州和深圳市两个地区虽然在地理位置上不是直接相邻，但不能就此认为二者的住房价格在空间上不存在相关性。因此，在本书的研究中，主要采用地理距离矩阵来设置空间权重矩阵，这也符合地理学的第一定律：地理上的距离越小，二者间的相关作用越强；地理距离越大，二者间的相关作用将随之减弱。在本书的设置中，$w_{ij} = 1/d_{ij}^2$，如 $i=j$，则 $w_{ij} = 0$，d_{ij} 为两个城市之间的距离，距离倒数的平方反映了城市间住房价格的相互作用与地理距离的衰减关系。城市地理距离基于样本城市质点的经纬度数据，由 matlab. 2016 计算所得。

（3）城市住房价格的空间关联分析

本书基于中国 254 个城市为空间单元，以名义商品住宅平均销售价格作为城市住房价格的观测值，以城市间距离平方的倒数作为空间权重矩阵，测度了中国城市住房价格空间相关状况。测度结果如表 3-17 所示。

表 3-17　中国城市住房价格的全域莫兰指数 I

年份	2005	2006	2007	2008	2009	2010
Moran's I	0.115	0.107	0.105	0.106	0.103	0.097
Z (I)	17.593	16.431	16.287	16.350	15.982	15.113
P-value	0.000	0.000	0.000	0.000	0.000	0.000
年份	2011	2012	2013	2014	2015	2016
Moran's I	0.110	0.115	0.106	0.097	0.080	0.078
Z (I)	17.043	17.702	16.390	15.162	12.885	12.856
P-value	0.000	0.000	0.000	0.000	0.000	0.000

数据来源：作者测算。

首先，从全域莫兰指数 I 指数来看，中国全域的城市住房价格的莫兰指数在样本期间内均为正，且在 1% 的显著性水平下通过了检验，表明中国城市的住房价格在空间上具有较强的正相关性，即住房价格较高的城市其附近城市的住房价格也相对较高，住房价格较低的城市其附近城市的住房价格也相对较低，在空间上存在一定的集聚现象，即使在 2008 年受全球金融危机冲击，全国城市住房价格整体下跌的情况下也存在空间正相关的特征。

其次，从莫兰指数 I 的变化趋势来看，在 2005—2012 年，莫兰指数 I 基本稳定在 0.11 附近，且 2005 和 2012 年均为 0.115，表明在该阶段中国城市住房价格的空间集聚性程度未发生大的变化；而到 2012 年后，莫兰指数 I 开始逐步下降，到 2016 年仅为 0.078，这表明在 2012 年以后，中国城市的住房价格出现了微弱分化趋势，空间关联度逐步减弱。上文的泰尔指数和变异系数的测算结果也支持了这一结论。

最后，从局部莫兰指数 I 来看，2005—2016 年不同城市间住房价格的局域关联状况存在不同的特征。其中，长三角城市群、珠三角城市群在样本期初和期末都呈现显著的"高值-高值"集聚的空间关联特征，以福州、厦门为主的海峡西岸城市圈在样本期末也表现出了"高值-高值"集聚的特征。从 2005 年和 2016 年中国城市住房价格的散点图（见图 3-10 和图 3-11）也可以看出，位于第一象限（高值-高值）和第三象限（低值-低值）集聚典型观测值的城市占据了中国城市的大多数，而处于第二象限和第四象限的城市相对较少，这表明中国城市的住房价格在局域空间上的关联特征非常明显。

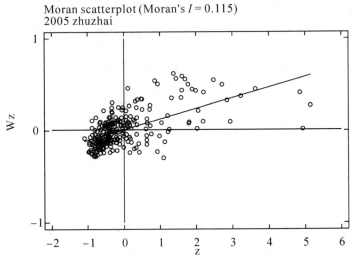

图 3-10　2005 年中国城市住房价格 Moran 散点

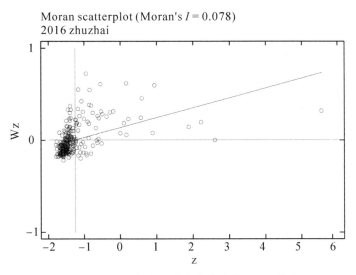

Moran scatterplot (Moran's $I = 0.078$)
2016 zhuzhai

图 3-11　2016 年中国城市住房价格 Moran 散点

3.5　本章小结

首先，本章以城镇化率作为衡量城乡结构变迁的指标，分析了中国城乡结构变迁的历程，并分别从区域层面和分线城市层面研究了中国城乡结构变迁的特征。研究发现，中国自改革开放以后，城镇化进程稳步推进，其中东部地区城镇化率最高，东北地区次之，中部和西部地区城镇化率最差，一线城市基本完成城市化进程。从差距上来看，新一线城市与一线城市的城镇化率差距最大；三线城市与二线城市的差距次之，四线城市与三线城市相差 7 个百分点左右，五线城市与四线城市基本无差距。

其次，本章以产业结构合理化和产业结构高度化两个指标探讨了中国产业结构变迁的历程，并结合省域和地市级相关数据探讨了不同区域和不同等级城市的产业结构变迁特征。研究发现：中国的产业结构合理化和高度化程度在样本内均得到一定改善和提升；从分区域来看，东部地区的产业结构合理化和高度化指数均最优，东北地区产业结构合理化指数在样本期间内波动最大；从分线城市来看，一线城市的产业结构协调度和高度化最优；新一线城市在产业结构协调程度上明显优于二线城市，而产业结构高度化指数与二线城市相当；三线城市的产业结构合理化程度显著优于四线城市和五线城市，五线城市的产业结构高度化水平优于三线城市和四线城市。

继而，本章以各地区常住人口的机械增长状况研究了区域和分线城市的人口迁移流动特征。分区域来看，2010 年之前，东部地区的常住人口每年增长在 400 万以上，2010 年以后，东部地区的常住人口增长态势变弱，虽然人口仍在东部地区集聚，但集聚的速度明显放缓，并且已有常住人口向中西部回流的趋势；东北地区的衰落形式未得到好转，人口流失速度和规模都明显加快；分线城市来看，一线城市和新一线城市的常住人口在样本期间内持续流入，且四个一线城市的常住人口增速明显放缓；2014 年后伴随着劳动力的回流，二线城市的常住人口持续净流出，以中西部为主体的四线城市、五线城市，在样本期间内持续表现为人口净流出。

最后，本章回顾了中国城镇住房制度改革的四个阶段，并结合中国市域层面的住宅商品房价格，运用泰尔指数和变异系数研究了中国城市住房价格的空间差异；结合莫兰指数探讨了中国城市住房价格的空间关联特征。研究发现：第一，四个一线城市住房价格最高，且与国内其他城市的住房价格差距逐步拉大；第二，新一线城市与二线城市，三线城市、四线城市与五线城市的住房价格差距较小，且随着时间的变化差距无扩大趋势；第三，2011 年之前，中国城市住房价格存在"普涨"局面（不包含 2008 年），2012 年以后，"普涨"局面不复存在，中国城市住房价格开始"差异化上涨"，且一线城市领涨。从空间关联特征来看，中国城市的住房价格在空间上具有较强的正相关性。

本章为本书的基础章节，为下文的理论研究和实证分析提供了现实解析与数据支撑。从下章开始，本书将通过理论分析和实证检验相结合的方式，对结构变迁、人口迁移流动与城市住房价格之间的互动与影响关系进行深入分析。

4 城乡结构变迁、人口迁移流动与城市住房价格

    上文从时间和空间上准确刻画了中国结构变迁、人口迁移流动和城市住房价格的特征，从本章开始，本书将分别从理论分析和实证研究两个方面研究人口迁移流动对城市住房价格的影响，以期从人口迁移流动的角度对城市住房价格的增长和差异进行解释。

    本章的目的主要在于探索在城乡结构变迁的视角下，大量人口从农村涌入城市，乡→城人口迁移对中国城市住房价格有怎样的影响，从而对城市住房价格的上涨给出解释。本章从理论和实证两个层面对城乡结构变迁、人口迁移流动与住房价格的关系进行了研究。具体而言，首先构建了农村→城市迁移的两区域模型，通过对模型均衡状态下的求解，推导出城乡结构变迁与城市住房价格之间的线性关系，并在模型中引入了迁移成本这一重要因素，基于理论模型分析提出了关于人口迁移流动对城市住房价格影响的三个命题；其次，结合中国地级市及以上城市 2006—2016 年的面板数据，运用固定效应模型和系统 GMM 模型，从静态和动态两个方面对三个研究命题进行了初步验证；最后，为了进一步验证上述研究结论的稳健性，本章还通过替换被解释变量和变换模型估计两种方式对研究结论进行了稳健性检验。

    本章主要边际贡献在于两个方面：一是在 Garriga（2017）理论框架的基础上，从理论上推导出了城乡结构变迁、人口迁移流动与城市住房价格的线性回归方程，认为城市的住房价格与城乡结构变迁不是简单的线性关系，而是与滞后一期的城镇化率和当期城镇化率的增幅正向线性相关，继而运用中国二百多个城市的面板数据，证实了理论模型设置的正确性，从理论和实证两个方面解释了中国城市住房价格的增长问题；二是在模型中

引入了迁移成本这一重要因素，认为迁移成本通过作用于城市的城乡结构变迁进程，进一步对城市的住房价格产生影响。

4.1　模型设定

本书参考 Garriga（2017）[①] 的研究框架，首先将经济体分为农村和城市两个区域，每个区域生产不同类型的产品，农村生产农产品，城市生产工业品。代理人也分为两种类型，一是工人（农业工人和工业工人），二是房地产商。农业工人居住在农村，工业工人居住在城市，为了完成由农业工人向工业工人的结构转变，农业工人由农村迁移到城市。假设总工人数为 1，并假定工人寿命为无限期，每期提供一单位的劳动力，且所有工人在生产经营过程中都是同质的。下文将从农业工人、工业工人、移民、房地产商、政府等的不同行为决策设置本书的基准模型，并对其均衡状态进行分析。

4.1.1　农业工人

农业工人居住在农村，并且是自我雇佣生产农产品，假定每单位的劳动力生产 A_t^f 单位农产品，则 N_t^f 个农业工人所创造的农产品总供给为

$$f_t = A_t^f N_t^f \tag{4-1}$$

假定农产品的价格为 p_t，则每个农业工人的收入为 $p_t A_t^f$。

农业工人的效用主要来自其消费的农产品和工业品，假定其消费束为（x_t^f，x_t^m），x_t^f 表示其在第 t 期消费的农产品，x_t^m 表示其在第 t 期消费的工业品；因此，农业工人在第 t 期的效用最大化的递归方程可表示为

$$V_t^R(\varepsilon) = \max u(x_t^f,\ x_t^m) + \beta \max\{V_{t+1}^R(\varepsilon),\ V_{t+1}^M(\varepsilon) - \varepsilon\} \tag{4-2}$$
$$s.t. \quad p_t x_t^f + x_t^m = p_t A_t^f$$

式（4-2）中，$V_t^R(\varepsilon)$ 表示农业工人在第 t 期的一生总效用，在 t 期的效用取决于 $u(x_t^f,\ x_t^m)$ 的效用水平。在 $t+1$ 期，农业工人可选择继续留在农村或迁移到城市，如继续留在农村，其在 $t+1$ 期的效用为 $V_{t+1}^R(\varepsilon)$，β 为

[①] GARRIGA C, TANG Y, WANG P. Rural-urban migration, structural transformation, and housing markets in China [J]. NBER Working Papers, 2017（No. 2014-028）.

贴现因子；如迁移到城市，其在 $t+1$ 期的效用为 $V_{t+1}^M(\varepsilon)$，同时迁移的过程中有一定的迁移成本 ε。

人口在城市与农村的分布通过人口流动，最终达到均衡分布，下文将对其进行详细介绍；同时，由于农村的房子与本书的研究无关，因此在模型中对其进行简化。

4.1.2　工业工人

首先假定工业工人和农业工人对农产品和工业品的偏好是无差异的，同时，由于在本书中重点关注的是人口流入城市所产生的刚需对住房价格的影响，而不关注住房的投资需求对住房价格的影响；因此，房子对工业工人而言是必需品，工业工人具有效用的前提是其至少拥有一单位数量的房子。如果工业工人拥有 1 单位以下的房子，则认为其效用为负无穷；而拥有超过一单位数量的房子则不对工业工人产生额外效用。假定工业工人的消费束为 $(c_t^f,\ c_t^m)$，c_t^f 表示其在第 t 期消费的农产品，c_t^m 表示其在第 t 期消费的工业品；h_t 是其拥有房子的数量，则工业工人的效用函数可表示为

$$U(c_t^f,\ c_t^m,\ h_t) = \begin{cases} u(c_t^f,\ c_t^m) & if\ \mathrm{h}_t \geq 1 \\ -\infty & if\ \mathrm{h}_t < 1 \end{cases} \tag{4-3}$$

式（4-3）表示了每个工业工人满足于拥有一单位数量的房子，过多数量的房子对其效用不产生影响。在均衡模型中，每个工业工人也仅需要一单位数量的房子。

因此，对于在 $\tau < t$ 期已经购房的工业工人其最优化问题可表示为

$$V_t^C(\varepsilon,\ b_\tau) = \max U(c_t^f,\ c_t^m,\ h_t) + \beta \max\{V_{t+1}^C(\varepsilon,\ b_\tau),\ V_{t+1}^R(\varepsilon)\}$$
$$\tag{4-4}$$

$$s.t. \quad p_t c_t^f + c_t^m + b_\tau r^* = w_t^m$$

在城市里面生活一期以上的工业工人有两个状态变量，一是迁移成本 ε，指从城市回迁到农村的成本；二是在第 τ 期购房时贷款的金额 b_τ。式（4-4）中 $V_t^C(\varepsilon,\ b_\tau)$ 表示在第 t 期的工业工人的一生总效用，$U(c_t^f, c_t^m, h_t)$ 为当期的效用，β 为贴现因子。在 $t+1$ 期，工业工人可选择继续留在城市或回迁到农村，如继续留在城市，则其效用函数为 $V_{t+1}^C(\varepsilon,\ b_\tau)$；如回迁到农村，则其效用函数为 $V_{t+1}^R(\varepsilon)$。工业工人唯一的收入是其工资 w_t^m，并将其用在三个方面，即农产品的消费 $p_t c_t^f$、工业品的消费 c_t^m 和房贷的偿还 $b_\tau r^*$。

4.1.3 迁移决策

在农业工人从农村向城市迁移的最初期 τ，农业工人必须以价格 q_τ 购买一单位数量的住房。在购置住房时，假定每个购房者均需要一定的首付比例 φ，以利率 r^* 对剩下购房款进行贷款，并在每期以等额本息进行偿还。由于首付比例 φ 和贷款利率 r^* 主要由政府所控制，因此在均衡中是外生变量。每期还款金额 d_τ 可被衡量为

$$(1 - \varphi)q_\tau h_\tau = \sum_{t=\tau+1}^{\infty} \frac{d_\tau}{(1 + r^*)^{t-\tau}} \tag{4-5}$$

在给定贷款利率 r^* 不变的情况下，d_τ 可被简化为

$$d_\tau = (1 - \varphi)r^* q_\tau h_\tau \tag{4-6}$$

贷款合同满足：

$$\varphi \geqslant \frac{r^*}{1 + r^*} \tag{4-7}$$

式（4-7）确保了购房的首付不低于每期的还款额。当然，如果所有工人不购置房屋，而是从事先购置好房屋的房东那里租赁呢？在保持当前需求结构不变的情况下，全部租房的经济体即可看作 $\varphi = r^*/(1 + r^*)$，工人每期支付 d_τ 的租金的一种情况。因此，工人全部租赁是本书模型中的一个特例。

从农村迁移到城市的工人最优化问题可表示为

$$V_\tau^M(\varepsilon) = \max U(c_\tau^f, c_\tau^m, h_\tau) + \beta\max\{V_{t+1}^C(\varepsilon, b_\tau), V_{t+1}^R(\varepsilon)\} \tag{4-8}$$

$$s.t. \quad c_\tau^m + p_t c_\tau^f + q_\tau h_\tau = w_\tau^m + b_\tau$$

$$b_\tau \leqslant (1 - \varphi)q_\tau h_\tau$$

迁移者的最优化问题主要受两个条件的约束，一是传统的消费约束条件，二是信贷约束条件。需要说明的是，本书假定工人的信用是完美的，不存在偿还分期贷款出现违约的可能性，并且在模型中也不考虑工人从城市迁往农村的情况，因为一旦从城市迁移到农村，工人将损失其购房的所支付的首付款，出于理性考虑，工人从城市迁入农村的唯一可能性是工业部门的生产率远远低于农业部门的生产率，当然这不符合实际情况。在没有回迁的情况下，式（4-8）的预算约束是紧约束。

在 $V_\tau^M(\varepsilon)$、$V_\tau^R(\varepsilon)$ 的表达式给定的情况下，迁移成本为 ε 时，工人在 τ 期选择迁移的必要条件为

$$V_\tau^M(\varepsilon) - \varepsilon \geq V_\tau^R(\varepsilon) \tag{4-9}$$

当式（4-9）的左边大于右边时，工人从农村向城市迁移；当存在 ε_τ^* 使得在 $V_\tau^M(\varepsilon_\tau^*) - \varepsilon_\tau^* = V_\tau^R(\varepsilon_\tau^*)$ 时，迁移过程将停止。在二元经济的情况下，随着城市工业部门生产效率的提高，工业部门能支付起更高的工资，同时工业的扩张也需要额外的劳动力，将导致迁移停止的点向 $F(\varepsilon)$ 分布的右端移动，这也就使得在初期不愿意向城市迁移的农业工人在此时决定迁移。

从加总来看，迁移人口的总量可表达为

$$\Delta F_\tau^*(\varepsilon_\tau^*, \varepsilon_{\tau-1}^*) = F(\varepsilon_\tau^*) - F(\varepsilon_{\tau-1}^*) \tag{4-10}$$

4.1.4 工业部门

工业部门的市场是完全自由竞争，为了简化，假定工业品的生产仅需要劳动力一种生产要素，此处未考虑资本，但是引入资本后的设定方式，对最终分析结论不会产生影响。且只存活一期，生产函数形式为道格拉斯生产函数形式，工业部门的生产函数可表达为

$$Y_t^m = A_t^m N_t^m \tag{4-11}$$

式（4-11）中，Y_t^m 为 t 期的工业品产量，A_t^m 指 t 期的技术水平，N_t^m 为工业部门在 t 期所雇佣的劳动力，由迁移者的数量内生决定，即 $N_t^m = F(\varepsilon_t^*)$；同时假定工业品的价格为 1，因此，工业部门的利润最大化函数一阶条件为

$$w_t^m = A_t^m \tag{4-12}$$

4.1.5 房地产商

房地产商通过向政府购买土地生产住房，同时在进入市场之前，需要向政府支付一定的准入费用 ψ_t，以获得生产许可。假定每个房地产商都被赋予将土地转化为房子的能力，其生产函数可简写为

$$h_t = A_t^h (z_t^h)^\alpha, \quad 0 < \alpha < 1 \tag{4-13}$$

式（4-13）中，房地产商的生产函数规模报酬递减，同时，假定每个开发商只能够存活一期，且可被其他开发商完全替代，以确保模型中房地产商不存在囤地行为。房地产商为使其利润 π^d 最大化，需要决定在开发过程中购置多少土地 Z_t^h。一个代表性房地产商在第 t 期的利润最大化函数可表示为

$$\pi_t^d = \max q_t A_t^h (z_t^h)^\alpha - v_t z_t^h \qquad (4-14)$$

式（4-14）中，q_t，v_t 分别表示房屋销售价格和土地购置价格。住房用地的需求函数为

$$v_t = q_t A_t^h \alpha (z_t^h)^{\alpha-1} \qquad (4-15)$$

假定市场上开发商个数为 M_t 个，其数量由自由进入条件决定：

$$\pi_t^d = \psi_t \qquad (4-16)$$

4.1.6　政府部门

政府部门给工业部门和房地产提供土地，并从工业部门收税和房地产商收取许可证费用，并将其全部用于社会公共服务上。城市的土地数量标准化为 1 个单位，政府在 t 期决定向市场提供 $l_t \geq 0$ 的新增用地。城市供应土地存量运动方程可表示为

$$L_t = l_t + L_{t-1} \quad L_t \leq 1 \qquad (4-17)$$

式（4-17）中，L_t 表示城市已供土地，在任何时期均不能超过城市所有土地的数量 1；l_t 为 t 期政府新供应土地。假定每套房屋面积是一定的，每个迁移者需要一套房子，则城市中房屋存量 H_t 的运动方程完全取决于迁移者的数量：

$$H_t = H_{t-1} + \Delta F_t^* \qquad (4-18)$$

同时，政府为了避免城市的过度拥挤，依据 $t-1$ 城中房屋的存量，在 t 期向房地产商收取一定准入许可证费用：

$$\psi_t^h = \zeta^h H_{t-1} \qquad (4-19)$$

式（4-19）中，$\zeta^h > 0$，且不随时间改变。

4.2　空间均衡

在给定政府政策变量 $\{l_t, \psi\}_{t=0}^\infty$，房屋初始存量 H_0，一系列价格水平 $\{p_t, q_t, w_t^m, v_t\}_{t=0}^\infty$，代理人的相关变量 $\{z_t, x_t^f, x_t^m, c_t^f, c_t^m\}_{t=0}^\infty$，加总变量 $\{N_t^m, N_t^f, M_t\}$ 和迁移成本 $\{\varepsilon_t^*\}_{t=0}^\infty$ 等变量时，在均衡状态下满足以下性质：

（1）在价格水平给定的情况下，工人生命总效用最大化，房地产商当期利润最大化；

（2）迁移成本决定条件：$V_t^M(\varepsilon_t^*) - \varepsilon_t^* = V_t^R(\varepsilon_t^*)$；

（3）房地产商数量决定条件：$\pi_t^d = \psi_t$；

（4）土地市场出清：$M_t z_t = l_t$；

（5）房产市场出清：$M_t A_t^h z_t^\alpha = \Delta F_t^*$；

（6）商品市场出清：

$$\int_0^{\varepsilon_t^*} c_t^m(\varepsilon) dF + x_t^m[1 - F(\varepsilon_t^*)] + r^* \left\{ F(\varepsilon_0^*) + \sum_{\tau=1}^{t-1} [F(\varepsilon_t^*) - F(\varepsilon_{t-1}^*)] b\tau \right\} +$$
$$M_t \psi_t = A_t^m F(\varepsilon_t^*)$$

$$\int_0^{\varepsilon_t^*} c_t^f(\varepsilon) dF + x_t^f[1 - F(\varepsilon_t^*)] = A_t^f[1 - F(\varepsilon_t^*)]$$

在以上均衡条件下，可求得房屋在均衡状态时的住房价格为

$$q_t = \frac{\psi F(\varepsilon_{t-1}^*)}{(1-\alpha)A_t^h} \left[\frac{F(\varepsilon_t^*) - F(\varepsilon_{t-1}^*)}{A_t^h l_t} \right]^{\frac{\alpha}{1-\alpha}} \tag{4-20}$$

由式（4-20）可知，城市住房价格与上期城市人口数量、本期迁移人口数量正相关；与房地产商的技术水平与政府的土地供应数量负相关。

对式（4-20）的左右两边取对数可得

$$\ln q_t = \ln \frac{\psi}{(1-\alpha)A_t^h} + \ln F(\varepsilon_{t-1}^*) + \frac{\alpha}{1-\alpha}\ln(F(\varepsilon_t^*) - F(\varepsilon_{t-1}^*)) - \frac{\alpha}{1-\alpha}\ln A_t^h l_t$$
$$\tag{4-21}$$

由于假定城市和农村的总人口数量为 1，因此，$F(\varepsilon_t^*) = urban_t$，式（4-21）可被重新写为

$$\ln q_t = \ln \frac{\psi}{(1-\alpha)A_t^h} + \ln urban_{t-1} + \frac{\alpha}{1-\alpha}\ln(urban_t - urban_{t-1}) - \frac{\alpha}{1-\alpha}\ln A_t^h l_t$$
$$\tag{4-22}$$

基于此，可提出本章研究的城乡结构变迁、人口迁移流动与城市住房价格关系的两个研究命题：

命题 1：城市的住房价格与上期的城镇化率正相关，即在控制其他变量保持不变的情况下，上期的城镇化率越高，生活在城市的居民越多，当期的城市住房价格就越高。

命题 2：城市的住房价格与城镇化率的增长率正相关，即在控制其他变量保持不变的情况下，城镇化率的增长幅度越大，从农村迁移到城市的人越多，城市的住房价格就越高。

此外，$F(\varepsilon_t^*) = urban_t$ 的大小还取决于每期的迁移成本 ε_t^*，依据迁移准则 $V_\tau^M(\varepsilon_\tau^*) - \varepsilon_\tau^* = V_\tau^R(\varepsilon_\tau^*)$，迁移成本 ε_t^* 与工人在城市里和农村的效用之差息息相关，包含了一系列的社会、经济因素，为了便于进行实证分析和检验，本书以城乡之间的经济差距衡量迁移成本 ε_t^*，基于此，可提出本章的第三个研究命题：

命题 3：迁移成本通过影响城市的城镇化进程，会进一步对城市的住房价格产生影响，即对城市住房价格的上涨具有调节效应。

在进行实证检验之前，本书还通过对式（4-21）的相关参数进行赋值，绘制了城镇化率和迁移成本对城市住房价格的影响关系图。由图 4-1 也可发现，随着城镇化进程的不断推进，城市的住房价格将随之上涨，且伴随着迁移成本（ε_t^*），即城乡差距的扩大，城市的住房价格将增长更多。下文将通过中国 226 个城市的面板数据对上述三个命题进行实证分析和检验。

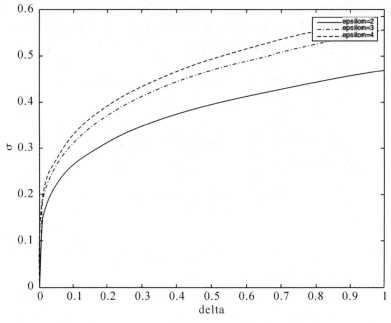

图 4-1　城镇化率、迁移成本与住房价格

资料来源：作者绘制。

中国人口迁移流动对城市住房价格的影响研究——基于结构变迁的视角

4.3 实证检验

4.3.1 计量模型设定

假定一定时期内房地产的技术水平无变化，式（4-22）也给出了城市住房价格与城乡结构变迁的线性表达式，故可推导出本书的计量基准模型，本书首先采用固定效应模型进行实证分析，然后再对模型进行进一步的拓展，固定效应模型设定为

$$\ln q_{it} = \beta_0 + \beta_1 \ln \text{urban}_{it-1} + \beta_2 \ln(\text{urban}_{it} - \text{urban}_{it-1}) + \beta_k X_{it}^k + a_i + u_{it}$$

$$(4-23)$$

式（4-23）中，$\ln q_{it}$ 为第 i 个城市第 t 期住房价格的自然对数；urban_{it} 为第 i 个城市第 t 期的城镇化水平；定义城镇化率增长率 $\text{delta} = \text{urban}_{it} - \text{urban}_{it-1}$；$X_{it}$ 为一系列控制变量，包括地区土地供给、地区经济发展水平、就业密度等；β 为待估计参数；u_{it} 为截距项；ε 为随机干扰项。

进一步地，考虑到住房价格的预期效应及其"惯性"，本书还在固定效应模型中引入住房价格的一阶滞后项；同时，部分城市在样本期间内还出现了逆城镇化的现象，将其进行对数化处理的话，将丧失部分观测值，为了尽可能保持较多的样本量，本书以城镇化率增长率的实际值进行估计。因此，式（4-23）可改写为

$$\ln q_{it} = \beta_0 + \beta_3 \ln q_{it-1} + \beta_1 \ln \text{urban}_{it-1} + \beta_2 \text{delta} + \beta_k X_{it} + a_i + u_{it}$$

$$(4-24)$$

关于式（4-24）的估计，Arellano 和 Bond（1991）[①] 提出先将方程进行一阶差分，然后使用所有可能的滞后变量作为工具变量，对差分后的方程进行 GMM 估计，即差分 GMM 的估计方法；但这种方法受到了部分学者的批评（Temple，1999），如果解释变量高度持久时，滞后变量便成了一阶差分的弱工具变量；为了解决弱工具变量的问题，Blundell 和 Bond（1998）[②]

---

① ARELLANO M, BOND S. Some tests of specification for panel data: Monte Carlo evidence and an application to employment equations [J]. Review of Economic Studies, 1991, 58 (2): 277-297.

② BLUNDELL R, BOND S. Initial conditions and moment restrictions in dynamic panel data models [J]. Economics Papers, 1998, 87 (1): 115-143.

提出了一种更有效率的估计方法，即系统 GMM，该方法将水平方程和差分方程作为一个方程系统进行 GMM 估计，与差分 GMM 相比，系统 GMM 提高了估计效率，并且可以估计不随时间变化的变量的系数（陈强，2014）[①]。因此，本书选取系统 GMM 方法对式（4-24）进行估计，并将该估计结果作为模型的基准回归结果。

此外，为了对命题 3 进行检验，本书还在模型（4-24）的基础上引入了迁移成本与城镇化率增长率的交互项，实证模型为

$$\ln q_{it} = \beta_0 + \beta_3 \ln q_{it-1} + \beta_1 \ln \mathrm{urban}_{it-1} + \beta_2 \mathrm{delta} + \beta_3 \mathrm{delta} * \mathrm{gap} + \beta_k X_{it} + a_i + u_{it}$$

$$(4-25)$$

4.3.2　变量与数据

本书以中国 226 个城市 2005—2016 年的面板数据进行了实证分析，关于本书的时间样本和空间样本的选择有以下几点需要说明：第一，受数据收集限制，本书剔除了数据缺失较多和具有明显错误的一些城市，实际研究了中国 226 个城市的城乡结构变迁与住房价格的关系；第二，关于土地供应，本书选取的土地供应指标为国有建设用地供应面积（住宅用地），由于该指标于 2009 年才开始统计，故在包含该指标的回归中，样本有所减少；第三，本书的时间样本之所以截止于 2016 年年底，主要是因为在 2017 年后，中国的部分城市出台了相关限购、限价等限制政策，不能反映市场上住房价格的真实情况，一些城市甚至出现了新房和二手房价格倒挂的现象；第四，对于部分城市少量缺失数据，本书采用了插值法进行处理。下文对模型中的被解释变量、核心解释变量和控制变量进行一一说明。

（1）被解释变量。城市住房价格（$\ln q$），按照上文 1.2.4 所述，本书以城市的住宅商品房销售额与销售面积之比作为城市住房平均价格，同时为了剔除价格因素的影响，本书以各城市的 GDP 平减指数对城市住房价格进行平减处理，城市的住房价格均是以 2005 年为基期的不变价，数据来源于 Wind 数据库。

（2）核心解释变量。城乡结构变迁（lnurban），本书以各城市的城镇化率衡量该地区的城乡结构变迁水平，数据来源于各省、各城市统计年鉴和各城市国民经济和社会发展统计公报；迁移成本（ε^*），本书以城乡差

---

① 陈强. 高级计量经济学及 Stata 应用［M］. 2 版. 北京：高等教育出版社，2014.

距（gap）对迁移成本进行近似替代，城乡差距以城镇居民人均可支配收入与农村居民人均纯收入之比进行衡量[①]，该比值越大，表明城乡差距就越大，数据来源于 Wind 数据库。

（3）控制变量。土地供应面积（lnland），本书以城镇居民人均国有建设用地供应面积（住宅用地）对其进行衡量，从本书的理论推导来看，城市供应土地越多，将导致城市住房价格越低。数据来源于 Wind 数据库。

经济发展水平（lnpergdp），本书以人均地区生产总值进行衡量，人均GDP 能够反映地区的劳动生产率水平，主要通过影响居民的购买力，进一步影响城市的住房价格，预期对城市住房价格有正向影响作用；与城市住房价格相似，本书对人均地区生产总值进行了平减处理，人均 GDP 均是以2005 年为基期的不变价，数据来源于中国城市统计年鉴。

地区总人口（lnpop），本书以全市年末总人口对城市人口数量进行衡量，城市的人口规模主要通过规模经济效应影响劳动生产力和居民的收入水平，在一定程度上也会推高城市的住房价格，预期符号为正，数据来源于中国城市统计年鉴。

就业密度（empden），本书以城市的第二产业、第三产业的从业人员与市区建成区面积的比值来衡量，数据来源于中国城市统计年鉴；就业密度高的城市和地区，一方面其土地供给相对严格，另一方面其劳动生产率也较高，因此，就业密度是一个需求相对供给指标（陆铭 等，2014）[②]，预期符号不确定。

此外，本书还控制了地方财政自主权（fe）和城市公共服务水平（public）对城市住房价格的影响，地方财政自住权以地方公共财政支出与地方公共财政收入相比得到（陈硕，2010）[③]，用以控制分税制对城市住房价格的影响，数据来源于中国城市统计年鉴；在文献中，城市公共服务水平（public）的测度方法相对较多，由于在本书的研究中，不重点关注城市公共服务水平对住房价格的影响；因此，本书以城市中每万人拥有的医

---

① 2014 年以后，各地区对农村居民人均纯收入不再进行统计，而改用农村居民人均可支配收入进行统计，因此在 2014 年以后，本书以农村居民人均可支配收入对农村居民人均纯收入进行替代。

② 陆铭，欧海军，陈斌开. 理性还是泡沫：对城市化、移民和房价的经验研究 [J]. 世界经济，2014（1）：30-54.

③ 陈硕. 分税制改革、地方财政自主权与公共品供给 [J]. 经济学（季刊），2010, 9（4）：1427-1446.

生数（执业医师+执业助理医师）数量作为城市公共服务水平的代理变量。

综上，为了更直观地展示各变量的含义、单位、符号与测算方法，本书将其汇总至表4-1，同时，各变量的描述性统计结果如表4-2所示。

表4-1 变量的含义、单位、符号与测算方法

	变量含义	符号	单位	测算方法
被解释变量	住房价格	lnq	元	商品住宅销售额比商品住宅销售面积
核心解释变量	城镇化率	lnurban	%	常住城镇人口占总人口比重
	城镇化率增长率	delta	%	$urban_t - urban_{t-1}$
	迁移成本	gap	无	城镇居民人均可支配收入/农村居民人均纯收入
控制变量	经济发展水平	lnpergdp	元	GDP/常住人口
	土地供给	lnland	平方米/人	国有建设用地供应面积（住宅用地）/城镇人口数
	人口规模	lnpop	万人	年末总人口的自然对数
	就业密度	empden	万人/平方千米	第二、第三产业的从业人员/市区建成区面积
	财政自主权	fe	无	地方公共财政支出/地方公共财政收入
	公共服务	public	人	医生数（执业医师+执业助理医师）数量/年末总人口

资料来源：作者整理。

表4-2 变量的描述性统计

变量	观测值	均值	标准差	最小值	最大值
lnq	2 712	7.893	0.573	6.446	10.537
lnurban	2 712	3.860	0.328	2.251	4.605
delta	2 486	1.264	1.472	−9.469	23.000
lnland	1 808	0.165 5	0.767	−5.591	2.848
gap	2 465	2.633	0.550	0.744	4.950
lnpergdp	2 710	10.077	0.729	4.402	12.907
lnpop	2 712	5.900	0.709	2.846	8.129
empden	2 712	0.479	0.246	0.070	2.153
fe	2 712	2.671	1.921	0.796	18.398
public	2 712	19.484	10.974	2.754	98.331

资料来源：作者计算。

4.3.3 初步回归分析

由于本书使用的数据为中国城市层面的面板数据，且使用变量较多，各变量之间可能存在一定程度的多重共线性；因此，本书在进行面板数据回归之前，首先采用方差膨胀因子（VIF）方法对模型的多重性问题进行了检验，检验结果如表4-3所示，各变量的平均方差膨胀因子仅为2.16，最大值也仅为4.78，远低于10的临界值，即表明模型中不存在多重共线性问题，可直接进行回归分析。本章所有的计量分析均由 stata.14 进行计算，相关 stata 代码详见附录1。

表4-3　多重共线性检验结果

变量	VIF	1/VIF
lnurban	4.78	0.209
delta	1.10	0.912
lnland	1.10	0.907
lnpergdp	3.58	0.279
lnpop	1.24	0.808
empden	1.19	0.840
fe	2.20	0.454
public	2.10	0.476

资料来源：作者计算。

按照上文计量模型的设定以及相关变量的说明与介绍，本书分别对模型进行固定效应回归（见表4-4，模型1~模型3）和系统 GMM（SYS-GMM，见表4-4，模型4）回归分析，其中，模型1和模型2为未加入控制变量的固定效应回归结果，模型3和模型4为包含控制变量的回归结果。需要说明的是，在计量模型的设定中，城镇化的增长率为自然对数形式，但由于在现实生活中，部分城市或地区出现了逆城市化现象，如果取自然对数的话，会丧失部分观测值，因此本书进行计量回归分析的时候，未对城镇化的增幅进行对数化处理。

通过对系统 GMM 扰动项的自相关检验，结果发现扰动项的差分存在一阶自相关，但不存在二阶自相关，故可以接受扰动项无自相关的原假设，可以使用系统 GMM 对模型进行估计；同时，检验过度识别的 Sargan 检验的 P 值在 1 左右，完全可以接受"所有工具变量都有效"的原假设，表明模型不存在过度识别问题。

表4-4　城乡结构、人口迁移流动与住房价格初步回归结果

变量	固定效应			SYS-GMM
	模型1	模型2	模型3	模型4
	lnq	lnq	lnq	lnq
L. lnurban	1.878***	1.926***	0.887***	0.0896***
	(0.0355)	(0.0353)	(0.0588)	(0.00261)
delta		0.0272***	0.0136***	0.00398***
		(0.00299)	(0.00247)	(0.000203)
lnland			0.0153***	0.00121**
			(0.00580)	(0.000545)
L. lnq				0.719***
				(0.00115)
lnpergdp			0.318***	0.0665***
			(0.0182)	(0.000581)
lnpop			0.156**	0.0232***
			(0.0732)	(0.00115)
empden			−0.0319	0.0211***
			(0.0277)	(0.00122)
fe			0.0164***	0.00651***
			(0.00409)	(0.000143)
public			0.00474***	0.00258***
			(0.000719)	(1.43e-05)
AR (1)				0.0000
AR (2)				0. .6433
Sargan test				1.0000
C	0.720***	0.501***	0.293	1.073***
	(0.137)	(0.136)	(0.421)	(0.0112)
Obs	2486	2486	1808	1808
N	226	226	226	226

注：①*** $p<0.01$，** $p<0.05$，* $p<0.1$，括号内为标准差；②AR（1）、AR（2）和Sargan test 所汇报的均是 P 值；③数据为作者计算所得。

由表4-4可知:

首先,从衡量城乡结构变迁指标的城镇化率的回归系数来看,不管是固定效应模型,还是SYS-GMM模型,滞后一期的城镇化率(L. lnurban)和城镇化率的增幅(delta)均为正,且在1%的显著性水平下通过了检验,表明在控制其他变量不变的情况下,滞后一期的城镇化率越高,城市的住房价格相对越高;当前的城镇化率增幅越高,城市的住房价格相对越高。即城市的住房价格不仅与城镇化率正相关,而且还与城镇化率的增长率正相关,即在其他变量保持不变的情况下,随着中国城镇化进程的不断推进,城市的住房价格也将随之上升。上文命题1和命题2得到初步验证,同时也证明了理论模型的设置基本符合中国的现实情况。

当然,这一结论与当前大多数文献研究相一致(徐建炜 等,2012;陆铭 等,2014;陈斌开 等,2016;张延 等,2016 等)①②③④,即城市的住房价格与城镇(市)化率正相关,在控制其他变量不变的情况下,随着城镇(市)化率的提高,城市的住房价格相对也会有一定的提升。但遗憾的是,在这些研究当中,城镇化率不是他们关注的重点,仅是作为一个控制变量放在模型当中,即便是以城镇化率作为核心解释的文献(张延 等,2016),其计量模型的设定,也是主观设定为线性关系,模型设定的准确性有待考证。本书关于城镇化率与住房价格的研究的贡献主要在于,首先通过理论模型推导出城市住房价格与城镇化率的线性表达式,认为城市的住房价格与城镇化率不是简单的线性关系,而是与滞后一期的城镇化率和当期城镇化率的增幅相关,继而运用中国两百多个城市的面板数据,证实了理论模型设置的正确性。

其次,从土地供应面积(lnland)的回归系数来看,土地供应面积的回归系数模型3-4中均为正,且通过了1%的显著性水平检验,即在控制其他变量不变的情况下,当期的土地供给越多,城市住房价格越高。这一研究结论与预期不符,本书推测主要是因为一方面土地供应对住房市场的影响具有滞后性,即开发商在拿地以后,不能迅速施工或建设工期较长,

---

① 徐建炜,徐奇渊,何帆.房价上涨背后的人口结构因素:国际经验与中国证据 [J].世界经济,2012 (1):24-42.
② 陆铭,欧海军,陈斌开.理性还是泡沫:对城市化、移民和房价的经验研究 [J].世界经济,2014 (1):30-54.
③ 陈斌开,张川川.人力资本和中国城市住房价格 [J].中国社会科学,2016 (5):43-64.
④ 张延,张静.城镇化对房价的影响:理论与实证分析 [J].财政研究,2016 (6):95-102.

不能及时将土地资源转化为住房向市场提供；另一方面，当城市住房价格相对较高时，政府为获得更多的收入，会相对增加土地供给，即土地供给与住房价格之间存在一定的内生性，由于本书研究的重点在于城乡结构变迁与城市住房价格之间的关系，因此，对土地与住房价格的关系不做重点研究与探讨。同时，在模型1和模型2中，不加入土地供给这一变量，城镇化率对城市住房价格的影响关系与显著性水平均未发生变化，这一结论表明加入土地供给这一变量以后，虽然在一定程度上增加了模型的内生性问题，但在总体上对本书的研究目的无实质性影响。

最后，从其他控制变量来看，回归结果基本与预期相符。第一，住房价格一阶滞后项的估计系数显著为正（0.719），表明在其他条件不变的情况下，上期的住房价格每上涨10%，将导致当期的住房价格上涨7.19%，说明预期对住房价格有正的影响，这与当前大多数学者的研究结论是一致的；第二，反映经济发展水平的变量人均地区生产总值（lnpergdp）和反映住房需求规模的地区总人口（lnpop）的两个回归系数均为正，且均通过了1%的显著性水平检验，表明在控制其他变量不变的情况下，地区的经济发展水平越高，人口集聚所带来的规模效应越强，该地区居民的购买力相对越强，城市住房价格相对越高；第三，就业密度（empden）的回归系数在固定效应模型中虽然为负，但不显著，而在系统GMM模型中却显著为正，之所以出现如此结果，可能是在固定效应模型中，忽略了城市住房价格的一阶自相关，导致了估计系数的偏差；表明在控制其他变量不变的情况下，就业密度越高，城市的住房价格也相对越高；第四，地方财政自主权（fe）和公共服务水平（public）的系数也显著为正，表明地方财政自主权程度和公共服务供给水平的提高，也会在一定水平上提升当地的城市住房价格。

下面，本书在计量模型中引入城乡差距与城镇化率的交互项，对前文所提出的命题3进行检验。需要说明的是，直接在模型中引入城乡差距与城镇化率增长率的交互项时，交互项与城镇化率增长率之间存在较强的相关性，即在模型中易出现多重共线性问题，因此，本书在引入交互项时，对城乡差距和城镇化率增长率进行归中处理，即减去其均值以后再生成交互项，之所以进行归中处理，主要是因为减去均值以后与原来的观测值的相关度就下降了，但是对变量之间的因果关系并没有影响。引入交互项后的回归结果如表4-5所示。

表 4-5　引入交互项后的回归结果

变量	固定效应		SYS-GMM
	模型 5	模型 6	模型 7
	lnq	lnq	lnq
L. lnurban	1.986 ***	0.941 ***	0.059 7 ***
	(0.036 9)	(0.062 1)	(0.004 47)
delta	0.026 1 ***	0.012 4 ***	0.003 78 ***
	(0.003 04)	(0.002 50)	(0.000 285)
delta * gap	0.016 6 ***	0.010 1 ***	0.003 90 ***
	(0.004 86)	(0.003 46)	(0.000 307)
lnland		0.018 7 ***	0.002 27 ***
		(0.006 09)	(0.000 572)
L. lnq			0.719 ***
			(0.002 07)
lnpergdp		0.314 ***	0.066 9 ***
		(0.018 8)	(0.000 926)
lnpop		0.093 7	0.024 8 ***
		(0.075 9)	(0.002 29)
empden		0.004 68	0.043 8 ***
		(0.032 4)	(0.002 47)
fe		0.020 0 ***	0.006 01 ***
		(0.004 27)	(0.000 154)
public		0.005 37 ***	0.002 86 ***
		(0.000 912)	(6.84e-05)
AR（1）			0.000 0
AR（2）			0.354 7
Sargan test			1.000 0
C	0.262 *	0.435	1.157 ***
	(0.142)	(0.441)	(0.014 3)
Obs	2 265	1 648	1 648
N	206	206	206

注：①*** $p<0.01$，** $p<0.05$，* $p<0.1$，括号内为标准差；②AR（1）、AR（2）和 Sargan test 所汇报的均是 P 值；③数据为作者计算所得。

由表 4-5 可知：

首先，通过对系统 GMM 扰动项的自相关检验，结果发现扰动项的差分存在一阶自相关，但不存在二阶自相关，故可以接受扰动项无自相关的原假设，可以使用系统 GMM 对模型进行估计；同时，检验过度识别的 Sargan 检验的 P 值在 1 左右，完全可以接受"所有工具变量都有效"的原假设，表明模型不存在过度识别问题。

其次，不管是固定效应模型（模型 5 和模型 6），还是系统 GMM 模型（模型 7），滞后一期的城镇化率（L. lnurban）、城镇化率增长率（delta）和交互项（delta * gap）系数符号均为正，且均在 1% 的显著性水平下通过了检验，这表明在控制其他变量不变的情况下，一方面随着城镇化进程的不断推进，城市的住房价格也将提升；另一方面，迁移成本即城乡差距（gap）的增加，也会加深城镇化率对城市住房价格上升的影响程度。这其实不难理解，城乡差距越大，表明城市里面工业部门的生产率与农村农业部门的生产率差距越大，城市工业部门生产率较高，一方面是继续吸收农村转移劳动力的能力较强，二是能够支付相对更高的工资，导致农业工人从农村迁移到城市的意愿更强，城乡差距的扩大在一定程度上会推动地区的城镇化进程，从而进一步对城市住房价格产生作用，本章研究命题 3 得以验证。

最后，从其他控制变量的回归结果来看，符号与显著性水平基本与表 4-4 保持一致，在此不再赘述。

4.3.4　稳健性检验

上文对本章的三个研究命题进行了初步验证，本节将继续上文的研究，对上文的研究结论进行稳健性检验，本章的稳健性检验方式主要分为两种：一是替换被解释变量，采用城市商品房价格（lnq1）对城市商品住宅价格（lnq）进行替代，之后进行回归分析，与商品住宅价格类似，本书也对城市商品房价格进行了平减处理，是以 2005 年为基期的不变价格；二是变换模型估计方法，采用差分 GMM 对系统 GMM 估计方法进行替换。两种方式的检验结果分别如表 4-6 和表 4-7 所示。

表 4-6　稳健性检验 I：替换被解释变量

变量	固定效应			SYS-GMM	
	模型 8	模型 9	模型 10	模型 11	模型 12
	$\ln q1$	$\ln q1$	$\ln q1$	$\ln q1$	$\ln q1$
L. lnurban	1.907***	1.963***	0.994***	0.103***	0.068 6***
	(0.035 4)	(0.037 2)	(0.066 6)	(0.004 19)	(0.005 03)
delta	0.027 5***	0.026 5***	0.013 7***	0.003 13***	0.002 99***
	(0.002 99)	(0.003 06)	(0.002 68)	(0.000 184)	(0.000 203)
delta * gap		0.017 7***	0.010 9***		0.003 37***
		(0.004 90)	(0.003 71)		(0.000 376)
L. $\ln q1$				0.679***	0.681***
				(0.001 69)	(0.002 43)
lnland			0.023 1***	0.003 56***	0.003 83***
			(0.006 54)	(0.000 354)	(0.000 515)
lnpergdp			0.324***	0.078 7***	0.083 8***
			(0.020 2)	(0.000 579)	(0.001 05)
lnpop			0.088 5	0.063 8***	0.051 0***
			(0.081 4)	(0.002 06)	(0.002 69)
empden			−0.009 36	0.018 4***	0.030 2***
			(0.034 8)	(0.002 33)	(0.003 69)
fe			0.016 8***	0.001 74***	0.001 52***
			(0.004 59)	(0.000 131)	(0.000 165)
public			0.005 04***	0.002 76***	0.002 80***
			(0.000 979)	(3.76e−05)	(6.79e−05)
AR（1）				0.000 0	0.000 0
AR（2）				0.268 8	0.432 0
Sargan test				1.000 0	1.000 0
C	0.634***	0.412***	0.242	1.005***	1.141***
	(0.137)	(0.144)	(0.473)	(0.013 8)	(0.024 8)
Obs	2 482	2 261	1 644	1 804	1 644
N	226	206	206	226	206

注：①*** $p<0.01$，** $p<0.05$，* $p<0.1$，括号内为标准差；②AR（1）、AR（2）和 Sargan test 所汇报的均是 P 值；③数据为作者计算所得。

表 4-7 稳健性检验Ⅱ：变换模型估计方法

	DIFF-GMM			
	商品住宅		商品房	
	模型 13	模型 14	模型 15	模型 16
	ln$q$	ln$q$	ln$q1$	ln$q1$
L. lnurban	0.109 ***	0.139 ***	0.179 ***	0.229 ***
	(0.006 66)	(0.004 36)	(0.004 83)	(0.009 22)
delta	0.005 38 ***	0.006 07 ***	0.005 94 ***	0.006 90 ***
	(0.000 217)	(0.000 190)	(0.000 232)	(0.000 336)
delta * gap		0.005 48 ***		0.006 32 ***
		(0.000 209)		(0.000 321)
L. ln$q$	0.687 ***	0.681 ***		
	(0.002 54)	(0.002 79)		
L. ln$q1$			0.626 ***	0.611 ***
			(0.001 40)	(0.003 37)
lnland	0.002 05 ***	0.002 44 ***	0.003 29 ***	0.004 65 ***
	(0.000 506)	(0.000 641)	(0.000 781)	(0.001 02)
lnpergdp	0.064 9 ***	0.064 1 ***	0.087 0 ***	0.090 5 ***
	(0.000 626)	(0.000 714)	(0.000 431)	(0.000 626)
lnpop	0.019 1 **	−0.010 4	0.119 ***	0.094 5 ***
	(0.007 97)	(0.009 26)	(0.009 00)	(0.010 7)
empden	0.020 8 ***	0.024 9 ***	0.014 0 ***	0.013 5 ***
	(0.001 76)	(0.002 82)	(0.002 12)	(0.003 31)
fe	0.005 49 ***	0.004 68 ***	−0.001 10 ***	−0.001 24 ***
	(0.000 109)	(0.000 141)	(0.000 143)	(0.000 193)
public	0.001 84 ***	0.001 91 ***	0.002 16 ***	0.001 85 ***
	(4.75e−05)	(6.24e−05)	(4.75e−05)	(6.23e−05)
AR（1）	0.000 0	0.000 0	0.000 0	0.000 0
AR（2）	0.702 0	0.386 0	0.448 3	0.278 7
Sargan test	0.999 8	1.000 0	0.999 9	1.000 0
C	1.309 ***	1.420 ***	0.739 ***	0.776 ***
	(0.038 7)	(0.047 7)	(0.048 5)	(0.058 7)
Obs	1 582	1 442	1 578	1 438
N	226	206	226	206

注：①*** p<0.01，** p<0.05，* p<0.1，括号内为标准差；②AR（1）、AR（2）和 Sargan test 所汇报的均是 P 值；③数据为作者计算所得。

由表 4-6 和表 4-7 可知，无论是替换被解释变量还是变换模型估计方式，城镇化率、城镇化增长率及其与迁移成本的交互项，其符号均为正，且在 1% 的显著性水平下通过了检验，与初步回归结果结论一致，即表明本书的研究结论具有稳健性，本章所提出的三个命题得以证实。

4.4 本章小结

本章从理论和实证两个层面研究了在城乡结构变迁视角下，人口迁移流动对城市住房价格的影响，具体而言：

首先，通过农业部门、工业工人、迁移决策、工业部门、房地产商、政府部门等进行合理设定，构建了农村—城市迁移的两区域模型，并通过对模型均衡状态下的求解，推导出城乡结构变迁与城市住房价格之间的线性关系，并在模型中引入了迁移成本这一重要因素，基于理论模型分析提出了本章研究的三个命题：

命题 1：城市的住房价格与上期的城镇化率正相关，即在控制其他变量保持不变的情况下，上期的城镇化率越高，生活在城市的居民越多，当期的城市住房价格就越高。

命题 2：城市的住房价格与城镇化率的增长率正相关，即在控制其他变量保持不变的情况下，城镇化率的增长幅度越大，从农村迁移到城市的人越多，城市的住房价格就越高。

命题 3：迁移成本通过影响城市的城镇化进程，进一步会对城市的住房价格产生影响，即对城市住房价格的上涨具有调节效应。

其次，结合中国地级市及以上城市 2006—2016 年的面板数据，运用固定效应模型和系统 GMM 模型，从静态和动态和两个方面对三个研究命题进行了初步验证，同时也侧面印证了理论模型设定的合理性和科学性。

最后，为了进一步验证上述研究结论的稳健性，本章还以替换被解释变量（商品房价格替换商品住宅价格）和变换模型估计方式（以差分GMM 替换系统 GMM 估计）两种方式，对研究结论进行了稳健性检验，发现上述结论是稳健的。

综上，根据上述三个被证实的研究命题，可提炼出以下逻辑链条：随着城乡结构的变迁，人口不断由农村迁移流动至城市，从而推动城市住房价格上涨，同时迁移成本通过作用于城乡结构变迁进程，会进一步地推动城市住房价格上涨。

5 产业结构变迁、人口迁移流动与城市住房价格

上一章研究了城乡结构变迁视角下人口迁移流动对城市住房价格的影响，研究发现伴随着城镇化率的不断提高，大量的农村居民迁移到城市，催生了住房需求，从而推动城市住房价格的上涨，即解释了城市住房价格增长的原因。根据第3章对中国城市住房价格特征的分析，中国城市住房价格的上涨存在差异，一些城市住房价格增长较快，如一线城市等，一些城市的住房价格虽然也在上涨，但涨幅较慢，那么究竟是什么原因导致了城市住房价格出现了差异化上涨呢？本章试图从产业结构变迁的视角给予解释。

本章的主要目的在于分析在产业结构变迁视角下，人口是如何迁移流动的，以及对城市住房价格造成了怎样的差异性影响，进一步对中国城市住房价格的差异和分化进行解释。本章首先构建了包含工业部门和政府部门的城→城人口迁移的两区域模型，并通过对模型均衡状态下的模拟求解，从理论上推导出了产业结构变迁对人口迁移流动的作用，以及对城市住房价格的差异化影响作用，并基于求解结果提出了产业结构变迁、人口迁移流动与城市住房价格之间关系的三个研究命题；其次，运用全国226个城市的面板数据，对上述三个研究命题进行了初步验证；最后，本章还通过替换核心解释变量和划分子样本等方式对研究结论进行了稳健性检验。

本章主要的边际贡献在于两个方面：一是构建了一个包含工业部门和政府部门的城→城人口迁移的两区域一般均衡模型，从理论上阐释了产业结构变迁对人口迁移流动和城市住房价格的差异化影响；二是运用全国城市的面板数据对理论模型所推导出的三个研究命题进行了实证检验，研究发现本章所构建的理论模型与中国实际相符。

5.1 模型设定

在上一章的理论模型中，主要考虑的是人口从农村迁移城市对城市住房价格的影响，模型中包含农村和城市两个区域，农业和工业两个产业部门，本章主要探讨的是人口在城市之间的迁移，因此在本章的模型不再包含农村区域和农业部门。同时，为了使模型简化，便于求解，本章着重考虑静态模型下产业结构变迁对人口迁移流动和城市住房价格的影响，当然，在动态模型下，所得结果与静态模型略有差异，但对模型中变量之间的相关关系无实质性影响。同时在本章模型中，政府部门和房地产市场的设置也都有相应调整。

5.1.1 工业工人

假设某个国家存在两个经济区域：城市 1 和城市 2。劳动力在两个城市中可以流动，两个城市的总人口数量为 L。工人通过在城市 1 或 2 中合理配置自身收入，消费可贸易的工业品和不可贸易的住房来获取效用[①]，效用函数为 CES 效用函数：

$$u_i = [\alpha c_i^\beta + (1 - \alpha) h_i^\beta]^{1/\beta} \quad 0 < \alpha < 1, \ \beta > 1 \quad i = 1, 2 \quad (5\text{-}1)$$

假定工业品的价格为 1，房子价格为 p。工业工人的收入主要来源于两个方面：一是通过提供劳动所获取的工资性收入 w_i；二是作为该城市居民，享受城市厂商利润的分成 d_i。因此消费者的预算约束为

$$s.t. \quad c_i + p_i h_i = w_i + d_i \quad (5\text{-}2)$$

工人在城市中所拥有的产出份额为 $y_i = w_i + d_i$，故式（5-2）可改写为

$$s.t. \quad c_i + p_i h_i = y_i \quad (5\text{-}3)$$

结合式（5-1）和式（5-3），可求得消费者效用最大化的一阶条件：

$$\frac{\partial}{\partial h} [\alpha (y - ph)^\beta + (1 - \alpha) h^\beta]^{1/\beta} = 0 \quad (5\text{-}4)$$

对式（5-4）进行求导可得

---

① 本书在此未考虑农产品，但考虑农产品后也不会影响最终的分析结果。

$$\frac{1}{\beta} \left[\alpha \ (y_i - p_i h_i)^\beta + (1-\alpha) h_i{}^\beta \right]^{1/\beta-1} \cdot \left[\alpha\beta \ (y_i - p_i h_i)^{\beta-1} (-p_i) + \beta(1-\alpha) h_i^{\beta-1} \right] = 0$$

$$\left[\alpha\beta \ (y_i - p_i h_i)^{\beta-1} (-p_i) + \beta(1-\alpha) h_i^{\beta-1} \right] = 0$$

$$\left(\frac{y_i - p_i h_i}{h_i} \right)^{\beta-1} = \frac{1-\alpha}{\alpha} p_i$$

$$\frac{y_i - p_i h_i}{h_i} = \left(\frac{1-\alpha}{\alpha} p_i \right)^{1/\beta-1}$$

$$y_i = p_i h_i + \left(\frac{1-\alpha}{\alpha} p_i \right)^{1/\beta-1} h_i$$

(5-5)

由式（5-5）可求出工人对住房和工业品的需求函数分别为

$$h_i^d = y_i / \left[p_i + \left(\frac{1-\alpha}{\alpha} p_i \right)^{1/\beta-1} \right]$$

$$c_i^d = y_i - p_i h_i = y_i - p_i y_i / \left[p_i + \left(\frac{1-\alpha}{\alpha} p_i \right)^{1/\beta-1} \right] \tag{5-6}$$

$$= y_i \cdot \left(\frac{1-\alpha}{\alpha} p_i \right)^{1/\beta-1} / \left[p_i + \left(\frac{1-\alpha}{\alpha} p_i \right)^{1/\beta-1} \right]$$

在任何城市，工人对工业品和房子的偏好都是无差异的，因此，城市对住房和工业品的总需求为

$$H_i^d = \int h_i^d = Y_i / \left[p_i + \left(\frac{1-\alpha}{\alpha} p_i \right)^{1/\beta-1} \right]$$

$$C_i^d = \int c_i^d = Y_i \cdot \left(\frac{1-\alpha}{\alpha} p_i \right)^{1/\beta-1} / \left[p_i + \left(\frac{1-\alpha}{\alpha} p_i \right)^{1/\beta-1} \right] \tag{5-7}$$

式（5-7）中，Y_i 表示第 i 个城市的总产出。

5.1.2 工业部门

工业部门的市场是完全自由竞争，为了简化，假定工业品的生产仅需要劳动力一种生产要素，此处未考虑资本，但是引入资本后的设定方式，对最终分析结论不会产生影响。生产函数形式为道格拉斯生产函数形式，故工业部门的生产函数可表达为

$$Y_i = A_i L_i{}^\gamma \tag{5-8}$$

式（5-8）中，Y_i 为工业品产量，A_i 一般指城市的生产效率，而生产效率主要取决于技术的进步和资源配置效率的提高，在本书中主要以城市的

产业结构变迁衡量城市的生产效率，这主要是出于两个方面的考虑，第一，产业结构高度化的本质是打破原有产业结构的低水平均衡，通过技术创新和进步，使产业结构整体素质和效率向更高的层次不断演进的动态过程，因此，产业结构高度化在一定程度上可以反映城市工业部门技术进步和效率提升的水平；第二，产业结构合理化主要反映了资源在各个产业部门配置效率的高低，因此也是城市生产效率的体现。L_i 为城市所雇佣的劳动力，工业部门的利润函数可表示为

$$\pi_i = A_i L_i^{\gamma} - w_i L_i \tag{5-9}$$

工业部门进行生产的根本目的是根据自身不同的产业技术水平雇佣相应的劳动力，最大化其生产利润：

$$\max_{L_i}\{A_i L_i^{\gamma} - w_i L_i\} \tag{5-10}$$

因此，可求得工业部门对劳动力的需求函数：

$$L_i^d = \left(\frac{\gamma A_i}{w_i}\right)^{1/(1-\gamma)} \tag{5-11}$$

5.1.3　政府部门

政府部门拥有土地并向市场供应土地用来修建住房。同时，由于土地的数量是有限的，政府部门不可能无限量供应土地，随着土地的供给逐步增多，城市中的剩余用地逐步减少，政府所承担的成本也越来越高。需要注意的是，这里的成本主要是指政府卖地的成本，而不是土地的成本，因此，该成本仅与土地供应的数量有关，与土地的价格无关，且随着土地供给数量的不断增加，边际供地成本也逐步增加，其成本函数一阶和二阶都是单调递增，其成本函数可写为 $\zeta(l_i) = B l_i^2$，B 为某一常数。故政府部门收入最大化的函数可表达为

$$\max_{\text{land}_i}\{v_i l_i - B l_i^2\} \tag{5-12}$$

land_i 为该城市供应的土地数量，v_i 表示城市的土地价格。假定建造住房仅需要土地这一生产要素，则从供给端来看，土地的价格决定了城市住房的价格，政府收入最大化的问题可等价于：

$$\max_{\text{land}_i}\{v_i l_i - B l_i^2\} \equiv \max_{H_i^s}\{p_i H_i^s - B H_i^{s2}\} \tag{5-13}$$

$$s.t. \quad H_i^s = H_i^d = Y_i / \left[p_i + \left(\frac{1-\alpha}{\alpha} p_i\right)^{1/\beta-1} \right] \tag{5-14}$$

根据式（5-13）和式（5-14）可求出政府收入最大化的一阶条件：

$$\frac{\partial}{\partial H_i^d}\{p_i H_i^d - B H_i^{d2}\} = 0$$

$$p'_i(H_i^d) H_i^d + p_i - 2B H_i^d = 0 \qquad (5-15)$$

$$\frac{1}{H_i^{d'}(p_i)} H_i^d + p_i - 2B H_i^d = 0$$

令：$g(p_i) = p_i + (\frac{1-\alpha}{\alpha} p_i)^{1/\beta-1}$ $\varphi(p_i) = (\frac{1}{\beta-1})(\frac{1-\alpha}{\alpha})(\frac{1-\alpha}{\alpha} p_i)^{(1/\beta-1)-1}$，

则：

$$H_i^{d'}(p_i) = Y_i \cdot \frac{1+\varphi(p_i)}{g(p_i)^2} \qquad (5-16)$$

式（5-15）可写为

$$\frac{g(p_i)}{1+\varphi(p_i)} + p_i - 2B \frac{Y_i}{g(p_i)} = 0 \qquad (5-17)$$

需要说明的是，政府的收入主要用于为城市当中的市民提供公共服务。为了使模型简化，便于求解，本书在工业工人的效用函数中，没有引入公共服务这一因素，仅考虑了工人对工业品和房子的消费，从理论上来讲，如果在效用函数当中引入公共服务这一因素，将使得两个区域的房价差异进一步拉大。

5.1.4 迁移决策

工业工人对工业品和房屋的偏好是无差异的，并且可在两个城市间自由流动，在城市 1 和城市 2 中生活所获取的效用分别为 $u_1(c)$、$u_2(c)$，故其效用函数为

$$u(c) = \max[u(c_1, h_1), u(c_2, h_2)] \qquad (5-18)$$

如果不考虑迁移成本，当 $u_1(c) \geq u_2(c)$ 时，消费者选择从城市 2 向城市 1 迁移；如果考虑迁移成本 m 的话，则只有当 $u_1(c) \geq u_2(c) + m$ 的时候，消费者才在城市之间进行迁移。从理论上来看，加入迁移成本这一影响因素，仅仅是增加了模型的求解难度，而对本书的理论分析结果不会产生实质性的影响，为了使模型简化，便于求解，在此暂时不考虑迁移成本的影响。同时，在该理论框架下，亦可对中国政策性或制度性因素的作用进行考察，如 2017 年以来各大城市竞相出台的抢人政策，便可在模型中引入迁移成本这一因素进行考察。

5.2 空间均衡

在给定两个城市生产技术水平变量及土地供应成本系数 $\{A_1,\ A_2,\ B\}$，一系列价格水平 $\{p_1,\ p_2,\ w_1,\ w_2\}$，代理工业工人的相关变量 $\{c_1,\ c_2,\ h_1,\ h_2\}$，加总城市变量 $\{C_1,\ C_2,\ H_1^s,\ H_2^s,\ H_1^d,\ H_2^d,\ Y_1,\ Y_2\}$ 等变量时，在均衡状态下满足以下性质：

（1）在工业品价格水平给定的情况下，工业部门和政府部门的利润（收入）最大化，工业工人效用最大化；

（2）劳动力市场出清决定条件：

$$L_1 + L_2 = L \tag{5-19}$$

（3）迁移决定条件为

$$u(c_1,\ h_1) = u(c_2,\ h_2) \tag{5-20}$$

（4）房地产市场出清：

$$H_1^d + H_2^d = H_1^s + H_2^s \tag{5-21}$$

（5）产品市场出清：

$$Y_1 + Y_2 = C_1 + C_2 + p_1 H_1^d + p_2 H_2^d - BH_1^{d2} - BH_2^{d2} \tag{5-22}$$

结合式（5-1）至式（5-18）的模型设定，均衡条件可改写为
空间均衡条件：

$$
\begin{cases}
\left(\dfrac{\gamma A_1}{w_1}\right)^{1/(1-\gamma)} + \left(\dfrac{\gamma A_2}{w_2}\right)^{1/(1-\gamma)} = L \\[2mm]
\left[\alpha c_1^{\beta} + (1-\alpha) h_1^{\beta}\right]^{1/\beta} = \left[\alpha c_2^{\beta} + (1-\alpha) h_2^{\beta}\right]^{1/\beta} \\[2mm]
Y_1 + Y_2 = C_1 + C_2 + p_1 H_1^d + p_2 H_2^d - BH_1^{d2} - BH_2^{d2} \\[2mm]
\dfrac{g(p_1)}{1+\varphi(p_1)} + p_1 - 2B\dfrac{Y_1}{g(p_1)} = 0 \\[2mm]
\dfrac{g(p_2)}{1+\varphi(p_2)} + p_2 - 2B\dfrac{Y_2}{g(p_2)} = 0
\end{cases}
\tag{5-23}
$$

根据市场条件可求得 $A_1,\ A_2,\ L_1,\ L_2,\ p_1,\ p_2$ 之间的动态关系表达式：

$$\begin{cases} L = L_1 + L_2 \\ \left[\left(\dfrac{A_1 L_1^{\gamma-1}}{\sigma(p_1)} \right)^\beta - \left(\dfrac{A_2 L_2^{\gamma-1}}{\sigma(p_2)} \right)^\beta \right] \cdot \left(\dfrac{\alpha}{1-\alpha} \right) = \left(\dfrac{A_1 L_1^{\gamma-1}}{g(p_1)} \right)^\beta - \left(\dfrac{A_2 L_2^{\gamma-1}}{g(p_2)} \right)^\beta \\ A_1 L_1^\gamma + A_2 L_2^\gamma = \dfrac{A_1 L_1^\gamma}{\sigma(p_1)} + \dfrac{A_2 L_2^\gamma}{\sigma(p_2)} + \dfrac{A_1 L_1^\gamma p_1}{g(p_1)} + \dfrac{A_2 L_2^\gamma p_2}{g(p_2)} - B \left[\dfrac{A_1 L_1^\gamma}{g(p_1)} \right]^2 - B \left[\dfrac{A_2 L_2^\gamma}{g(p_2)} \right]^2 \\ \dfrac{A_1 L_1^\gamma}{A_2 L_2^\gamma} = \dfrac{g^2(p_1) + p_1 g(p_1) + p_1 g(p_1) \varphi(p_1)}{g^2(p_2) + p_2 g(p_2) + p_2 g(p_2) \varphi(p_2)} \cdot \dfrac{1 + \varphi(p_2)}{1 + \varphi(p_1)} \end{cases}$$

$$(5\text{-}24)$$

式（5-24）中：

$$\begin{cases} \sigma(p_i) = \left[p_i + \left(\dfrac{1-\alpha}{\alpha} p_i \right)^{1/\beta-1} \right] \Big/ \left(\dfrac{1-\alpha}{\alpha} p_i \right)^{1/\beta-1} \\ g(p_i) = p_i + \left(\dfrac{1-\alpha}{\alpha} p_i \right)^{1/\beta-1} \\ \varphi(p_i) = \left(\dfrac{1}{\beta-1} \right) \left(\dfrac{1-\alpha}{\alpha} \right) \left(\dfrac{1-\alpha}{\alpha} p_i \right)^{(1/\beta-1)-1} \end{cases}$$

$$(5\text{-}25)$$

根据式（5-24）和式（5-25）可求得 A_1，A_2，L_1，L_2，p_1，p_2 之间的动态关系。由于式（5-24）和式（5-25）过于复杂，难以求出 A_1，A_2，L_1，L_2，p_1，p_2 的显示解，本书主要通过仿真的方法对 A_1，A_2，L_1，L_2，p_1，p_2 之间的动态关系进行表达。同时为了保证结果的稳健性与可信度，本书通过 Matlab 对结果进行 1 000 次模拟。首先本书绘制了城市产业结构变迁 A_i 与城市人口分布 L_i 之间的动态关系图（见图 5-1）。

图 5-1 中，横轴为两个地区之间的产业技术发展比例（A_2/A_1），上面的虚线为城市 2 中人口占总人口的份额（L_2/L），下面的虚线为城市 1 中人口占总人口的份额（L_1/L）。初始状态为：$A_2/A_1 = 1$，$L_2/L = L_1/L = 0.5$。根据图 5-1，随着两个地区的产业结构变迁，优化程度差距不断拉大，人口逐步向城市产业结构发展较好的城市迁移，且迁移速度随着产业结构差距的拉大而逐步放缓，基于此，可提出本章第一个研究命题：

命题 1：随着城市产业结构的不断变迁优化，城市人口占总人口的份额将持续增加，即城市产业结构的变迁优化将显著推动人口向该城市迁移流动。

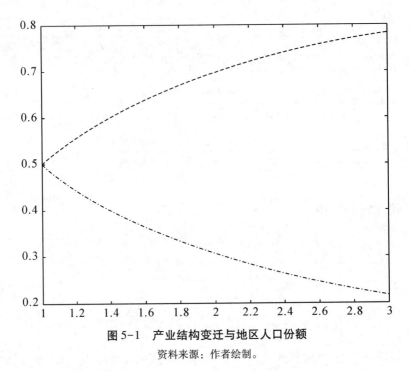

图5-1 产业结构变迁与地区人口份额

资料来源：作者绘制。

其次，本书还绘制了人口迁移流动与城市住房价格之间的关系图5-2。横轴是模拟出来的城市人口份额（L_2/L），纵轴是模拟出来的城市住房价格（p_2）。初始状态为：$A_2/A_1 = 1$，$L_2/L = L_1/L = 0.5$，$p_2/p_1 = 1$。由图5-2可知，伴随着人口向该城市迁移流动，城市人口占总人口的份额不断增加，将有效推动该城市住房价格的上涨，由此可以提出本章的第二个研究命题：

命题2：随着城市迁移流动的人口不断增多，将对城市住房产生大量需求，从而进一步推动城市住房价格的上涨，即人口迁移流动与城市住房价格正向相关。

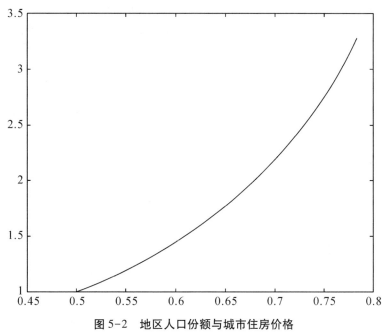

图 5-2　地区人口份额与城市住房价格

资料来源：作者绘制。

最后，本书还模拟绘制了城市产业结构变迁与城市住房价格的动态关系图（见图 5-3），横轴为两个地区之间的产业技术发展比例（A_2/A_1），上面的虚线为城市 2 的住房价格水平（p_2），下面的虚线为城市 1 的住房价格水平（p_1），初始状态为：$A_2/A_1 = 1$，$L_2/L = L_1/L = 0.5$，$p_2/p_1 = 1$。由图 5-3 可知，一方面随着城市 2 产业技术发展程度的不断提高，人口逐步向城市 2 中迁移，从而推动城市 2 的住房价格不断上涨；另一方面，结合图 5-1 和图 5-2 来看，虽然城市 1 的产业发展水平没有变化，人口也呈净流出的状态，但其城市的住房价格仍然呈上涨趋势。结合已有研究（洪涛等，2007；王松涛 等，2008；刘志平 等，2013；丁如曦 等，2015）[1][2][3][4]

---

①　洪涛，西宝，高波. 房地产价格区域间联动与泡沫的空间扩散：基于 2000—2005 年中国 35 个大中城市面板数据的实证检验 [J]. 统计研究，2007，24（8）：64-67.

②　王松涛，杨赞，刘洪玉. 我国区域市场城市房价互动关系的实证研究 [J]. 财经问题研究，2008（6）：122-128.

③　刘志平，陈智平. 城市住房价格的空间相关性、影响因素与传递效应：基于区域市场关系层面的实证研究 [J]. 上海财经大学学报，2013，15（5）：81-88.

④　丁如曦，倪鹏飞. 中国城市住房价格波动的区域空间关联与溢出效应：基于 2005—2012 年全国 285 个城市空间面板数据的研究 [J]. 财贸经济，2015，36（6）：136-150.

和本书第 3 章的研究成果（城市住房价格在空间上具有一定的关联效应），本书认为是城市住房价格在空间上的关联效应导致了城市 1 住房价格的上涨。

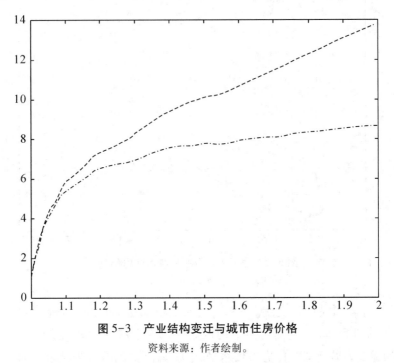

图 5-3 产业结构变迁与城市住房价格

资料来源：作者绘制。

综上，城市产业结构的不断变迁优化吸引了外来人口，增大了城市的住房需求，从而进一步推动了城市住房价格的上涨；同时，由于本地区流入的人口是其他地区的流出，对其他城市住房价格的影响具有负效应；此外，由于城市住房价格的空间关联效应，导致人口净流出的城市的住房价格也会有一定幅度的增长，只是相比人口净迁移流入的城市上涨速度缓慢一些，这就使得城市住房价格的上涨在空间上出现了分化，即产生了差异化上涨。基于此，可以提出本章研究的第三个命题：

命题3：城市产业结构的优化变迁通过影响人口的迁移流动，不仅会对本城市住房价格上涨也有显著的推动作用，而且对其他城市住房价格的上涨也有一定的负向影响；同时由于城市住房价格的空间关联效应，导致产业结构变迁程度相对较低的城市住房价格也有一定的上涨，从而使得全社会的住房价格出现差异化上涨。

5.3 实证检验

5.3.1 计量模型设定

首先，为了验证城市产业结构变迁对人口迁移流动的影响，本书运用全国 226 个地级及以上城市的数据，构建了面板数据固定效应模型，模型设定如下：

$$L_{it} = \beta_0 + \beta_1 A_{it} + \beta_k X_{it}^k + a_i + \mu_{it} \qquad (5\text{-}26)$$

式（5-26）中，L_{it} 为第 i 个城市第 t 年的迁移流动人口数量，本书在此以迁移流动人口占城市常住人口比例（mig）加以衡量，迁移流动人口数据测算详见本书 1.2.3，常住人口数据由地区生产总值与地区人均生产总值相比得到①，数据来源于历年《中国城市统计年鉴》；A_{it} 为第 i 个城市第 t 年的产业技术发展水平，本书主要以反映城市产业发展效率的产业结构高度化（ts）和反映城市产业发展资源配置优化的产业结构合理化（tl）两个指标进行衡量，产业结构高度化的详细测算见文 1.2.2；X_{it}^k 为一系列控制变量，参考已有研究（李拓 等，2015；侯慧丽，2016；杨晓军，2017）②③④，本书选取了经济发展水平（lnpergdp）、就业密度（empd）、公共服务水平（public）等一系列变量，β 为带估计参数；u_{it} 为截距项；ε 为随机干扰项。

其次，为了对命题 2 进行检验，本章参考第 4 章构建了人口迁移流动对城市住房价格影响的动态面板数据模型，模型设定如下：

$$\ln p_{it} = \beta_0 + \beta_1 \ln p_{it-1} + \beta_2 mig_{it} + \beta_k X_{it} + a_i + u_{it} \qquad (5\text{-}27)$$

最后，为了验证产业结构变迁对城市住房价格的空间溢出效应，本书还构建了以下空间计量模型：

---

① 2014 年，国家统计局下发了《国家统计局关于改进和规范区域 GDP 核算的通知》（国统字〔2004〕4 号），明确要求各地区的人均 GDP 的计算要以常住人口为准。

② 李拓，李斌. 中国跨地区人口流动的影响因素：基于 286 个城市面板数据的空间计量检验 [J]. 中国人口科学，2017（2）：75-85.

③ 侯慧丽. 城市公共服务的供给差异及其对人口流动的影响 [J]. 中国人口科学，2016（1）：118-127.

④ 杨晓军. 城市公共服务质量对人口流动的影响 [J]. 中国人口科学，2017（2）：104-114.

$$\ln p_{it} = x'_{it}\beta + \eta'_i A_t \delta + a_i + \gamma_t + \mu_{it} \tag{5-28}$$

进一步地，考虑到住房价格的预期效应及其"惯性"，本书还在模型中引入了住房价格的一阶滞后项；同时，在本书第3章的研究中还发现，城市的住房价格还存在一定的空间关联性，因此，本书在式（5-28）的基础上，不仅引入了住房价格在时间上的一阶滞后项，还引入了住房价格在空间上的一阶滞后项，回归方程可重新改写为

$$\ln p_{it} = \tau \ln p_{it-1} + \rho w'_i \ln p_t + x'_{it}\beta + \eta'_i A_t \delta + a_i + \gamma_t + \mu_{it} \tag{5-29}$$

式（5-29）中，$\ln p_{it-1}$ 为被住房价格的一阶滞后项，$d'_i A_t \delta$ 为产业结构变迁的空间滞后，w'_i 和 η'_i 分别为相应空间权重的矩阵的第 i 行，在本书中，被解释变量和解释变量的权重一致，均为 $w_{ij} = 1/d_{ij}^2$，如 $i = j$，则 $w_{ij} = 0$，d_{ij} 为两个城市之间的距离，则 $w'_i \ln p_t = \sum_{i=1}^{n} w_{ij} \ln p_{jt}$，$\eta'_i A_t = \sum_{i=1}^{n} w_{ij} A_{jt}$；$x'_{it}$ 表示一系列控制变量，a_i 和 γ_t 分别表示个体效应和时间效应，μ_{it} 为随机误差项。

5.3.2　变量与数据

本章所采用数据与本书第4章所使用数据基本相同，数据主要均来源于历年《中国城市统计年鉴》和 Wind 数据库。关于数据的处理和设置与本书第4章大体相似；因此，本书在此不对数据的具体处理再做赘述，仅对各变量的设置、含义、符号等做简单阐释（见表5-1），并且给出了数据的描述性统计分析结果（见表5-2）。

表5-1　变量的含义、单位、符号与测算方法

	变量含义	符号	单位	测算方法
被解释变量	住房价格	lnq	元	商品住宅销售额比商品住宅销售面积
核心解释变量	产业结构高度化	lnts	无	测算方法详见 1.2.2
	产业结构合理化	lntl	无	测算方法详见 1.2.2
	迁移流动人口占常住人口比	mig	无	测算方法详见 1.2.3

表5-1(续)

	变量含义	符号	单位	测算方法
	经济发展水平	lnpergdp	元	GDP/常住人口
	土地供给	lnland	平方米/人	国有建设用地供应面积（住宅用地）/城镇人口数
	城镇化率	lnurban	%	城镇化率的自然对数
	房价承担能力	lnqincome	%	平均住房价格比平均工资收入
控制变量	人口规模	lnpop	万人	年末总人口的自然对数
	就业密度	empden	万人/平方千米	第二、第三产业的从业人员/市区建成区面积
	财政自主权	fe	无	地方公共财政支出/地方公共财政收入
	公共服务	public	人	医生数（执业医师+执业助理医师）数量/年末总人口

资料来源：作者整理。

表 5-2 变量的描述性统计

变量	观测值	均值	标准差	最小值	最大值
lnp	2 712	7.893	0.573	6.446	10.537
lnts	2 709	−0.303	0.441	−2.361	1.426
lntl	2 670	−1.628	1.090	−8.813	0.542
mig	2 435	0.062	0.205	−2.200	0.844
lnpergdp	2 710	10.077	0.729	4.402	12.907
lnland	1 808	0.165	0.767	−5.591	2.848
lnurban	2 712	3.860	0.328	2.251	4.605
lnpincome	2 712	−0.249	0.412	−5.330	−0.828
lnpop	2 712	5.900	0.709	2.846	8.129
empden	2 712	0.479	0.246	0.070	2.153
fe	2 712	2.671	1.921	0.796	18.398
public	2 712	19.484	10.974	2.754	98.331

资料来源：作者计算。

5.3.3 命题 1 的实证分析

在进行回归分析之前，本书首先绘制了产业结构变迁与人口迁移流动二者的散点图（见图 5-4 和图 5-5）。由图 5-4 和图 5-5 可知，产业结构高度化系数与迁移流动人口正相关，表明城市的产业结构高度化程度越高，越有利于吸引人口向该城市内迁移；产业结构合理化系数与迁移流动人口负相关，表明城市的产业结构越合理，越有利于人口向该城市内迁移聚集，这二者综合表明产业结构变迁优化越高，越有利于城市自身吸引人口。当然，散点图只是对二者之间关系的初步判断，二者之间的准确关系尚需下文实证分析。

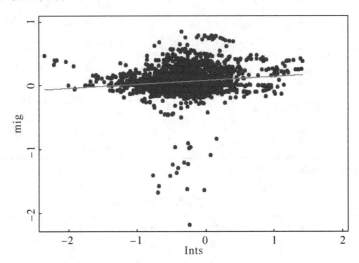

图 5-4　产业结构高度化与迁移流动人口占比

资料来源：作者绘制。

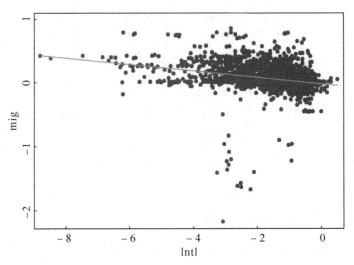

图 5-5　产业结构合理化与迁移流动人口占比

资料来源：作者绘制。

其次，本节运用固定效应模型就产业结构变迁对人口迁移流动的影响进行了初步回归分析（见表5-3），表5-3中，模型1和模型2为不加控制变量的回归结果，模型3和模型4为加了控制变量后的回归结果。

表5-3　产业结构变迁对迁移流动人口的影响分析

变量	固定效应模型			
	模型 1	模型 2	模型 3	模型 4
	mig	mig	mig	mig
lnts	0.075 1 ***		0.052 4 ***	
	(0.012 8)		(0.013 3)	
lntl		0.012 6 *		0.007 25
		(0.006 96)		(0.006 93)
lnpergdp			0.017 9 **	0.020 2 **
			(0.008 98)	(0.009 19)
lnpincome			-0.049 5 ***	-0.046 0 ***
			(0.014 3)	(0.014 5)
empden			0.004 15	0.005 41
			(0.021 4)	(0.021 8)
fe			-0.001 28	-0.000 228
			(0.003 05)	(0.003 08)
public			0.002 12 ***	0.002 64 ***
			(0.000 606)	(0.000 611)
C	0.084 6 ***	0.080 3 ***	-0.268 ***	-0.302 ***
	(0.004 62)	(0.011 6)	(0.080 9)	(0.084 3)
Obs	2 434	2 396	2 434	2 396
N	226	226	226	226

注：①*** $p<0.01$，** $p<0.05$，* $p<0.1$，括号内为标准差；②数据为作者计算所得。

从表5-3可知：

第一，从产业结构高度化的回归结果来看（lnts），其回归系数在模型1和模型3均为正，且同时在1%的显著性水平下通过了检验，表明城市产业结构高度化的变迁优化对外来人口形成了较强的吸引力。之所以出现这一结果，本书认为是第三产业的发展具有较强的就业吸纳能力（李拓 等，2015），能够提供相对较多的就业岗位，从而吸引外来人口流入。本章的命题1得以验证。

第二，从产业结构合理化的回归结果来看（lntl），在不加控制变量时（模型2），其系数虽然为正，但仅是在10%的显著性水平下通过了检验，显著性水平较低，而在加入控制变量后，其回归系数虽然为正，但并没有通过显著性水平检验，因此，本书认为产业结构合理化对城市的人口迁移流动没有显著性影响。这主要可能是因为产业结构合理化的优化调整对人口迁移流动具有两个方面的效应：一方面是资源的合理配置对生产效率较低部门的工人会产生一定的挤出效应；另一方面生产效率较高的部门则对外来人口具有较强的吸引力。

第三，从其他控制变量来看，衡量经济发展水平的人均地区总值（lnpergdp）和公共服务供给的人均医生数量（public）的回归系数在模型3和模型4均为正，且全部通过了显著性水平检验，这表明经济发展越好、公共服务供给越强的城市，对外来人口的吸引力越强，这一研究结论与大多数文献一致，在此不再做详细阐述；衡量房价负担的房价收入比（lnpincome）的回归系数为负，且均通过了1%的显著性水平检验，表明房价负担增大，对人口的迁移流入具有抑制作用，即城市的高房价对外来人口具有明显的挤出效应（周颖刚，2019）[1]。在控制其他变量不变的情况下，就业密度（empden）和地方的财政自主权（fe）对人口的迁移流动无显著性影响。

上文就产业结构变迁对人口迁移流动的影响进行了初步研究，本节继续上文的研究，对上文的研究结论进行稳健性检验。本节的稳健性检验方式主要分为以下两种：一是变换被解释变量，以城市迁移流动人口的绝对数量替换原被解释变量（迁移流动人口数量占常住人口比重）；二是分子样本回归，第3章中将城市划分为了一线、新一线、二线、三线、四线和五线城市等六个等级，由于部分等级城市的数量较少，难以直接进行回归，因此本节在上文的基础上，对上述分类进行重新调整，将一线与新一线城市合并为一个子样本，称为新一线；二线与三线城市合并为一个子样本，称为二、三线；四线与五线城市合并为一个子样本，称为四、五线。两种方式稳健性检验的回归结果如表5-4和表5-5所示。

---

① 周颖刚，蒙丽娜，卢琪. 高房价挤出了谁?：基于中国流动人口的微观视角 [J]. 经济研究，2019（9）：106-122.

表 5-4　稳健性检验 Ⅰ：替换被解释变量

变量	固定效应模型			
	模型 5	模型 6	模型 7	模型 8
	migrant	migrant	migrant	migrant
lnts	36.14 ***		24.07 ***	
	(3.917)		(3.972)	
lntl		2.744		0.504
		(2.147)		(2.083)
lnpergdp			3.957	5.597 **
			(2.690)	(2.762)
lnpincome			-13.96 ***	-12.08 ***
			(4.287)	(4.374)
empden			22.51 ***	23.22 ***
			(6.422)	(6.550)
fe			-0.188	0.397
			(0.914)	(0.926)
public			1.496 ***	1.714 ***
			(0.182)	(0.184)
C	41.04 ***	33.99 ***	-77.69 ***	-102.6 ***
	(1.413)	(3.569)	(24.24)	(25.34)
Obs	2 435	2 397	2 435	2 397
N	226	226	226	226

注：① *** p<0.01，** p<0.05，* p<0.1，括号内为标准差；②数据为作者计算所得。

表 5-5　稳健性检验 Ⅱ：子样本回归分析

变量	固定效应模型					
	模型 9 新一线	模型 10 二、三线	模型 11 四、五线	模型 12 新一线	模型 13 二、三线	模型 14 四、五线
	mig	mig	mig	mig	mig	mig
lnts	0.179 ***	0.038 8	0.039 5 **			
	(0.057 5)	(0.025 5)	(0.016 5)			
lntl				0.016 9	0.006 10	0.002 36
				(0.010 9)	(0.011 6)	(0.011 7)
lnpergdp	-0.012 5	0.043 1 **	0.011 7	-0.011 4	0.048 3 ***	0.012 9
	(0.031 9)	(0.017 7)	(0.011 2)	(0.034 2)	(0.017 6)	(0.011 5)

表5-5(续)

变量	固定效应模型					
	模型 9 新一线	模型 10 二、三线	模型 11 四、五线	模型 12 新一线	模型 13 二、三线	模型 14 四、五线
	mig	mig	mig	mig	mig	mig
lnpincome	-0.155***	-0.078 3***	-0.024 2	-0.158***	-0.075 1**	-0.020 9
	(0.048 2)	(0.029 0)	(0.017 7)	(0.051 6)	(0.029 4)	(0.018 0)
empden	0.017 9	0.005 05	-0.007 44	0.070 6	0.004 42	-0.006 06
	(0.072 5)	(0.037 8)	(0.028 0)	(0.074 6)	(0.038 8)	(0.028 4)
fe	-0.049 7	-0.002 77	-0.001 29	0.016 2	-0.002 47	-0.000 304
	(0.120)	(0.006 47)	(0.003 59)	(0.122)	(0.006 50)	(0.003 64)
public	0.002 79	0.002 34**	0.000 510	0.005 72***	0.002 62***	0.000 808
	(0.001 75)	(0.001 01)	(0.000 861)	(0.001 61)	(0.001 00)	(0.000 886)
C	0.048 5	-0.553***	-0.166	-0.111	-0.605***	-0.192*
	(0.337)	(0.158)	(0.101)	(0.348)	(0.160)	(0.106)
Obs	172	868	1, 394	170	860	1 366
N	16	81	129	16	81	129

注：① *** $p<0.01$，** $p<0.05$，* $p<0.1$，括号内为标准差；②数据为作者计算所得。

由表5-4和表5-5可知，无论是替换被解释变量还是划分子样本的方式，产业结构高度化的回归系数均为正，且均在1%的显著性水平下通过了检验（除模型10），产业结构合理化的回归系数均未通过10%的显著性水平检验标准，与初步回归结果结论基本一致，即表明本书的研究结论具有稳健性与可信性，本章所提出的第一个研究命题得以证实：随着城市产业结构的不断变迁优化，城市人口占总人口的份额将持续增加，即城市产业结构的变迁优化将显著推动人口向该城市迁移流动。

5.3.4 命题 2 的实证分析

同上文分析逻辑框架一致，在对迁移流动人口和城市住房价格进行回归分析之前，本书先绘制了迁移流动人口占常住人口比重与住房价格之间的散点图（见图5-6），以期从图形上对二者的关系进行直观的判断。由图5-6可知，迁移流动人口占常住人口比重与城市住房价格呈正相关关系，即迁移流动人口占城市常住人口的比重越高，该城市的住房价格也相对越高。

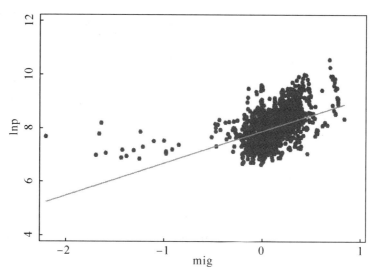

图 5-6　迁移流动人口占比与城市住房价格

资料来源：作者绘制。

　　然后按照上文计量模型的设定以及相关变量的说明与介绍，本书分别对模型进行了固定效应回归（见表 5-6 中模型 15 和模型 16）、系统 GMM（SYS-GMM，见表 5-6 中模型 17）和差分 GMM（DIFF-GMM，见表 5-6 中模型 18）回归分析。同时，通过对系统 GMM 和差分 GMM 扰动项的自相关检验，发现扰动项的差分存在一阶自相关，但不存在二阶自相关，故可以接受扰动项无自相关的原假设，可以使用系统 GMM 和差分 GMM 对模型进行估计；同时，检验过度识别的 Sargan 检验的 P 值在 1 左右，完全可以接受"所有工具变量都有效"的原假设，表明模型 17 和模型 18 不存在过度识别的问题。

表 5-6　人口迁移流动对城市住房价格的影响

变量	固定效应模型		SYS-GMM	DIFF-GMM
	模型 15	模型 16	模型 17	模型 18
	ln$p$	ln$p$	ln$p$	ln$p$
mig	0.458 ***	0.052 2 *	0.025 9 ***	0.022 8 ***
	（0.054 4）	（0.027 1）	（0.007 83）	（0.008 22）
L. ln$p$			0.671 ***	0.615 ***
			（0.014 8）	（0.026 2）

表5-6（续）

变量	固定效应模型		SYS-GMM	DIFF-GMM
	模型 15	模型 16	模型 17	模型 18
	$\ln p$	$\ln p$	$\ln p$	$\ln p$
lnurban		0.985 ***	0.125 ***	0.298 ***
		(0.063 6)	(0.030 6)	(0.065 6)
lnland		0.016 3 ***	0.000 735	0.008 89 **
		(0.005 84)	(0.003 23)	(0.003 90)
lnpergdp		0.293 ***	0.085 9 ***	0.087 8 ***
		(0.018 6)	(0.010 5)	(0.012 5)
empden		0.009 02	0.015 0	0.032 4 *
		(0.030 5)	(0.019 1)	(0.019 5)
fe		0.012 4 ***	0.010 3 ***	0.003 88
		(0.004 04)	(0.003 62)	(0.002 91)
lnpop		0.174 **	0.079 3 ***	−0.102
		(0.081 2)	(0.015 9)	(0.083 4)
public		0.005 35 ***	0.002 03 ***	0.002 62 ***
		(0.000 785)	(0.000 488)	(0.000 552)
AR（1）			0.000 0	0.000 0
AR（2）			0.411 8	0.375 8
Sargan test			1.000 0	1.000 0
C	7.907 ***	0.015 0	0.786 ***	1.606 ***
	(0.007 09)	(0.461)	(0.132)	(0.438)
Obs	2 435	1 762	1 762	1 515
N	226	226	226	225

注：①*** $p<0.01$，** $p<0.05$，* $p<0.1$，括号内为标准差；②AR（1）、AR（2）和 Sargan test 所汇报的均是 P 值；③数据为作者计算所得。

由表5-6可知：净迁移流动人口占常住人口比重（mig）的回归系数均为正，且全部在10%的显著性水平下通过了检验，表明在控制其他变量不变的情况下，伴随着城市净迁移流动人口占常住人口比重的不断增大，对城市的住房需求不断增加，从而在一定程度上推动了城市住房价格的上涨。值得注意的是，本章虽然在理论上主要考虑的是城→城移民，但是实证研究中，由于难以准确计算城→城移民的数量，故本书实际使用的净迁移流动人口不仅包括了城→城移民，而且还包括了乡→城移民。城市间的人口流动对住房价格不会产生全局性的影响，因为一个城市的人口净流入是其他城市人口的净流出，流动人口对住房价格影响只是因为一个城市更加（或更不）吸引人居住（陆铭 等，2014）。因此，从总体上来看，本书认为迁移流动人口主要通过两个方面对中国城市住房价格产生影响：一方面，在中国城市化的过程中，大量的人口从农村或乡镇流入城市，通过买房落户或子女上学等，滋生了大量住房需求，对城市的住房价格有显著提升作用；另一方面，由于中国的城市化进程现在尚低，离发达国家的城镇化率水平差距较大，因此伴随着中国经济的发展，城市化率的不断提高是一件可以预期的事情，市场中的参与者很容易形成对房价上涨的预期，从而催生一定的投资需求，推动城市住房价格的上涨。

其他控制变量的解释与本书第 4 章基本一致，故在此不再进行阐释。此外，为了保证实证分析结果的准确性和可信性，本书还通过替换核心解释变量的方法进行了稳健性检验，具体为以净迁移流动人口的绝对数量替换了净迁移流动人口占常住人口比例这一核心变量。稳健性检验结果如表 5-7 所示，迁移流动人口的绝对数量（mig）对城市住房价格影响的回归系数均显著为正，且同时在 1% 的显著性水平下通过了检验，其他控制变量的回归系数符号和显著性水平无明显大的变化，表明上文的回归结果是稳健的。

表 5-7　稳健性检验 I：替换核心解释变量

变量	固定效应模型		SYS-GMM	DIFF-GMM
	模型 19	模型 20	模型 21	模型 22
	$\ln p$	$\ln p$	$\ln p$	$\ln p$
migrant	0.001 88 ***	0.000 319 ***	0.000 110 ***	7.07e−05 ***
	(0.000 174)	(0.000 108)	(1.79e−05)	(2.11e−05)
L. $\ln p$			0.672 ***	0.647 ***
			(0.012 6)	(0.021 0)
lnurban		1.001 ***	0.150 ***	0.244 ***
		(0.063 6)	(0.025 0)	(0.053 5)
lnland		0.017 0 ***	0.005 29 *	0.010 9 ***
		(0.005 83)	(0.002 94)	(0.003 47)
lnpergdp		0.290 ***	0.080 5 ***	0.073 1 ***
		(0.018 6)	(0.004 57)	(0.005 60)

表5-7(续)

| 变量 | 固定效应模型 | | SYS-GMM | DIFF-GMM |
	模型 19	模型 20	模型 21	模型 22
	ln*p*	ln*p*	ln*p*	ln*p*
empden		0.005 95	0.013 4	0.032 0***
		(0.030 4)	(0.009 15)	(0.010 4)
fe		0.012 4***	0.006 71**	0.003 24
		(0.004 04)	(0.003 23)	(0.002 54)
lnpop		0.143*	0.050 9***	−0.063 2
		(0.082 0)	(0.009 12)	(0.063 5)
public		0.005 04***	0.001 94***	0.002 63***
		(0.000 794)	(0.000 456)	(0.000 554)
AR (1)			0.000 0	0.000 0
AR (2)			0.389 8	0.385 6
Sargan test			1.000 0	0.999 8
C	7.879***	0.171	0.909***	1.484***
	(0.008 09)	(0.465)	(0.098 6)	(0.345)
Obs	2 435	1 762	1 762	1 515
N	226	226	226	225

注：①*** $p<0.01$，** $p<0.05$，* $p<0.1$，括号内为标准差；②AR（1）、AR（2）和 Sargan test 所汇报的均是 P 值；③数据为作者计算所得。

5.3.5　命题 3 的实证分析

与上文分析逻辑框架一致，本书先绘制了产业结构变迁和城市住房价格之间的散点图（见图 5-7 和图 5-8）。由图可知，产业结构高度化指数与城市住房价格正相关，产业结构合理化指数与城市住房价格负相关，表明城市产业结构变迁优化程度越高，该城市的住房价格也就相对越高。

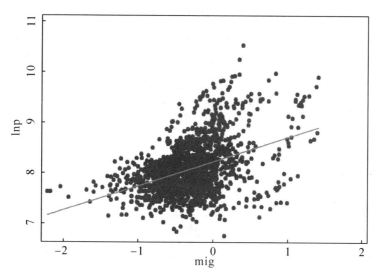

图 5-7 产业结构高度化指数与城市住房价格

资料来源：作者绘制。

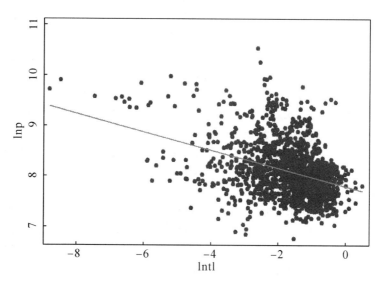

图 5-8 产业结构合理化指数与城市住房价格

资料来源：作者绘制。

　　当然，在进行空间分析之前，必须对城市住房价格的空间性进行测度，如果城市住房价格在空间上不存在关联效应，则没有必要运用空间计量模型进行分析。本书的 3.4.3 给出了城市住房价格的空间关联分析结果

（故在此不再赘述），显示城市住房价格在空间上存在正向相关，即城市的住房价格在空间上高值与高值相邻，低值与低值相邻。因此，采用空间计量模型更能揭示中国住房价格差异的内在规律，同时作为对比参考，本书在进行空间分析之前，还分别运用固定效应模型和系统 GMM 模型研究了产业结构变迁对城市住房价格的影响（见表5-8），空间计量模型分析结果如表5-9所示。

表5-8　产业结构变迁对城市住房价格的影响分析

变量	固定效应模型		SYS-GMM	
	模型 23	模型 24	模型 25	模型 26
	$\ln p$	$\ln p$	$\ln p$	$\ln p$
L. $\ln p$			0. 687***	0. 704***
			(0. 028 9)	(0. 030 2)
lnts	0. 290***		0. 082 9***	
	(0. 020 6)		(0. 016 8)	
lntl		0. 021 8**		−0. 006 15
		(0. 009 63)		(0. 005 37)
lnurban	0. 778***	0. 973***	0. 228***	0. 086 5
	(0. 061 7)	(0. 064 3)	(0. 062 4)	(0. 060 0)
lnland	0. 041 0***	0. 011 8*	0. 012 2***	0. 002 75
	(0. 006 06)	(0. 006 11)	(0. 004 42)	(0. 004 07)
lnpergdp	0. 276***	0. 292***	0. 025 0	0. 092 5***
	(0. 017 7)	(0. 019 0)	(0. 018 1)	(0. 014 0)
empden	0. 019 1	0. 024 0	0. 058 0***	0. 079 1***
	(0. 029 4)	(0. 031 4)	(0. 021 8)	(0. 024 6)
fe	0. 002 24	0. 011 6***	−0. 001 32	0. 003 09
	(0. 003 91)	(0. 004 10)	(0. 002 28)	(0. 002 75)
lnpop	0. 155**	0. 130	0. 059 4***	0. 017 2
	(0. 076 6)	(0. 082 6)	(0. 021 9)	(0. 037 7)
public	0. 003 50***	0. 004 82***	0. 002 46***	0. 001 79**
	(0. 000 689)	(0. 000 734)	(0. 000 543)	(0. 000 751)
AR（1）			0. 000 0	0. 000 0
AR（2）			0. 738 2	0. 908 6
Sargan test			0. 999 7	1. 000 0
C	1. 260***	0. 381	1. 023***	0. 959***
	(0. 442)	(0. 474)	(0. 211)	(0. 214)

表5-8(续)

变量	固定效应模型		SYS-GMM	
	模型 23	模型 24	模型 25	模型 26
	ln$p$	ln$p$	ln$p$	ln$p$
Obs	1 696	1 685	1 484	1 473
N	212	212	212	212

注：①*** $p<0.01$，** $p<0.05$，* $p<0.1$，括号内为标准差；②AR（1）、AR（2）和 Sargan test 所汇报的均是 P 值；③数据为作者计算所得。

在进行空间计量分析时，由于要求是强平衡面板数据，本章剔除了 2009 年之前的数据，对 2009 年以后的部分少量缺失数据进行了线性插值处理。通过 Hausman 检验，本书选取了固定效应模型进行了回归分析，且为个体和时间双固定效应。同时，由于空间计量模型中空间滞后因变量的存在，使得模型违背了传统计量模型所要求的经典假设，如果继续使用 OLS 进行估计，则会使得估计结果是有偏和不一致的，故本书采用极大似然估计的方法对参数进行了估计。

表 5-9　产业结构变迁对城市住房价格的空间影响分析

变量	空间杜宾模型（SDM）			
	模型 27	模型 28	模型 29	模型 30
	ln$p$	ln$p$	ln$p$	ln$p$
L. ln$p$	0. 575 ***	0. 612 ***	0. 565 ***	0. 615 ***
	(0. 043 4)	(0. 040 7)	(0. 045 6)	(0. 044 3)
w * ln$p$	0. 316 ***	0. 315 ***	0. 339 ***	0. 387 ***
	(0. 049 4)	(0. 043 0)	(0. 050 9)	(0. 046 8)
lnts	0. 136 ***		0. 138 ***	
	(0. 031 4)		(0. 031 8)	
w * lnts	−0. 094 6 **		−0. 060 0 ***	
	(0. 038 2)		(0. 021 5)	
lntl		0. 004 62		0. 005 79
		(0. 011 8)		(0. 011 3)
w * lntl		−0. 007 99		−0. 008 77
		(0. 017 5)		(0. 017 5)
lnurban			−0. 065 7	−0. 110
			(0. 116)	(0. 119)
lnland			0. 014 0 **	0. 006 60
			(0. 005 67)	(0. 005 51)

表5-9(续)

变量	空间杜宾模型（SDM）			
	模型 27	模型 28	模型 29	模型 30
	$\ln p$	$\ln p$	$\ln p$	$\ln p$
lnpergdp			0.006 47	−0.013 4
			(0.040 3)	(0.039 6)
empden			0.040 5	0.039 4*
			(0.024 8)	(0.023 7)
fe			0.003 51	0.006 03*
			(0.002 74)	(0.003 66)
lnpop			−0.164	−0.191*
			(0.107)	(0.107)
public			0.000 286	0.000 419
			(0.000 635)	(0.000 818)
Obs	1 484	1 484	1 484	1 484
N	212	212	212	212

注：①*** $p<0.01$，** $p<0.05$，* $p<0.1$，括号内为标准差；②数据为作者计算所得。

由表5-8和表5-9可知：

首先，从住房价格的在时间上的一阶滞后项来看（L. ln$p$），回归系数在模型25~模型30中均为正，且在1%的显著性水平下通过了检验，说明预期对住房价格有正向促进影响，这与当前大多数学者的研究结论是一致的；从住房价格的空间滞后项的回归系数来看（w * ln$p$），该参数在模型27~模型30中，均显著为正，且其数值稳定在0.3~0.4，表明在控制其他变量不变的情况下，周边城市平均加权价格每变动10%，将导致本地区住房价格变动3%~4%。这一研究结论与丁如曦、倪鹏飞（2015）[①]等的研究结论相似，从中国更广泛的城市层面上证实了空间溢出对2009—2016年中国城市住房价格的影响，再结合人口迁移流动变化的事实，就从空间层面上解释了中国城市住房价格上涨的分化。

其次，从产业结构高度化的回归系数来看（lnts），不管是不含住房价格空间滞后项的固定效应模型（模型23）、系统GMM模型（模型25），还是包含空间滞后项的空间计量模型（模型27和模型30），该回归系数均在

---

① 丁如曦，倪鹏飞. 中国城市住房价格波动的区域空间关联与溢出效应：基于2005—2012年全国285个城市空间面板数据的研究 [J]. 财贸经济，2015，36（6）：136-150.

1%的显著性水平下通过了检验，表明在控制其他变量不变的情况下，城市的产业结构高度化变迁程度越高，越有助于该城市住房价格的上涨；同时，从产业结构高度化的空间回归系数来看（w * lnts），该回归参数在模型 27 和模型 29 中均为负，且分别在 5% 和 1% 的显著性水平下通过了检验，表明在控制其他变量不变的情况下，本地区产业结构高度化变迁程度越高，越有利于人口向该城市迁移聚集，增大对城市的住房需求，从而推动城市的住房价格上涨；同时，在不考虑人口出生和死亡的情况下，本地区新增的迁移流入的人口，就是其他城市的净流出，从而导致本地区产业结构高度化变迁程度的提高，对其他地区住房价格的上涨具有负向影响作用。至此，本章所提出的命题 3 得以验证。

最后，从产业结构合理化的回归来看（lntl），除模型 24 外，该回归参数在模型 26、模型 28 和模型 30 中均未通过显著性水平检验；因此，本书认为产业结构合理化的变迁优化对城市住房价格无显著影响作用，之所以出现这一结论，本书认为主要原因是，从理论上来看，影响城市住房价格的主要是供给和需求，在供给一定的情况下，对城市住房的需求在一定程度上决定了城市的住房价格。在本章对命题 1 的实证分析中，研究发现产业结构合理化变迁对城市的人口迁移流动无显著性影响，因此得出对城市的住房价格无显著性影响这一结论也是在情理之中的。

此外，其他控制变量的解释与本书第 4 章基本一致，故在此不再进行阐释。

同时，为了保证上文结果的稳健性与可信性，本书通过分年度划分子样本的方式进行了稳健性检验，检验结果如表 5-10 所示。

表 5-10　稳健性检验：子样本回归分析

变量	空间杜宾模型（SDM）			
	（2009—2012 年）		（2013—2016 年）	
	模型 31	模型 32	模型 33	模型 34
	$\ln p$	$\ln p$	$\ln p$	$\ln p$
L. $\ln p$	0.207 ***	0.246 ***	0.407 ***	0.470 ***
	(0.050 2)	(0.053 9)	(0.062 0)	(0.067 9)
w * $\ln p$	0.175 **	0.213 **	0.371 ***	0.331 ***
	(0.087 6)	(0.090 2)	(0.085 2)	(0.080 6)

表5-10(续)

变量	空间杜宾模型（SDM）			
	（2009—2012 年）		（2013—2016 年）	
	模型 31	模型 32	模型 33	模型 34
	ln$p$	ln$p$	ln$p$	ln$p$
lnts	0.350 ***		0.191 ***	
	(0.065 3)		(0.054 3)	
w * lnts	−0.440 ***		−0.148 *	
	(0.164)		(0.084 6)	
lntl		−0.010 2		−0.003 27
		(0.020 2)		(0.021 2)
w * lntl		−0.042 0		0.071 0
		(0.049 0)		(0.061 5)
lnurban	0.239	0.239	−0.513 *	−0.457
	(0.216)	(0.222)	(0.278)	(0.284)
lnland	0.013 6	0.009 38	−0.008 96	−0.010 1
	(0.009 32)	(0.009 84)	(0.005 94)	(0.006 37)
lnpergdp	0.399 ***	0.360 ***	0.302 ***	0.312 ***
	(0.109)	(0.122)	(0.115)	(0.113)
empden	0.007 23	0.004 05	0.010 7	0.018 8
	(0.053 0)	(0.044 9)	(0.036 2)	(0.037 6)
fe	0.002 39	0.006 08	−0.004 89	−0.002 86
	(0.004 54)	(0.004 12)	(0.006 34)	(0.007 23)
lnpop	−0.259 ***	−0.243 **	0.001 13	−0.006 37
	(0.094 7)	(0.102)	(0.133)	(0.132)
public	−0.000 890 *	−0.000 798	0.001 99 **	0.002 08 *
	(0.000 536)	(0.000 513)	(0.000 955)	(0.001 16)
Obs	636	636	848	848
N	212	212	212	212

注：① *** $p<0.01$，** $p<0.05$，* $p<0.1$，括号内为标准差；②数据为作者计算所得。

从表5-10的回归分析结果来看，住房价格的空间滞后项（w * ln$p$）和产业结构高度化指数（lnts）的回归参数均显著为正，产业结构高度化的空间回归参数显著为负，产业合理化指数及其空间回归参数均不显著，与上文回归分析基本一致，表明本书的分析结果是一致和稳健的。

5.4 本章小结

本章从产业结构变迁的视角，研究了人口迁移流动对城市住房价格的影响，从理论和实证上解释了中国城市住房价格差异化上涨的原因，具体而言：

首先，本章构建了包含工业部门和政府部门的两区域模型，并通过对模型均衡状态下的模拟求解，从理论上推导出了产业结构变迁对人口迁移流动的作用，以及对城市住房价格的差异化影响，并基于求解结果提出了本章研究的三个命题：

命题1：随着城市产业结构的不断变迁优化，城市人口占总人口的份额将持续增加，即城市产业结构的变迁优化将显著推动人口向该城市迁移流动。

命题2：随着城市迁移流动的人口不断增多，将对城市住房产生大量需求，从而进一步推动城市住房价格的上涨，即人口迁移流动与城市住房价格正向相关。

命题3：城市产业结构的优化变迁不仅会对本城市的住房价格有显著的推动作用，而且对其他城市住房价格的上涨也有一定的负向影响；同时城市住房价格的空间关联效应，导致产业结构变迁程度相对较低的城市住房价格也有一定的上涨，从而使得全社会的住房价格出现差异化上涨。

其次，运用全国城市的面板数据，对上述三个研究命题进行了验证，以产业结构高度化和合理化两个指数衡量了中国城市产业结构变迁的过程。研究发现，以产业结构高度化衡量城市产业结构变迁时，上述三个命题均成立；而以产业结构合理化衡量城市产业结构变迁时，上述三个命题则难以得到证实。

最后，为了进一步验证上述研究结论的稳健性，本章还通过替换核心解释变量和划分子样本等方式对研究结论进行了稳健性检验，证明了本书的研究结果是一致和稳健的。

综上，结合本书理论研究和实证分析，可形成以下两个逻辑链条：第一，本城市的产业结构变迁优化程度较高，会吸引其他城市人口迁移流入到本城市来，从而增加城市住房需求，推动本城市住房价格上涨。第二，其他城市的住房价格受两个效应的影响，一方面是产业结构变迁优化程度较低，城市人口流出，导致城市住房价格有一定程度的下降；另一方面，由于城市住房价格的空间关联和溢出效应，城市的住房价格也会有所上涨。即各城市产业结构变迁程度的不同会导致人口迁移流动的规模有所不同，从而对城市的住房需求也有所差异，最终导致城市住房价格增长出现差异与分化。

6 流动人口结构特征
对城市住房价格的影响研究

本书第 4 章从城乡结构变迁的视角研究了人口迁移流动对城市住房价格的影响，研究发现伴随着快速的城市化进程，人口从农村向城市迁移对城市住房产生较大需求，进一步推升了城市的住房价格，解释了城市住房价格的上涨；第 5 章从产业结构变迁的视角研究了人口迁移流动对城市住房价格的影响，研究发现，因为城市的产业结构存在差异，从而导致城市迁移流动人口的数量存在差异，进而导致城市住房价格的上涨存在差异，从迁移流动人口的规模上对城市住房价格的差异化上涨进行了解释。进一步的，从流动人口内部结构来看，不同特征的迁移流动人口对城市的住房需求存在着显著差异，如在流动人口中广泛存在的农民工群体与白领群体，其对城市住房的需求必然是不同的。那么，在迁移流动人口内部，具有何种特征的迁移流动人口更易对城市住房产生需求呢？城市中迁移流动人口结构的不同，是否会导致城市住房价格的上涨产生差异呢？基于此，本章将在上两章的基础上，从流动人口的内部结构特征出发，运用 2011—2017 年（不包括 2015 年）的全国流动人口动态监测调查数据和城市数据，研究迁移流动人口的内部特征如性别、年龄、受教育程度等，对城市住房需求和住房价格差异化上涨的影响。

本章的研究目的：从微观的视角出发，研究流动人口结构对城市住房需求和住房价格的影响，从流动人口内部结构差异的角度解释中国城市住房价格的差异化上涨。本章首先采用了 2011—2017 年（不包括 2015 年）的全国流动人口动态监测调查数据，以是否在城市租房或购房衡量对城市住房的需求，从统计学上分析了流动人口特征对城市住房需求的差异；其次，运用 logit 模型实证分析了流动人口特征对城市住房需求的影响，并根据实证结果提出了流动人口结构对城市住房影响的研究假设；最后，以全国流动人口监测调查数据为基础，并与中国城市统计年鉴数据进行匹配，运用面板数据模型，研究了流动人口结构对城市住房价格的影响，从流动人口结构的视角再一次对城市住房价格的差异化上涨进行了解释。

本章可能的边际贡献主要在于两个方面，第一，率先运用全国流动人口动态监测调查数据研究了流动人口特征对城市住房需求的影响；第二，通过对全国流动人口动态监测调查数据和中国城市统计年鉴数据进行匹配，研究了流动人口结构特征对城市住房价格的影响，根据文献检索，这在中文期刊内尚属首次。

6.1 流动人口特征对住房需求影响的实证分析

6.1.1 模型设定

为了研究流动人口特征对城市住房需求的影响，本书建立了流动人口住房需求影响因素的二值选择模型（logit 模型），模型设定如下：

$$y_i = \beta_1 + \beta_2 \text{migfeature}_i + u_i \qquad (6\text{-}1)$$

式（6-1）中，y_i 表示流动人口的住房需求，为二值变量，当该流动人口对城市住房有需求时，$y_i = 1$，反之为 0。除 2015 年外，2011—2017 年的全国流动人口动态监测调查问卷中，均对流动人口的当前住房性质进行了调查，将住房性质分为了以下几类：①租住单位/雇主房；②租住私房；③政府提供的廉租房；④政府提供的公租房；⑤单位/雇主提供免费住房（不包括就业场所）；⑥已购政策性保障房；⑦已购房；⑧借住房；⑨就业场所；⑩自建房；⑪其他非正规居所①。由于本书重点关注的是流动人口对房地产市场的有效需求，政府和单位/雇主等提供的居住场所等具有一定的保障性质；因此，在本书中，仅认为已购房和和租住私房属于对城市住房的有效需求，故仅当流动人口住房性质为已购房和租住私房时，$y_i = 1$，其他住房性质时，$y_i = 0$。

migfeature 表示流动人口的特征，不仅包含流动人口的人口学特征，如性别、年龄等，还包括了流动人口的流动特征以及一些经济特征。需要说

---

① 资料来源：2017 年全国流动人口卫生计生动态监测调查技术文件。

明的是，在本书的研究中没有对城市层面的变量进行控制，这主要基于以下两点考虑：第一，本书研究的是流动人口特征对城市住房需求的影响，在一个城市内部，不同特征的流动人口所面临的城市外部环境是一样的，没必要对其加以控制；第二，流动人口的特征结构与城市的层面特征紧密相关，如工业型城市和旅游型城市当中的流动人口结构特征必然不同，如把城市层面变量放入模型中，会加剧模型的内生性问题。

6.1.2　变量与数据

本节所采用的数据来源于 2011—2017 年（不包括 2015 年）的全国流动人口动态监测调查。该调查由原国家卫生和计划生育委员会组织，按照随机原则，在全国 31 个省（区、市）和新疆建设兵团流动人口集中的流入地抽取样本点，采用分层、多阶段、与规模成比例的 PPS 方法进行抽样。调查对象是在流入地居住一个月及以上且不具有居住地（县、市）户籍的十五岁以上的流动人口。本书使用的是 2011—2017 年（不包括 2015年）的调查数据，共涉及了 102.5 万流动人口家庭户的样本，对流动人口的家庭成员与收支情况、就业情况、流动及居留意愿、健康与公共服务等内容进行了详细调查。本书将这 6 年数据进行合并、清洗后，获得实际样本量 1 025 275 户，其中，2011 年为 128 000 户，2012 年为 158 556 户，2013 年为 198 795 户，2014 年为 200 935 户，2016 年为 169 000 户，2017年为 169 989 户。下面对本节的被解释变量和解释变量的设置进行阐释：

（1）被解释变量。本节的被解释变量为住房需求，关于其如何设置，上文已经进行阐释，在此不再赘述。

（2）解释变量。本书的解释变量主要包括流动人口的性别、婚姻、年龄、受教育程度、户籍特征、流动范围、收入等。其中，流动人口的性别特征（gender）以女性流动人口作为对照组，如该流动人口为女性，则gender＝0，如为男性的话，gender＝1。关于流动人口的婚姻特征，本书在调查中将流动人口的婚姻状况分为未婚、初婚、再婚、离婚、丧偶、同居六种情况，为了便于分析，本书仅将流动人口的婚姻状况（marry）分为已婚（初婚、再婚、丧偶）和未婚（未婚、离婚、同居）两种情况，并以已婚的流动人口作为对照组，如已婚，则 marry＝0，反之则为 1。关于流动人口的年龄特征（age），以流动人口的调查年份减去出生年份进行测算，并将其分为 15~25 岁、26~35 岁、36~45 岁和 46 岁以上四组，以 45 岁以上的流动人口作为对照组；关于受教育程度（edu），调查中将流动人口的受教育程度分为未上过学、小学、初中/中专、高中、大学专科、大学本科和研究生七个层次，本书将其重新划分为四组即小学及以下（未上过学和小学）、初中/中专、高中和高中及以上（大学专科、大学本科和研究生），并以小学及以下作为对照组；关于户口性质（hregister），虽然在调查中将户口性质分为了农业、非农业、农业转居民、非农业转居民、居民和其他六种，但在本书中是以流动人口农业户口以外的户口类型作为对照组，即如户口性质为农业，则 hregitser = 1，反之则为 0。关于流动范围（range），由于跨境流动的观测值较少，本书将其进行剔除，流动范围分为跨省流动、省内跨市流动和市内跨县流动三种方式，并以跨省流动的人口组作为对照组；关于长期居留意愿（stay），如回答为"是"，则 stay = 1，如回答为"否"，则 stay = 0，删除了回答为"没想好"的观测值。关于流动人口的收入水平（income），以流动人口家庭月收入的自然对数予以衡量。

为了更直观地表达各个变量的定义与设置，本书将其汇总在表 6-1。

表 6-1　变量定义、符号与分组设置

	变量含义	符号	分组设置
被解释 变量	住房需求	y	问题：您现在的住房属于下列何种性质？ 设置：租住私房或自购商品房，y = 1；反之为 0
解释变量	性别特征	gender	设置：女性，gender = 0；男性，gender = 1
	婚姻特征	marry	设置：已婚，marry = 0；未婚，marry = 1
	年龄特征	age	设置：46 岁以上，age = 0；15~25 岁，age = 1； 26~35 岁，age = 2；36~45 岁，age = 3
	受教育程度	edu	设置：小学及以下，edu = 0；初中/中专，edu = 1 高中，edu = 2；高中以上，edu = 3
	户口性质	hregister	设置：农业户口，hregister = 1；反之为 0
	流动范围	range	设置：跨省流动，range = 0；省内跨市，range = 1；市内跨县，range = 2
	居留意愿	stay	问题：您今后是否打算在本地长期居住？ 设置：是，stay = 1；否，stay = 0.
	收入水平	Inincome	问题：过去一年，您家平均每月总收入为多少？ 设置：取自然对数

资料来源：作者整理。

6.1.3 统计性描述

在进行回归分析之前，本书首先对观测样本进行了统计性描述，各变量的统计性特征如表6-2所示。

表6-2 描述性统计

变量	观测值	分组	分组观测值	分组占比
住房需求	1 025 275	有住房需求	794 765	77.52
		无住房需求	230 510	22.48
性别特征	1 025 275	男	552 549	53.89
		女	472 726	46.11
婚姻特征	1 025 274	已婚	805 745	78.59
		未婚	219 529	21.41
年龄特征	1 025 275	46 岁以上	148 778	14.51
		15~25 岁	198 030	19.31
		26~35 岁	382 207	37.28
		36~45 岁	296 260	28.90
受教育程度	1 025 275	小学以下	157 897	15.40
		初中/中专	522 368	50.95
		高中	190 226	18.55
		高中以上	154 784	15.10
户口性质	1 025 275	非农业户口	172 920	16.87
		农业户口	852 355	83.13
流动范围	1 025 007	跨省流动	526 873	51.40
		省内跨市	315 049	30.74
		市内跨县	183 085	17.86
居留意愿	513 269	打算长期居住	451 703	88.01
		无长期居住打算	61 566	11.99
收入水平	1 020 479	平均值	最大值	最小值
		8.442 1	15.607	0

资料来源：作者计算。

首先，由表6-2可见中国流动人口的微观特征：

第一，从住房需求上来看，样本中有77.52%的流动人口在城市里面租房或者购房进行居住，对城市的住房市场产生有需求；第二，样本中流动人口中男女比例基本相当（53.89：46.11）男性流动人口数量略高于女性流动人口数量；同时，78.59%的流动人口都是已婚人士；第三，从流动人口的年龄分布来看，主要以青壮年为主（26~45岁组，占比合计达66.18%），其中26~35岁组的流动人口占比高达37.28%，36~45岁组的流动人口占比28.90%；第四，流动人口的受教育程度较低，初中及以下学历的流动人口占比高达66.35%，而高中学历以上的流动人口占比仅为15.10%，反映了在我国数量庞大的流动人群中，拥有高人力资本的流动人口较少；第五，80%以上的流动人口为农业人口，这一方面与我国农村人口较多有关，另一方面则与我国长期以来的二元经济结构是紧密相关的，由于二元经济结构的存在，大量的人群从农村进入城市打工谋生；第六，流动人口的迁移距离相对较长，一半左右的流动人口是跨省流动（51.40%），30%左右的人口是省内跨市流动，市内跨县的流动人口占比仅为17.86%，且将近90%的人流动以后，有长期居留打算。

其次，从时间趋势上来看（见表6-3），第一，在样本期间内，流动人口的住房需求、性别结构、婚姻特征、年龄结构、受教育程度、户口性质和流动范围等各项特征无明显的时间变化趋势，在样本期间内较为稳定，出现少许的波动是抽样调查的结果；第二，流动人口的居留意愿在2016年后有明显提升，有长期居留意愿的流动人口占比由2014年的80.60%提升到90.73%，2017年占比更是高达97.11%；第三，随着经济的发展和社会的进步，流动人口的收入逐年升高，在样本期间内呈稳步上涨趋势，其自然对数由2011年的8.116上升至2017年的8.678；同时，从流动人口收入的标准差来看，在样本期间无明显变化，均在0.6附近，表明流动人口内部收入差距相对稳定，无明显扩大或缩小趋势。

表6-3　流动人口特征的时间变化趋势

特征	变量	2011年	2012年	2013年	2014年	2016年	2017年
住房需求	有住房需求	76.74	75.49	76.03	77.62	81.64	77.51
	无住房需求	23.26	24.51	23.97	22.38	18.36	22.49
性别特征	男	53.16	53.09	53.69	58.55	52.12	51.69
	女	46.84	46.91	46.31	41.45	47.88	48.31
婚姻特征	已婚	78.72	76.59	76.79	76.54	81.33	82.15
	未婚	21.28	23.41	23.21	23.46	18.67	17.85

表6-3(续)

特征	变量	2011年	2012年	2013年	2014年	2016年	2017年
年龄特征	46岁以上	10.21	11.40	11.69	13.47	18.61	21.10
	15~25岁	23.10	22.47	21.24	19.94	15.77	14.06
	26~35岁	35.49	35.27	36.53	38.35	38.88	38.52
	36~45岁	31.20	30.86	30.54	28.24	26.74	26.32
受教育程度	小学以下	16.50	16.07	14.87	13.89	14.70	17.04
	初中/中专	55.02	53.39	54.19	52.70	47.01	43.66
	高中	15.09	15.18	15.42	20.55	22.30	21.90
	高中以上	13.39	15.35	15.53	12.86	15.99	17.40
户口性质	非农业户口	15.16	15.71	14.66	15.86	17.84	22.02
	农业户口	84.84	84.29	85.34	84.14	82.16	77.98
流动范围	跨省流动	50.65	56.46	52.08	50.96	49.07	49.29
	省内跨市	31.22	27.91	28.78	30.33	33.59	32.95
	市内跨县	18.13	15.64	19.14	18.71	17.34	17.76
居留意愿	打算长期居住	—	82.89	—	80.60	90.73	97.11
	无长期居住打算	—	17.11	—	19.40	9.27	2.89
收入水平	均值	8.116	8.291	8.381	8.468	8.631	8.678
	标准差	0.601	0.617	0.557	0.572	0.582	0.610

资料来源：作者计算。

最后，本书还从统计上分析了不同群组的流动人口对城市住房需求的差异（见表6-4）：

表6-4　不同流动人口组别对住房需求的差异分析

特征	组别	有住房需求占比/%	Mean-diff	基准组
性别特征	男性组	76.03	−3.22%***	女性组
	女性组	79.25		
婚姻特征	已婚组	80.90	−15.80%***	已婚组
	未婚组	65.09		
年龄特征	46岁以上组	75.74	—	46岁以上组
	15~25岁组	67.85	−7.88%***	
	26~35岁组	81.01	5.26%***	
	36~45岁组	80.35	4.61%***	

特征	组别	有住房需求占比/%	Mean-diff	基准组
受教育程度	小学以下组	74.82	—	小学以下组
	初中/中专组	78.10	3.28%***	
	高中组	78.34	3.52%***	
	高中以上组	77.25	2.43%***	
户口性质	非农业户口组	78.62	−1.33%***	非农业户口组
	农业户口组	77.29		
流动范围	跨省流动组	76.08	—	跨省流动组
	省内跨市组	78.53	2.44%***	
	市内跨县组	79.88	3.79%***	
居留意愿	无长期居住打算组	67.20	13.10%***	无长期居住打算组
	打算长期居住组	80.30		

注：①***、**、*分别表示1%、5%、10%的显著性水平；②Mean-diff是两组数据均值差异的显著性分析；③数据为作者计算所得。

由表6-4可知：

首先，从性别特征来看，女性流动人口对城市的住房需求平均高于男性流动人口3.22个百分点，且在1%的显著性下通过了检验；已婚组流动人口对城市的住房需求也显著高于未婚组；其次，从年龄特征上来看，26~45岁组对城市的住房需求平均在80%以上，显著高于46岁以上流动人口组，16~25岁流动人口组对城市的平均住房需求低于46岁以上组7.88个百分点；接着，从受教育程度上来看，初中及以上流动人口组对城市的平均住房需求显著高于小学以下流动人口组，但差距不是很大；继而，从户口性质和流动范围来看，农业户口组和非农业户口组对城市的平均住房需求差距不大，省内跨市流动和市内跨县流动组对城市的住房需求显著高于跨省流动组，大约比跨省流动组高了3个百分点；最后，从居留意愿来看，在城市中打算长期居住的流动人口对城市的平均住房需求比无长期居住打算组高13个百分点，且通过了1%的显著性水平检验。

当然，均值差异分析仅是对不同流动人口组对城市住房需求上的一个统计意义上的单因素分析，没有考虑到其他影响因素，不能完全以此认为某些群组对城市的住房需求高于其他群组，因此，还需进一步进行计量分析和检验。

6.1.4 计量分析

按照上文计量模型的设定以及相关变量的说明与介绍，本书对式（6-1）进行 logit 回归分析，回归结果如表 6-5 所示。需要说明的是，在本书的研究中，流动人口的性别特征是以女性为对照组，婚姻特征是以已婚流动人口为对照组，年龄特征是以 46 岁以上的流动人口为对照组，受教育程度是以小学及以下学历为对照组，户口性质以非农业户口为对照组，流动范围以跨省流动为对照组，居留意愿以不打算长期在此居住的流动人口为对照组。

由表 6-5 可知：

首先，从流动人口的性别和婚姻特征来看，gender 和 marry 的回归系数在模型 1-8 中均为负，且分别在 1% 的显著性水平下通过了检验，表明在控制其他变量不变的情况下，相比于男性和未婚的流动人口，女性和已婚的流动人口更容易对城市的住房产生需求。这与上文统计性描述结果相一致，本书认为，之所以出现这种结果，主要是因为把租房也纳入城市住房需求的缘故。在机理上，男性为了在婚姻市场提高自我竞争力，会通过购房来增加其财富效应，未婚的流动人口对住房需求的影响机理亦是如此，而通过租房不能彰显其财富。如果单纯以购房来衡量住房需求的话，则男性购房概率显著大于女性；已婚的人士，因为结婚的缘故，可能早已购房，故其相比未婚家庭，更易对城市住房产生需求。基于此，可以提出下文的两个研究假设：

H1：城市流动人口中女性所占比重越高时，更容易对城市住房产生需求，从而对城市住房价格的上涨有正向推动作用。

H2：城市流动人口中已婚人群所占比重越高时，更容易对城市住房产生需求，从而对城市住房价格的上涨有正向推动作用。

其次，从年龄结构上来看，15~25 岁组的回归系数虽然为正，但没有通过 10% 显著性检验（本书以模型 8 作为解释的基准模型），表明这个年龄段的流动人口对城市住房需求与 45 岁以上的流动人口无显著差异；26~35 岁组和 36~45 岁组的流动人口回归系数均为正，并通过了 1% 的显著性检验，表明这两个年龄阶段的流动人口对城市的住房需求显著高于 45 岁以上的流动人口。基于此，可以提出下文的第三个研究假设：

H3：城市流动人口中 25~45 岁的人群所占比重越高，更容易对城市住房产生需求，从而对城市住房价格的上涨有正向推动作用。

表 6-5　流动人口特征对住房需求影响 logit 回归结果

变量	Logit 模型							
	模型 1 住房需求	模型 2 住房需求	模型 3 住房需求	模型 4 住房需求	模型 5 住房需求	模型 6 住房需求	模型 7 住房需求	模型 8 住房需求
gender	−0.186*** (0.004 77)	−0.157*** (0.004 83)	−0.148*** (0.004 88)	−0.167*** (0.004 90)	−0.167*** (0.004 91)	−0.162*** (0.004 91)	−0.137*** (0.007 09)	−0.150*** (0.007 16)
marry		−0.813*** (0.005 31)	−0.747*** (0.006 88)	−0.766*** (0.006 95)	−0.766*** (0.006 96)	−0.771*** (0.006 96)	−0.674*** (0.010 4)	−0.448*** (0.010 8)
[15~25 岁]			0.106*** (0.009 26)	0.006 96 (0.009 53)	0.010 7 (0.009 63)	0.017 2* (0.009 64)	0.044 6*** (0.013 9)	0.014 8 (0.014 0)
[26~35 岁]			0.388*** (0.007 45)	0.293*** (0.007 78)	0.295*** (0.007 82)	0.299*** (0.007 83)	0.299*** (0.010 7)	0.233*** (0.010 9)
[36~45 岁]			0.261*** (0.007 65)	0.225*** (0.007 71)	0.226*** (0.007 72)	0.229*** (0.007 73)	0.258*** (0.010 6)	0.211*** (0.010 7)
[初中/中专]				0.262*** (0.007 04)	0.261*** (0.007 06)	0.254*** (0.007 07)	0.344*** (0.010 1)	0.259*** (0.010 2)
[高中学历]				0.382*** (0.008 56)	0.378*** (0.008 69)	0.363*** (0.008 71)	0.434*** (0.012 2)	0.281*** (0.012 4)
[高中以上]				0.339*** (0.009 15)	0.330*** (0.009 75)	0.315*** (0.009 77)	0.467*** (0.013 9)	0.244*** (0.014 3)
C	1.340*** (0.003 59)	1.528*** (0.003 89)	1.274*** (0.006 82)	1.102*** (0.007 88)	1.118*** (0.010 1)	1.039*** (0.010 3)	0.525*** (0.016 3)	−4.197*** (0.056 0)
Obs	1 025 275	1 025 274	1 025 274	1 025 274	1 025 274	1 025 006	513 154	511 698

注：①*** $p<0.01$，** $p<0.05$，* $p<0.1$，括号内为标准差；②数据为作者计算所得。

再次，从受教育程度来看，初中/中专、高中学历和高中以上三组流动人口的回归系数全部为正，且均通过了1%的显著性水平检验，表明这三个组对城市的住房需求均显著高于小学及以下组的流动人口，这其实不难理解，一般情况下，受教育程度越高，其收入水平相对也就越高，对生活质量的要求也会随之升高，更易对城市的住房产生需求。基于此，可以提出下文的第四个研究假设：

H4：城市流动人口的受教育程度越高，其对城市的住房需求越强，从而对城市住房价格的上涨有正向推动作用。

接着，从户籍性质上来看，hregister的回归系数显著为负，表示农业户口的流动人口对城市住房需求的概率要低于非农业户口的流动人口，这主要可能也是因为农业户口的流动人口购房和租房的支付能力相对低于非农业人口。基于此可以提出下文的第五个研究假设：

H5：城市流动人口的非农业人口占比越高，其对城市的住房需求越强，从而对城市住房价格的上涨有正向推动作用。

继而，从流动范围和居留意愿来看，省内跨市和市内跨县的流动人口组的回归系数为正，且均在1%的显著性水平下通过了检验，表明短距离迁移流动的人口相较于长距离迁移流动的人口对城市的住房需求更强；居留意愿（stay）的回归系数也显著为正，说明在城市中有长期居留意愿的人更容易对城市的住房产生需求。基于此，可以提出下文的第六个和第七个研究假设：

H6：城市流动人口的短距离迁移流动人口占比越高，其对城市的住房需求越强，从而对城市住房价格的上涨有正向推动作用。

H7：城市流动人口的具有长期居留意愿的人口占比越高，其对城市的住房需求越强，从而对城市住房价格的上涨有正向推动作用。

最后，从收入上来看（lnincome），其回归系数显著为正，表明在控制其他变量不变的情况下，流动人口的收入越高，其对城市的住房需求也就越强，基于此，可以提出下文的最后一个研究假设：

H8：城市流动人口的平均收入越高，其对城市的住房需求越强，从而对城市住房价格的上涨有正向推动作用。

6.1.5 稳健性检验

上文初步研究了流动人口特征对城市住房需求的影响，本节将继续上文的研究，对上文的研究结论进行稳健性检验。本节的稳健性检验方式主要分为以下三种：一是变换模型估计方法；二是对样本进行分年度回归；三是由于本书的样本量较大，通过随机抽取子样本的方式进行验证。三种方式的检验结果分别如表6-6、表6-7和表6-8所示。

表 6-6 稳健性检验 I：变换模型估计方法

变量	Probit 模型							
	模型 9 住房需求	模型 10 住房需求	模型 11 住房需求	模型 12 住房需求	模型 13 住房需求	模型 14 住房需求	模型 15 住房需求	模型 16 住房需求
gender	-0.108*** (0.002 77)	-0.090 9*** (0.002 80)	-0.085 4*** (0.002 82)	-0.097 3*** (0.002 84)	-0.097 1*** (0.002 84)	-0.094 0*** (0.002 84)	-0.077 2*** (0.004 07)	-0.083 5*** (0.004 11)
marry		-0.482*** (0.003 19)	-0.443*** (0.004 11)	-0.454*** (0.004 15)	-0.455*** (0.004 15)	-0.457*** (0.004 15)	-0.397*** (0.006 15)	-0.268*** (0.006 37)
[15~25 岁]			0.061 2*** (0.005 48)	0.004 17 (0.005 63)	0.006 10 (0.005 69)	0.010 0* (0.005 69)	0.025 7*** (0.008 16)	0.011 0 (0.008 23)
[26~35 岁]			0.225*** (0.004 31)	0.170*** (0.004 50)	0.171*** (0.004 53)	0.173*** (0.004 53)	0.172*** (0.006 17)	0.136*** (0.006 24)
[36~45 岁]			0.151*** (0.004 44)	0.130*** (0.004 47)	0.131*** (0.004 48)	0.133*** (0.004 48)	0.149*** (0.006 10)	0.124*** (0.006 16)
[初中/中专]				0.154*** (0.004 11)	0.153*** (0.004 12)	0.149*** (0.004 13)	0.202*** (0.005 88)	0.153*** (0.005 95)
[高中学历]				0.221*** (0.004 96)	0.219*** (0.005 04)	0.210*** (0.005 05)	0.253*** (0.007 07)	0.166*** (0.007 20)
[高中以上]				0.199*** (0.005 33)	0.194*** (0.005 69)	0.186*** (0.005 69)	0.275*** (0.008 05)	0.147*** (0.008 25)
hregister					-0.009 70** (0.004 10)	-0.007 34* (0.004 11)	-0.014 5** (0.005 63)	-0.011 3** (0.005 69)

表6-6(续)

变量	Probit 模型							
	模型 9 住房需求	模型 10 住房需求	模型 11 住房需求	模型 12 住房需求	模型 13 住房需求	模型 14 住房需求	模型 15 住房需求	模型 16 住房需求
[省内跨市]						0.082 8***	0.022 9***	0.074 2***
						(0.003 19)	(0.004 53)	(0.004 60)
[市内跨县]						0.124***	0.069 4***	0.145***
						(0.003 89)	(0.005 57)	(0.005 68)
stay							0.327***	0.266***
							(0.005 79)	(0.005 87)
lnincome								0.318***
								(0.003 63)
C	0.815***	0.923***	0.775***	0.674***	0.682***	0.635***	0.329***	-2.312***
	(0.002 06)	(0.002 21)	(0.003 98)	(0.004 63)	(0.005 88)	(0.006 03)	(0.009 58)	(0.031 7)
Obs	1 025 275	1 025 274	1 025 274	1 025 274	1 025 274	1 025 006	513 154	511 698

注：①*** $p<0.01$，** $p<0.05$，* $p<0.1$，括号内为标准差；②数据为作者计算所得。

稳健性检验Ⅰ：变换模型估计方法。由于本书的初步回归分析采用的是 logit 模型估计方法，因此，稳健性检验Ⅰ采用了 Probit 模型对上述回归方程进行了估计，回归结果如表 6-6 所示，对比表 6-5，发现除变量的系数大小发生了一些改变外，各变量的符号和显著性水平均未发生变化，表明上述估计结果是稳健的。

稳健性检验Ⅱ：分年度回归。在初步回归分析中，本书采用了全样本对模型进行了混合估计，事实上，本书使用了 2011—2017 年（除 2015 年）的流动人口动态监测调查数据，故在稳健性检验Ⅱ中，通过分年度的方式对模型进行估计，估计模型仍为 logit 模型，回归结果如表 6-7 所示。受篇幅限制，本书在此仅展示了 2012 年、2014 年、2016 年、2017 年四年的回归结果，通过与表 6-5 中模型 8 的回归结果进行对比，发现历年的回归结果除变量的系数大小发生了一些改变外，各变量的符号和显著性水平均未发生变化，再一次表明上述估计结果是稳健的。

表 6-7　稳健性检验Ⅱ：分年度回归

年份 变量	Logit 模型			
	模型 17	模型 18	模型 19	模型 20
	2012 年	2014 年	2016 年	2017 年
	住房需求	住房需求	住房需求	住房需求
gender	−0.205 ***	−0.183 ***	−0.091 5 ***	−0.123 ***
	(0.014 7)	(0.013 7)	(0.016 9)	(0.013 2)
marry	−0.627 ***	−0.394 ***	−0.452 ***	−0.308 ***
	(0.022 4)	(0.020 3)	(0.025 3)	(0.019 9)
［15~25 岁］	0.142 ***	0.000 410	−0.145 ***	−0.029 6
	(0.030 0)	(0.026 7)	(0.033 1)	(0.026 0)
［26~35 岁］	0.328 ***	0.241 ***	0.097 3 ***	0.185 ***
	(0.024 6)	(0.021 2)	(0.025 0)	(0.019 0)
［36~45 岁］	0.193 ***	0.211 ***	0.163 ***	0.199 ***
	(0.023 8)	(0.020 9)	(0.025 0)	(0.019 0)
［初中/中专］	0.166 ***	0.357 ***	0.263 ***	0.206 ***
	(0.020 5)	(0.019 4)	(0.024 8)	(0.018 8)
［高中学历］	0.216 ***	0.421 ***	0.245 ***	0.219 ***
	(0.026 8)	(0.023 7)	(0.029 3)	(0.022 2)
［高中以上］	0.059 3 **	0.362 ***	0.248 ***	0.230 ***
	(0.028 9)	(0.028 4)	(0.034 0)	(0.025 7)

表6-7(续)

	Logit 模型			
	模型 17	模型 18	模型 19	模型 20
年份	2012 年	2014 年	2016 年	2017 年
变量	住房需求	住房需求	住房需求	住房需求
hregister	-0.001 65	-0.002 07	-0.015 4	-0.009 83
	(0.021 7)	(0.020 0)	(0.023 2)	(0.016 9)
[省内跨市]	0.284 ***	0.129 ***	0.056 9 ***	0.041 6 ***
	(0.017 0)	(0.015 3)	(0.018 6)	(0.014 7)
[市内跨县]	0.374 ***	0.283 ***	0.298 ***	0.109 ***
	(0.021 5)	(0.018 4)	(0.024 1)	(0.018 1)
stay	0.551 ***	0.375 ***	0.811 ***	0.180 ***
	(0.017 6)	(0.015 9)	(0.023 8)	(0.035 8)
lnincome	0.417 ***	0.681 ***	0.669 ***	0.610 ***
	(0.013 1)	(0.013 5)	(0.016 0)	(0.012 0)
C	-2.918 ***	-5.156 ***	-5.059 ***	-4.412 ***
	(0.113)	(0.116)	(0.139)	(0.109)
Obs	114 233	139 980	113 222	144 263

注：①*** $p<0.01$，** $p<0.05$，* $p<0.1$，括号内为标准差；②数据为作者计算所得。

稳健性检验Ⅲ：子样本回归。上文分别采用变换模型估计方法和分年度回归进行了稳健性检验，由于本书所采用的数据样本量较大，达百万级，故本书在此继续采用随机选取子样本的方式进行稳健性检验。本书通过有放回随机选取子样本的方式，进行了 7 次回归实验，分别选取了 200 000、300 000、400 000、500 000、600 000、700 000、800 000 等样本量，受篇幅限制，在表6-8 中仅展示了 200 000、400 000、600 000、800 000 等样本量的回归结果，通过将模型 21—模型 24 的回归结果与模型 8 的回归结果进行对比，发现不同样本量的回归结果除变量的系数大小发生了一些改变外，各变量的符号和显著性水平均未发生变化，再一次表明上述估计结果是稳健可信的。

表 6-8　稳健性检验Ⅲ：子样本回归

年份 变量	Logit 模型			
	模型 21	模型 22	模型 23	模型 24
	200 000	400 000	600 000	800 000
	住房需求	住房需求	住房需求	住房需求
gender	−0.167***	−0.158***	−0.141***	−0.153***
	(0.016 3)	(0.011 5)	(0.009 37)	(0.008 10)
marry	−0.464***	−0.450***	−0.431***	−0.446***
	(0.024 5)	(0.017 2)	(0.014 2)	(0.012 2)
[15~25 岁]	0.009 16	0.008 36	0.000 955	−0.007 18
	(0.031 8)	(0.022 5)	(0.018 3)	(0.015 8)
[26~35 岁]	0.250***	0.209***	0.253***	0.223***
	(0.024 6)	(0.017 4)	(0.014 2)	(0.012 3)
[36~45 岁]	0.194***	0.198***	0.205***	0.199***
	(0.024 0)	(0.017 1)	(0.013 9)	(0.012 1)
[初中/中专]	0.252***	0.260***	0.258***	0.270***
	(0.023 1)	(0.016 4)	(0.013 3)	(0.011 6)
[高中学历]	0.285***	0.293***	0.293***	0.286***
	(0.028 2)	(0.020 0)	(0.016 3)	(0.014 1)
[高中以上]	0.237***	0.269***	0.249***	0.246***
	(0.032 4)	(0.022 9)	(0.018 8)	(0.016 2)
hregister	−0.041 1*	−0.047 0***	−0.025 7**	−0.009 35
	(0.022 5)	(0.015 9)	(0.013 1)	(0.011 3)
[省内跨市]	0.088 5***	0.098 7***	0.132***	0.129***
	(0.018 1)	(0.012 8)	(0.010 5)	(0.009 06)
[市内跨县]	0.243***	0.260***	0.249***	0.255***
	(0.022 7)	(0.016 0)	(0.013 0)	(0.011 3)
stay	0.414***	0.452***	0.463***	0.436***
	(0.022 3)	(0.015 7)	(0.012 8)	(0.011 1)
lnincome	0.587***	0.568***	0.573***	0.573***
	(0.014 7)	(0.010 4)	(0.008 47)	(0.007 33)
C	−4.301***	−4.196***	−4.265***	−4.212***
	(0.127)	(0.089 3)	(0.073 3)	(0.063 3)
Obs	100 188	200 067	299 297	398 841

注：① *** p<0.01，** p<0.05，* p<0.1，括号内为标准差；②数据为作者计算所得。

6.2　流动人口结构对住房价格影响的实证分析

上文 6.1 研究了流动人口特征对城市住房需求的影响，并根据实证研究结论，提出了八个城市流动人口结构对住房价格差异化上涨的研究假设，本节在上文的基础上，运用全国人口动态监测调查数据和城市面板数据对上文的假设进行验证。

6.2.1　模型设定

为了研究流动人口结构对城市住房价格差异化上涨的影响，本书构建了城市住房价格影响因素的面板数据模型，模型设定如下：

$$\ln q_{it} = \beta_0 + \beta_1 \text{migstr}_{it} * \text{mig}_{it} + \beta_k X_{it} + a_i + u_{it} \qquad (6-2)$$

式（6-2）中，$\ln q_{it}$ 为第 i 个城市第 t 年的城市住房价格的自然对数，migstr 为城市中流动人口的结构，分别为性别结构、年龄结构、受教育程度等，mig 为城市中迁移流动人口占常住人口的比重，由于流动人口结构对住房价格的影响本质是通过流动人口规模对城市住房价格产生影响，因此在模型的设定中，本书以流动人口的结构和规模的交互项作为核心解释变量，以研究流动人口结构对城市住房价格的影响。X_{it} 为一系列控制变量，包括地区土地供给、地区经济发展水平、就业密度等；β 为带估计参数；u_{it} 为截距项；ε 为随机干扰项。

需要说明的是，由于样本量相对较少（1 060 个观测值，5 年期的短面板数据），且在样本期间内还缺少了 2015 年的数据，如果采用动态面板数据模型进行估计的话，可能会丧失较多的观测值，因此在本节的实证分析中，仅考虑了静态面板数据模型，即采用固定效应模型对式（6-2）进行估计。

6.2.2　变量与数据

本节所使用数据主要来源于历年全国人口动态监测调查、《中国城市统计年鉴》和 Wind 数据库，其中，流动人口结构数据由历年全国人口动态监测调查数据库平均或加总而来，流动人口规模和城市宏观数据来源于《中国城市统计年鉴》，经过数据筛选、匹配，共得到 225 个城市 2011—

2016（不含 2015 年）5 年的非平衡面板数据。各变量的具体设置如下：

（1）被解释变量。城市住房价格（lnq），本书以城市的住宅商品房销售额与销售面积之比作为城市住房平均价格，同时为了剔除价格因素的影响，本书以各城市的 GDP 平减指数对城市住房价格进行平减处理，城市的住房价格均是以 2005 年为基期的不变价，数据来源于 Wind 数据库。

（2）核心解释变量。流动人口的性别结构（genderstr），由于上文研究发现女性流动人口相比男性流动人口更有住房需求，因此本书以城市流动人口中女性流动人口占比衡量，预期符号为正。数据来源于全国流动人口动态监测调查。

流动人口的婚姻状况（marrystr），上文研究发现已婚人口比未婚人口更有住房需求，本书以城市已婚流动人口占总流动人口的比重衡量流动人口的婚姻状况，预期符号为正。数据来源于全国流动人口动态监测调查。

流动人口的年龄结构（agestr），本书以 26~45 岁的流动人口占总流动人口的比重衡量，预期符号为正。数据来源于全国流动人口动态监测调查。

流动人口的受教育程度（edustr），本书以城市中流动人口的平均受教育年限衡量，其中未上过学设置为 0 年，小学学历设置为 6 年，初中学历设置为 9 年，高中及中专学历为 12 年，大学本科或专科学历设置为 16 年，研究生及以上设置为 19 年，预期符号为正。数据来源于全国流动人口动态监测调查。

户籍性质（hregisterstr），本书以非农业户口流动人口占比衡量，预期符号为负。数据来源于全国流动人口动态监测调查。

流动范围（rangestr），由于上文研究发现省内跨市和市内跨县流动人口的住房需求均优于跨省流动的人口，因此本书以省内流动人口所占总流动人口的比重来衡量，预期符号为正。数据来源于全国流动人口动态监测调查。

居留意愿（staystr），上文研究发现具有长期居留意愿的流动人口其住房需求更为强烈；因此，本书以具有长期居留意愿的流动人口占比衡量，预期符号为正。数据来源于全国流动人口动态监测调查。

收入水平（lnincomestr），本书以城市中流动人口的平均家庭月收入的自然对数予以衡量，预期符号为正。数据来源于全国流动人口动态监测调查。

控制变量。本节所使用的控制变量与本书第 4 章所采用的控制变量相同，在此不再重复阐述。表 6-9 为相关变量的统计性描述结果。

表 6-9　变量的描述性统计

变量	观测值	均值	标准差	最小值	最大值
ln$q$	1 060	8.152	0.491	6.817	10.537
mig	1 030	0.086	0.224	−2.201	0.781
genderstr	1 060	0.455	0.083	0.100	1.000
marrystr	1 060	0.799	0.102	0.250	1.000
agestr	1 060	0.675	0.081	0.275	0.913
edustr	1 060	10.089	0.924	6.403	15.350
hregister	1 060	0.150	0.102	0.000	0.931
rangestr	1 060	0.612	0.255	0.000	1.000
staystr	651	0.818	0.143	0.000	1.000
lnincomestr	1 060	10.731	0.252	10.122	12.678
lnurban	1 060	3.945	0.275	3.063	4.605
lnland	1 060	0.231	0.732	−5.591	2.797
lnpergdp	1 060	10.372	0.623	8.471	12.907
empden	1 060	0.472	0.236	0.086	1.928
fe	1 060	2.611	1.677	0.904	13.549
lnpop	1 060	5.923	0.693	2.970	8.129
public	1 060	21.904	11.574	5.963	86.577

资料来源：作者计算。

6.2.3　初步回归分析

本章的 6.2 节中先后提出了 8 个研究假设，本书首先对 H1、H2 和 H3 进行检验，研究了流动性别结构、婚姻状况和年龄结构对城市住房价格的影响，回归结果如表 6-10 所示，模型 25、模型 26 和模型 27 为不含控制变量的回归结果，模型 28、模型 29 和模型 30 为包含控制变量的回归结果。

表 6-10　流动人口性别、婚姻与年龄结构对城市住房价格影响分析

变量	固定效应模型					
	模型 25	模型 26	模型 27	模型 28	模型 29	模型 30
	ln$q$	ln$q$	ln$q$	ln$q$	ln$q$	ln$q$
genderstr * mig	0.149			0.103		
	(0.098 6)			(0.071 2)		
marrystr * mig		0.116**			0.068 8*	
		(0.053 7)			(0.038 8)	
agestr * mig			0.132*			0.086 6*
			(0.068 4)			(0.049 5)
lnurban				1.096***	1.095***	1.095***
				(0.104)	(0.104)	(0.104)
lnpertudi				−0.020 0***	−0.020 0***	−0.020 2***
				(0.007 68)	(0.007 67)	(0.007 68)
lnpergdp				0.175***	0.175***	0.175***
				(0.030 7)	(0.030 6)	(0.030 6)
jymd1				0.053 2	0.053 7	0.053 6
				(0.037 8)	(0.037 8)	(0.037 8)
fe1				0.017 7**	0.017 8**	0.017 9**
				(0.007 74)	(0.007 74)	(0.007 74)
lnpop				0.357***	0.355***	0.357***
				(0.119)	(0.119)	(0.119)
perpublic				0.003 69***	0.003 66***	0.003 67***
				(0.000 989)	(0.000 989)	(0.000 989)
C	8.137***	8.136***	8.136***	−0.264	−0.244	−0.258
	(0.006 28)	(0.005 95)	(0.006 21)	(0.708)	(0.707)	(0.708)
Obs	1 030	1 030	1 030	1 030	1 030	1 030
N	225	225	225	225	225	225

注：①*** $p<0.01$，** $p<0.05$，* $p<0.1$，括号内为标准差；②数据为作者计算所得。

由表 6-10 可知：

首先，流动人口性别结构的回归系数（genderstr * mig）虽然为正，但遗憾的是在 10% 的显著性水平下未通过检验，表明在控制变量不变的情况下，流动人口的性别结构对城市的住房价格无显著性的影响作用，上节所提出的假设 1 不成立，即城市流动人口的性别结构对城市住房价格的上涨

无显著影响。之所以与上文研究假设不符，本书认为是因为流动人口的性别结构在城市之间无明显差别（流动人口的性别比例在城市之间的标准差仅为 0.083），因此导致了流动人口性别结构对城市住房价格的差异化上涨无显著性影响。

其次，流动人口的婚姻状况的回归系数（marrystr * mig）在模型 26 和模型 29 中均为正，且分别在 5% 和 10% 的显著性水平下通过了检验，表明在城市净迁移流动人口规模不变的情况下，城市流动人口中已婚人口占比的提升，将推动城市住房价格的增长，这主要是因为已婚流动人口相比未婚流动人口对城市住房更容易产生需求，从而推动城市住房价格的上涨，本书的假设 2 得以验证。

最后，从流动人口的年龄结构的回归系数（agestr * mig）来看，该回归参数在模型 27 和模型 30 中均为正，且在 10% 的显著性水平下通过了检验，这表明城市中 26~45 岁的流动人口占总流动人口的比重越高，越能促进城市住房价格的上涨，这主要是因为婚姻或者家庭的需要，26~45 岁这个年龄段的流动人口相比其他年龄组的流动人口更具有住房需求，本书的假设 3 得以验证。

与上文类似，下面对流动人口受教育程度、户籍制度和流动范围对城市住房价格的影响进行分析，即对上文所提出的 H4、H5 和 H6 进行检验，固定效应模型回归结果如表 6-11 所示。

表 6-11　流动人口教育、户籍与流动范围对城市住房价格影响分析

变量	固定效应模型					
	模型 31	模型 32	模型 33	模型 34	模型 35	模型 36
	ln$q$	ln$q$	ln$q$	ln$q$	ln$q$	ln$q$
edustr * mig	0.009 15**			0.006 16*		
	(0.004 60)			(0.003 33)		
hregisterstr * mig		0.014 0**			0.005 37	
		(0.005 96)			(0.004 38)	
rangestr * mig			0.193***			0.147***
			(0.073 5)			(0.053 1)
lnurban				1.096***	1.107***	1.098***
				(0.104)	(0.103)	(0.103)
lnpertudi				-0.020***	-0.016 8**	-0.020***
				(0.007 67)	(0.007 57)	(0.007 65)

表6-11(续)

变量	固定效应模型					
	模型 31	模型 32	模型 33	模型 34	模型 35	模型 36
	lnq	lnq	lnq	lnq	lnq	lnq
lnpergdp				0.175***	0.193***	0.174***
				(0.030 6)	(0.030 2)	(0.030 6)
jymd1				0.054 0	0.050 5	0.054 2
				(0.037 8)	(0.037 2)	(0.037 7)
fe1				0.017 8**	0.018 7**	0.017 9**
				(0.007 74)	(0.007 76)	(0.007 72)
lnpop				0.358***	0.091 7	0.361***
				(0.119)	(0.093 8)	(0.119)
perpublic				0.003 66***	0.002 84***	0.003 63***
				(0.000 989)	(0.000 852)	(0.000 986)
C	8.135***	8.130***	8.135***	−0.267	1.100*	−0.279
	(0.006 19)	(0.010 4)	(0.005 64)	(0.708)	(0.588)	(0.706)
Obs	1 030	1 030	1 030	1 030	1 030	1 030
N	225	225	225	225	225	225

注：① *** $p<0.01$，** $p<0.05$，* $p<0.1$，括号内为标准差；②数据为作者计算所得。

由表6-11可知：

首先，从流动人口的受教育程度的回归系数（edustr * mig）来看，回归参数在模型31和模型34中均显著为正，表明在控制其他变量的情况下，城市中流动人口的平均受教育程度越高，越能推动该城市住房价格的上涨。这主要是因为在一般情况下，受教育程度越高，其收入水平相对也就越高，对城市的住房需求也就越强，从而推动了城市住房价格的上涨，本书的假设4得以验证。

其次，在不加控制变量时，反映流动人口户籍性质对城市住房价格影响的回归系数（hregisterstr * mig）显著为正（模型32），加入控制变量后系数虽然为正，但没有通过10%的显著性水平检验，究其原因，本书发现流动人口户籍性质与迁移流动人口规模的交互项（hregisterstr * mig）与城镇化率（lnurban）之间存在一定的相关性，导致在加入控制变量后，模型存在一定的多重共线性问题，而在去除城镇化率以后，该回归参数则在10%的检验水平下显著为正。因此，本书认为在控制其他变量的情况下，城市流动人口中非农业人口占比越高，越能推动城市住房价格的上涨，本书的假设 5 得以证实。

最后，从流动人口迁移范围的回归系数（rangestr * mig）来看，回归参数在对控制变量控制或不控制时均为正，且均在 1% 的显著性水平下通过了检验，这说明在控制其他变量不变的情况下，由于城市中的省内迁移流动人口属于在省内短距离迁移流动，伴随着城镇化进程的不断推进，该部分流动人口更容易在城市中就业置业，因此其占比越高，对城市的住房需求也相对越高，从而会推动城市住房价格上涨。

表 6-12 给出了流动人口居留意愿与收入水平对城市住房价格影响的分析结果，对上文所提出的 H7 和 H8 进行了检验。

表 6-12　流动人口居留意愿与收入水平对城市住房价格影响分析

变量	固定效应模型			
	模型 37	模型 38	模型 39	模型 40
	lnq	lnq	lnq	lnq
staystr * mig	0.174***		0.105**	
	(0.061 0)		(0.042 4)	
lnincomestr * mig		0.008 36**		0.005 20*
		(0.004 24)		(0.003 06)
lnurban			0.130	1.096***
			(0.177)	(0.104)
lnpertudi			−0.024 0**	−0.020 0***
			(0.009 64)	(0.007 67)
lnpergdp			0.552***	0.175***
			(0.061 9)	(0.030 6)
jymd1			−0.008 64	0.053 6
			(0.047 6)	(0.037 8)
fe1			0.012 3	0.017 7**
			(0.009 05)	(0.007 74)
lnpop			0.287**	0.356***
			(0.134)	(0.119)
perpublic			0.001 52	0.003 67***
C	8.169***	8.136***	0.140	−0.252
	(0.007 51)	(0.006 18)	(0.824)	(0.708)

表6-12(续)

变量	固定效应模型			
	模型 37	模型 38	模型 39	模型 40
	ln$q$	ln$q$	ln$q$	ln$q$
Obs	631	1 030	631	1 030
N	223	225	223	225

注：①*** $p<0.01$，** $p<0.05$，* $p<0.1$，括号内为标准差；②数据为作者计算所得。

由表6-12可知，流动人口居留意愿和收入水平特征对城市住房价格影响的回归系数均为正，两者分别在不同的显著性水平下均通过了检验，这表明在控制其他变量不变的情况下，一方面是城市中具有长期居留意愿的流动人口占比越高，越会对城市的住房产生需求，从而促使城市住房价格上涨；另一方面是城市流动人口的平均收入越高，则具有越强的城市住房支付能力，其对城市的住房需求也就越强，从而进一步推动城市住房价格上涨。本书的假设7和假设8得以验证。

综上，本节就上文中关于流动人口结构对住房价格影响的8个研究假设一一进行了验证，发现除假设1不成立以外，其他研究假设均成立，即城市已婚流动人口占比越高、26~45组流动人口占比越高、平均受教育程度越高、非农业流动人口占比越高、省内流动人口占比越高、具有长期居留意愿的流动人口占比越高、平均收入水平越高，对城市的住房需求也就越强，从而进一步推动城市住房价格上涨。因此，结合本书第4章、第5章的研究结论，本书认为，不仅城市净迁移流动人口规模会对城市住房价格产生影响，而且流动人口结构特征也会对城市住房价格产生影响，净迁移流动人口的规模和结构的差异均是造成城市住房价格上涨的原因。

6.2.4 稳健性检验

上文就流动人口结构特征对城市住房价格的影响进行了初步研究，本节将继续上文的研究，对上文的研究结论进行稳健性检验。本节主要通过变换模型的估计方式（随机效应模型替代固定效应模型）进行稳健性检验，检验结果如表6-13所示。

表 6-13 稳健性检验：变换模型估计方法

变量	随机效应模型					
	lnq	lnq	lnq	lnq	lnq	lnq
genderstr ∗ mig	0. 449 ***			0. 145 **		
	(0. 096 8)			(0. 069 7)		
marrystr ∗ mig		0. 251 ***			0. 088 3 **	
		(0. 052 8)			(0. 038 2)	
agestr ∗ mig			0. 328 ***			0. 115 **
			(0. 067 1)			(0. 048 5)
控制变量	不控制	不控制	不控制	控制	控制	控制
C	8. 128 ***	8. 130 ***	8. 127 ***	0. 994 ***	0. 998 ***	1. 003 ***
	(0. 027 1)	(0. 027 6)	(0. 027 2)	(0. 316)	(0. 317)	(0. 317)
Obs	1 030	1 030	1 030	1 030	1 030	1 030
N	225	225	225	225	225	225
edustr ∗ mig	0. 022 9 ***			0. 008 09 **		
	(0. 004 50)			(0. 003 26)		
hregisterstr ∗ mig		0. 011 8 **			0. 005 12	
		(0. 005 88)			(0. 004 35)	
rangestr ∗ mig			0. 267 ***			0. 133 **
			(0. 071 3)			(0. 052 0)
控制变量	不控制	不控制	不控制	控制	控制	控制
C	8. 127 ***	8. 129 ***	8. 136 ***	1. 005 ***	0. 939 ***	0. 974 ***
	(0. 027 1)	(0. 032 6)	(0. 030 2)	(0. 316)	(0. 313)	(0. 317)
Obs	1 030	1 060	1 030	1 030	1 060	1 030
N	225	225	225	225	225	225
staystr ∗ mig	0. 350 ***		0. 134 ***			
	(0. 059 7)		(0. 041 3)			
lnincomestr ∗ mig		0. 020 9 ***		0. 007 04 **		
		(0. 004 15)		(0. 003 00)		
控制变量	不控制	不控制	控制	控制		
C	8. 163 ***	8. 127 ***	0. 867 **	1. 004 ***		
	(0. 027 8)	(0. 027 1)	(0. 375)	(0. 316)		
Obs	631	1 030	631	1 030		
N	223	225	223	225		

注：① *** p<0.01， ** p<0.05， * p<0.1，括号内为标准差；②数据为作者计算所得。

由表 6-13 可知，与初步回归结论相比，除流动人口性别结构的回归系数由不显著变为显著以外，其他回归系数的符号和显著性水平均未发生实质性变化，表明本书初步回归结果是稳健的。关于流动人口性别结构对城市住房价格的影响，本书通过 hausman 检验发现，认为固定效应模型相比随机效应模型更有效率，因此本书依旧认为流动人口的性别结构对城市住房价格无显著性影响。

6.3　本章小结

本章的主要目的在于，从流动人口结构的视角对城市住房价格的差异化上涨给出解释。基于此，本章首先运用 2011—2017 年的全国流动人口动态监测调查数据，以是否在城市租房或购房衡量对城市住房的需求，从统计学上分析了流动人口特征对城市住房需求的差异。其次，运用 logit 模型实证分析了流动人口特征对城市住房需求的影响，研究发现：①女性流动人口相比男性流动人口、已婚流动人口相比未婚流动人口、26~45 岁组流动人口相比其他组、非农业人口相较于农业人口、省内流动人口相较于省际流动人口更具有住房需求；②受教育程度较高的流动人口、具有长期居留意愿的流动人口、收入相对较高的流动人口具有更强的住房需求。最后，根据上述发现，提出了流动人口结构对城市住房价格影响的研究假设：

H1：城市流动人口中女性所占比重越高时，更容易对城市住房产生需求，从而对城市住房价格的上涨有正向推动作用。

H2：城市流动人口中已婚人群所占比重越高时，更容易对城市住房产生需求，从而对城市住房价格的上涨有正向推动作用。

H3：城市流动人口中 25~45 岁的人群所占比重越高，更容易对城市住房产生需求，从而对城市住房价格的上涨有正向推动作用。

H4：城市流动人口的受教育程度越高，其对城市的住房需求越强，从而对城市住房价格的上涨有正向推动作用。

H5：城市流动人口的非农业人口占比越高，其对城市的住房需求越强，从而对城市住房价格的上涨有正向推动作用。

H6：城市流动人口的短距离迁移流动人口占比越高，其对城市的住房需求越强，从而对城市住房价格的上涨有正向推动作用。

H7：城市流动人口中具有长期居留意愿的人口占比越高，其对城市的住房需求越强，从而对城市住房价格的上涨有正向推动作用。

H8：城市流动人口的平均收入越高，其对城市的住房需求越强，从而对城市住房价格的上涨有正向推动作用。

最后，以全国流动人口监测调查数据为基础，将其与中国城市统计年鉴数据进行匹配，运用面板数据模型探讨了关于流动人口结构对城市住房价格影响的 8 个研究假设，研究发现，除假设 1 以外，其他研究假设均成立，即城市已婚流动人口占比越高、26~45 组流动人口占比越高、平均受教育程度越高、非农业流动人口占比越高、省内流动人口占比越高、具有长期居留意愿的流动人口占比越高、平均收入水平越高，对城市的住房需求越强，从而进一步推动城市住房价格上涨。本章从流动人口结构的视角解释了城市住房价格的差异化上涨。

综上，流动人口结构对城市住房需求有显著性影响，从而对城市的住房价格也有一定的影响，城市流动人口内部结构的差异也是造成城市住房价格产生差异和分化的重要原因之一。

7　主要研究结论与启示

7.1　研究结论

本书基于结构变迁的视角，研究了人口迁移流动对城市住房价格的影响。首先，本书在文献研究的基础上确定了研究方向，并对城乡结构变迁、产业结构变迁、人口迁移流动与城市住房价格等核心概念进行了界定，通过对相关理论与文献进行梳理与回顾，形成了支撑全书研究的理论基础与逻辑起点；其次，本书对城乡结构变迁、产业结构变迁、人口迁移流动与城市住房价格的发展历程进行了分析，准确描述了结构变迁、人口迁移流动与城市住房价格的空间和时间特征；再次，本书分别基于城乡结构变迁和产业结构的视角，通过理论模型构建和实证研究分析了人口迁移流动规模对城市住房价格的影响，并对中国城市住房价格的增长与差异进行了解释；最后，本书从微观的视角，研究了流动人口结构对城市住房需求和住房价格的影响，从流动人口内部结构的差异再一次对中国城市住房价格差异化上涨给出了解释。本书主要研究结论如下：

第一，从城乡结构变迁特征来看，中国自改革开放以来，城镇化进程稳步推进。其中东部地区城镇化率最高，东北地区次之，中部和西部地区城镇化率最差，一线城市基本完成城市化进程。从差距上来看，新一线城市与一线城市的城镇化率差距最大，三线城市与二线城市的差距次之，四线城市与三线城市相差 7 个百分点左右，五线与四线城市基本无差距。

第二，从产业结构变迁特征来看，中国的产业结构合理化和高度化程度在样本内均得到了一定的改善和提升。分区域来看，东部地区的产业结构合理化和高度化指数均最优，东北地区产业结构合理化指数在样本期间内波动最大。分线城市来看，一线城市的产业结构协调度和高度化最优；新一线城市在产业结构协调程度上明显优于二线城市，而产业结构高度化指数与二线城市相当；三线城市的产业结构合理化程度显著优于四线和五线城市，五线城市的产业结构高度化水平优于三线城市和四线城市。

第三，从人口迁移流动的特征来看，在 2010 年之前，东部地区的常住人口每年增长在 400 万人以上，2010 年以后，东部地区的常住人口增长态势变弱，虽然人口仍在东部地区集聚，但集聚的速度明显放缓，并且已有常住人口向中西部回流的趋势；东北地区的衰落形式未得到好转，人口流失速度和规模都明显加快。分线城市来看，一线和新一线城市的常住人口在样本期间内持续流入，且四个一线城市的常住人口增速明显放缓；2014 年后伴随着劳动力的回流，二线城市的常住人口持续净流出；以中、西部为主体的四五线城市，在样本期间内持续表现为人口净流出。

第四，从中国城市的住房价格特征来看，一线城市住房价格最高，且与国内其他城市的住房价格逐步拉大；新一线城市与二线城市，三线城市、四线城市与五线城市的住房价格差距较小，且随着时间的变化差距无扩大趋势；2011 年之前，中国城市住房价格存在"普涨"局面（不含 2008 年），2012 年以后，"普涨"局面不复存在，中国城市住房价格开始"差异化上涨"，且一线城市领涨；从空间关联特征来看，中国城市的住房价格在空间上具有较强的正相关性。

第五，从城乡结构变迁、人口迁移流动与城市住房价格的研究来看，乡→城人口迁移流动是导致城市住房价格上涨的重要原因。具体结论有以下三点：①城市的住房价格与上期的城镇化率正相关，即在控制其他变量保持不变的情况下，上期的城镇化率越高，生活在城市的居民越多，当期的城市住房价格就越高。②城市的住房价格与城镇化率的增长率正相关，即在控制其他变量保持不变的情况下，城镇化率的增长幅度越大，从农村迁移到城市的人越多，城市的住房价格就越高。③迁移成本通过影响城市的城镇化进程，进一步会对城市的住房价格产生影响，即对城市住房价格的上涨具有调节效应。

第六，从产业结构变迁、人口迁移流动与城市住房价格的研究来看，城→城人口迁移流动是导致城市住房价格差异化上涨的重要原因。具体结论主要有以下三点：①随着城市产业结构的不断变迁优化，城市人口占总人口的份额将持续增加，即城市产业结构的变迁优化将显著推动人口向该城市迁移流动。②随着城市迁移流动的人口不断增多，对城市住房产生大量需求，从而进一步推动城市住房价格上涨，即人口迁移流动与城市住房价格正向相关。③城市产业结构的优化变迁不仅会对本城市的住房价格有显著的推动作用，而且对其他城市住房价格的上涨也有一定的负向影响；同时由于城市住房价格的空间关联效应，产业结构变迁程度相对较低的城市住房价格也有一定的上涨，从而使得全社会的住房价格出现差异化上涨。

第七，从流动人口结构特征对城市住房价格的影响研究来看，流动人口结构特征也是造成住房价格产生差异的重要原因。具体结论有以下几点：①女性流动人口相比男性流动人口、已婚流动人口相比未婚流动人口、26~45岁组流动人口相比其他组、非农业人口相较于农业人口、省内流动人口相较于省际流动人口具有住房需求。②受教育程度较高的流动人口、具有长期居留意愿的流动人口、收入相对较高的流动人口具有更强的住房需求。③城市已婚流动人口占比越高、26~45岁组流动人口占比越高、平均受教育程度越高、非农业流动人口占比越高、省内流动人口占比越高、具有长期居留意愿的流动人口占比越高、平均收入水平越高，对城市的住房需求越强，从而会进一步推动城市住房价格上涨。

综合以上研究结论，本书认为城乡结构变迁使人口不断从农村迁移流动到城市，是导致中国城市住房价格上涨的主要原因，而由于各城市产业结构变迁程度不同，各地区人口迁移流动规模有所差异，从而造成了中国城市住房价格的差异化上涨；此外，城市流动人口内部结构的差异，也是造成城市住房价格产生差异、分化的重要原因之一。

7.2　政策启示

本书研究发现，人口迁移流动对城市住房价格的上涨与差异具有显著的影响作用，因此合理引导人口迁移流动，实现人口在空间上的均衡分布，不仅能够对城市经济社会发展注入强大动力，而且还对城市房地产市场的健康稳定发展具有积极的意义。结合本书研究结论，本书得出以下政策启示：

总体而言，中国城镇结构变迁程度相对较低，而且远远落后于工业化的发展水平，如果政策调整合适，那么中国极有可能进入一个快速城镇化的时期，伴随着中国城镇化进程的快速推进，大量的人口从农村转移到城市，不仅能够实现剩余劳动力的有效转移和优化配置，而且能够有效地推动城市住房需求的不断上升，那么中国城市的高房价在一定程度上就会因城镇化水平的提高而被消化。

从区域上来看，人口主要是从农村向城市迁移流动，从三线、四线、五线城市向一线、二线城市迁移流动，从中、西部地区向东部迁移流动，流动人口在空间上不断聚集，导致城市住房价格的差异愈发明显，为促进房价在空间上的均衡发展，一方面中西部等欠发达地区应从推动地区产业结构变迁优化，建立健全多层次、多渠道的住房供给与保障体系，加强地区公共服务水平等方面入手，同时还应通过给予本地农村居民政策支持、经济帮扶等手段，有序推动本地农业转移人口市民化，通过产业的发展和城镇化的持续推进，抑制地区人口的流失；另一方面人口负荷过重的城市，应在满足自身产业发展的基础上，合理控制人口规模，对仍具有一定人口承载力的地区，应采用积极稳健的人口调控政策，在保障城市经济、人口合理发展的同时，也要避免因人口流入过多而滋生的一系列经济社会环境等问题。

此外，还应从制度上对迁移流动人口在城市生活的基本权利加以保障，增强迁移流动人口对城市的认同感、满足感，最终实现人口迁移流动与经济社会的良性互动。

参考文献

蔡昉，1995. 人口迁移和流动的成因、趋势与政策 [J]. 中国人口科学
　（6）：8-16.

蔡跃洲，付一夫，2017. 全要素生产率增长中的技术效应与结构效应：基
　于中国宏观和产业数据的测算及分解 [J]. 经济研究（1）：74-90.

陈斌开，徐帆，谭力，2012. 人口结构转变与中国住房需求：1999—2025：
　基于人口普查数据的微观实证研究 [J]. 金融研究（1）：133-144.

陈斌开，张川川，2016. 人力资本和中国城市住房价格 [J]. 中国社会科
　学（5）：43-64.

陈强，2014. 高级计量经济学及 Stata 应用. [M]. 2 版. 北京：高等教育出
　版社.

陈硕，2010. 分税制改革、地方财政自主权与公共品供给 [J]. 经济学
　（季刊），9（4）：1427-1446.

陈钊，陆铭，2008. 从分割到融合：城乡经济增长与社会和谐的政治经济
　学 [J]. 经济研究（1）：22-33.

丁金宏，刘振宇，程丹明，等，2005. 中国人口迁移的区域差异与流场特
　征 [J]. 地理学报（1）：106-114.

丁如曦，倪鹏飞，2015. 中国城市住房价格波动的区域空间关联与溢出效
　应：基于 2005—2012 年全国 285 个城市空间面板数据的研究 [J]. 财贸
　经济，36（6）：136-150.

段成荣，吕利丹，王宗萍，2013. 我国流动儿童生存和发展：问题与对策：
　基于 2010 年第六次全国人口普查数据的分析 [J]. 南方人口，28（4）：
　44-55.

段成荣，谢东虹，吕利丹，2019. 中国人口的迁移转变 [J]. 人口研究，43（2）：14-22.

冯皓，陆铭，2009. 通过买房而择校：教育影响房价的经验证据与政策含义 [J]. 世界经济（12）：91-106.

付宏，毛蕴诗，宋来胜，2013. 创新对产业结构高级化影响的实证研究 [J]. 中国工业经济（9）：56-68.

干春晖，郑若谷，余典范，2011. 中国产业结构变迁对经济增长和波动的影响 [J]. 经济研究（5）：4-16.

高波，陈健，邹琳华，2012. 区域房价差异、劳动力流动与产业升级 [J]. 经济研究（1）：67-80.

顾朝林，蔡建明，张伟，等，1998. 中国大中城市流动人口迁移规律研究 [J]. 地理科学进展，66（3）：204-212.

郭凯明，杭静，颜色，2017. 中国改革开放以来产业结构转型的影响因素 [J]. 经济研究（3）：34-48.

韩立彬，陆铭，2018. 供需错配：解开中国房价分化之谜 [J]. 世界经济，41（10）：126-149.

韩永辉，黄亮雄，王贤彬，2017. 产业政策推动地方产业结构升级了吗？基于发展型地方政府的理论解释与实证检验 [J]. 经济研究（8）：33-48.

何雄，2009. 住宅价格的影响因素及理论模型研究：住宅价格理论的文献综述 [J]. 经济经纬（5）：78-81.

洪涛，西宝，高波，2007. 房地产价格区域间联动与泡沫的空间扩散：基于2000—2005年中国35个大中城市面板数据的实证检验 [J]. 统计研究，24（8）：64-67.

侯慧丽，2016. 城市公共服务的供给差异及其对人口流动的影响 [J]. 中国人口科学（1）：118-127.

胡婉旸，郑思齐，王锐，2014. 学区房的溢价究竟有多大：利用"租买不同权"和配对回归的实证估计 [J]. 经济学（季刊），13（3）：1195-1214.

蒋小荣，汪胜兰，2017. 中国地级以上城市人口流动网络研究：基于百度迁徙大数据的分析 [J]. 中国人口科学（2）：35-46.

雷潇雨，龚六堂，2014. 城镇化对于居民消费率的影响：理论模型与实证分析 [J]. 经济研究 (6)：44-57.

李超，倪鹏飞，万海远，2015. 中国住房需求持续高涨之谜：基于人口结构视角 [J]. 经济研究 (5)：118-133.

李力行，申广军，2015. 经济开发区、地区比较优势与产业结构调整 [J]. 经济学（季刊）(4)：885-910.

李拓，李斌，2017. 中国跨地区人口流动的影响因素：基于 286 个城市面板数据的空间计量检验 [J]. 中国人口科学 (2)：75-85.

李文宇，陈健生，刘洪铎，2019. 为什么区域政策越来越重视"抢人"：基于一个拓展的线性模型研究 [J]. 中央财经大学学报，377 (1)：100-110.

梁云芳，高铁梅，2007. 中国房地产价格波动区域差异的实证分析 [J]. 经济研究 (8)：133-142.

林伯强，刘畅，2016. 收入和城市化对城镇居民家电消费的影响 [J]. 经济研究 (51)：81.

刘伟，张辉，2008. 中国经济增长中的产业结构变迁和技术进步 [J]. 经济研究 (11)：5-16.

刘修岩，李松林，秦蒙，2017. 城市空间结构与地区经济效率：兼论中国城镇化发展道路的模式选择 [J]. 管理世界 (1)：51-64.

刘学良，2014. 中国城市的住房供给弹性、影响因素和房价表现 [J]. 财贸经济 (4)：125-137.

刘志平，陈智平，2013. 城市住房价格的空间相关性、影响因素与传递效应：基于区域市场关系层面的实证研究 [J]. 上海财经大学学报，15 (5)：81-88.

卢洪友，文洁，许文立，2017. 气候变化对中国人口流动的效应研究 [J]. 湖北社会科学 (2)：77-83.

陆铭，欧海军，陈斌开，2014. 理性还是泡沫：对城市化、移民和房价的经验研究 [J]. 世界经济 (1)：30-54.

陆铭，张航，梁文泉，2015. 偏向中西部的土地供应如何推升了东部的工资 [J]. 中国社会科学 (5)：60-84.

罗知，万广华，张勋，等，2018. 兼顾效率与公平的城镇化：理论模型与中国实证 [J]. 经济研究 (7)：91-107.

马红旗，陈仲常，2012. 我国省际流动人口的特征：基于全国第六次人口普查数据 [J]. 人口研究 (6)：89-101.

马忠东，2019. 改革开放 40 年中国人口迁移变动趋势：基于人口普查和 1% 抽样调查数据的分析 [J]. 中国人口科学 (3)：16-28.

倪鹏飞，2019. 货币政策宽松、供需空间错配与房价持续分化 [J]. 经济研究，54 (8)：87-102.

欧阳志刚，2014. 中国城乡经济一体化的推进是否阻滞了城乡收入差距的扩大 [J]. 世界经济 (2)：116-135.

潘竟虎，李天宇，2009. 甘肃省人口流动空间格局和影响因素的 ESDA 分析 [J]. 统计与信息论坛 (9)：63-67.

钱瑛瑛，唐代中，2015. 房地产经济学 [M]. 3 版. 上海：同济大学出版社.

乔晓春，黄衍华，2013. 中国跨省流动人口状况：基于"六普"数据的分析 [J]. 人口与发展，19 (1)：13-28.

邱少君，2014. 我国房地产市场的分化及其趋势 [J]. 中国房地产 (7)：33-35.

盛来运，2005. 国外劳动力迁移理论的发展 [J]. 统计研究，22 (8)：72-73.

松涛，杨赞，刘洪玉，2008. 我国区域市场城市房价互动关系的实证研究 [J]. 财经问题研究 (6)：122-128.

宋凌云，王贤彬，徐现祥，2012. 地方官员引领产业结构变动 [J]. 经济学 (季刊) (1)：71-92.

覃成林，刘佩婷，2016. 行政等级、公共服务与城市人口偏态分布 [J]. 经济与管理研究，37 (11)：102-110.

万广华，2013. 城镇化与不均等：分析方法和中国案例 [J]. 经济研究 (5)：73-86.

王桂新，黄祖宇，2014. 中国城市人口增长来源构成及其对城市化的贡献：1991—2010 [J]. 中国人口科学，34 (2)：2-16.

王桂新，潘泽瀚，陆燕秋，2012. 中国省际人口迁移区域模式变化及其影响因素：基于 2000 和 2010 年人口普查资料的分析 [J]. 中国人口科学 (5)：4-15.

王桂新，潘泽瀚，2016. 中国人口迁移分布的顽健性与胡焕庸线 [J]. 中国人口科学（1）：2-13.

王桂新，2019. 新中国人口迁移 70 年：机制、过程与发展 [J]. 中国人口科学（5）：2-14.

王京海，孙晨，姚婉，等，2015. 公共服务设施可达性对房价影响及其空间解读：以南京市鼓楼区与建邺区为例 [J]. 2015 中国城市规划年会，中国贵州贵阳：384-393.

王先柱，毛中根，刘洪玉，2011. 货币政策的区域效应：来自房地产市场的证据 [J]. 金融研究（9）：42-53.

王小鲁，2010. 中国城市化路径与城市规模的经济学分析 [J]. 经济研究（10）：22-34.

魏玮，王洪卫，2010. 房地产价格对货币政策动态响应的区域异质性：基于省际面板数据的实证分析 [J]. 财经研究（6）.

吴暾，2009. 中国城市住房价格短期波动规律研究 [D]. 北京：清华大学.

吴敬琏，2008. 中国增长模式抉择 [M]. 上海：上海远东出版社.

吴万宗，刘玉博，徐琳，2018. 产业结构变迁与收入不平等：来自中国的微观证据 [J]. 管理世界，34（2）：22-33.

吴万宗，刘玉博，徐琳，2018. 产业结构变迁与收入不平等 [J]. 管理世界（2）：22-33.

吴忠观，1997. 人口科学辞典 [M]. 成都：西南财经大学出版社.

夏怡然，陆铭，2015. 城市间的“孟母三迁”：公共服务影响劳动力流向的经验研究 [J]. 管理世界（10）：78-90.

向洪，张文贤，李开兴，1994. 人口科学大辞典 [M]. 成都：电子科技大学出版社.

肖子华，2019. 改革开放四十年与中国人口大流动 [J]. 人口与社会（1）30-38.

徐建炜，徐奇渊，何帆，2012. 房价上涨背后的人口结构因素：国际经验与中国证据 [J]. 世界经济（1）：24-42.

许伟，2019. 新中国成立 70 年来的城镇化建设及其未来应然走向 [J]. 武汉大学学报（7）：13-20.

严善平，2007. 中国省际人口流动的机制研究 [J]. 中国人口科学（1）：

71-77.

颜色，郭凯明，杭静，2018. 需求结构变迁、产业结构转型和生产率提高 [J]. 经济研究（12）：83-96.

杨丹萍，杨丽华，2016. 对外贸易、技术进步与产业结构升级：经验、机理与实证 [J]. 管理世界（11）：172-173.

杨晓军，2017. 城市公共服务质量对人口流动的影响 [J]. 中国人口科学（2）：104-114.

杨亚平，周泳宏，2013. 成本上升、产业转移与结构升级：基于全国大中城市的实证研究 [J]. 中国工业经济（7）：147-159.

于涛方，2012. 中国城市人口流动增长的空间类型及影响因素 [J]. 中国人口科学（4）：49-60.

余华义，黄燕芬，2015. 货币政策效果区域异质性、房价溢出效应与房价对通胀的跨区影响 [J]. 金融研究（2）：95-113.

余壮雄，张明慧，2015. 中国城镇化进程中的城市序贯增长机制 [J]. 中国工业经济（7）：38-53.

袁科，冯邦彦，2007. 货币政策传导对区域房地产市场非对称性效力研究 [J]. 南方金融（9）：20-22.

翟振武，王宇，石琦，2019. 中国流动人口走向何方 [J]. 人口研究，43 （2）：6-11.

张坤，2014. 中国农村人口流动的影响因素与实施对策：基于推拉理论的托达罗修正模型 [J]. 统计与信息论坛（7）：23-29.

张莉，何晶，马润泓，2017. 房价如何影响劳动力流动？[J]. 经济研究（8）：157-172.

张善余，1990. 我国省际人口迁移模式的重大变化 [J]. 人口研究（1）：2-8.

张延，张静，2016. 城镇化对房价的影响：理论与实证分析 [J]. 财政研究（6）：95-102.

张耀军，岑俏，2014. 中国人口空间流动格局与省际流动影响因素研究 [J]. 人口研究，38（5）：54-71.

郑思齐，符育明，任荣荣，2011. 居民对城市生活质量的偏好：从住房成本变动和收敛角度的研究 [J]. 世界经济文汇（2）：35-51.

中国人民银行南昌中心支行课题组，2016. 结构转型、劳动力迁移与房地产市场：基于多部门 DSGE 模型分析［J］. 金融与经济（10）：13-18.

周颖刚，蒙丽娜，卢琪，2019. 高房价挤出了谁?：基于中国流动人口的微观视角［J］. 经济研究（9）：106-122.

朱宇，林李月，柯文前，2016. 国内人口迁移流动的演变趋势：国际经验及其对中国的启示［J］. 人口研究，40（5）：50-60.

邹瑾，于焘华，王大波，2015. 人口老龄化与房价的区域差异研究：基于面板协整模型的实证分析［J］. 金融研究，（11）：68-83.

ALEXANDER C, BARROW M, 1994. Seasonality and cointegration of regional house prices in the UK［J］. Urban Studies, 31（10）：1667-1689.

ALPEROVICH G, 1995. The baby boom, the baby bust and the housing market: a further look at the debate［J］. Annals of Regional Science, 29（1）：111-116.

ACCETTURO A, BUGAMELLI M, LAMORGESE A R, 2012. Welcome to the machine: firms' reaction to low-skilled immigration［J］. Temi Di Discussione, 32（1）：218-238.

ARELLANO M, BOND S, 1991. Some tests of specification for panel data: monte carlo evidence and an application to employment equations［J］. Review of Economic Studies, 58（2）：277-297.

BAUMOL W J, 1967. Macroeconomics of unbalanced growth: the anatomy of the urban crises［J］. American Economic Review, 57（3）：415-426.

BAUMONT, CATHERINE, ERTUR, et al., 2004. Spatial analysis of employment and population density: the case of the agglomeration of Dijon 1999［J］. Geographical Analysis, 36（2）：146-176.

BELL M, EDWARDS E C, KUPISZEWSKA D, et al., 2015. Internal migration data around the world: assessing contemporary practice［J］. Population, Space and Place, 9（1）：1-17.

BITTER C, MULLIGAN G F, 2007. Incorporating spatial variation in housing attribute prices［J］. Journal of Geographical Systems（9）：81-91.

BLUNDELL R, BOND S, 1998. Initial conditions and moment restrictions in dynamic panel data models［J］. Economics Papers, 87（1）：115-143.

BOPPART, TIMO, 2014. Structural change and the Kaldor facts in a growth model with relative price effects and non-gorman preferences [J]. Econometrica, 82 (6): 2167-2196.

BRAAKMANN N, 2016. Immigration and the property market: evidence from England and Wales [J]. Real Estate Economics (527)

BURKE T, HAYWARD D, 2011. Melbourne's housing past, housing futures [J]. Urban Policy & Research, 19 (3): 291-310.

CASETTI E, 1972. Generating models by the expansion method: applications to geographical research [J]. Geographical Analysis, 4 (1): 81-91.

CHENERY H, SYRQUIN M, 1980. A comparative analysis of industrial growth [M] Economic Growth and Resources. Palgrave Macmillan UK.

CLARK C, 1960. The conditions of economic progress [J]. Population, 15: 374-375.

DOERINGER P B, PIORE M J, 1971. Internal labor markets & manpower analysis [J]. Industrial & Labor Relations Review: 344.

DU H, MA Y, AN Y, 2011. The impact of land policy on the relation between housing and land prices: evidence from China [J]. Quarterly Review of Economics & Finance, 51 (1): 19-27.

EDERSEN P J, PYTLIKOVA M, SMITH N, et al., 2008. Labor Selection or Network Effects? Migration Flows into 27 OECD Countries, 1990-2000 [J]. Iza Discussion Papers, 52 (7): 1160-1186.

FARBER S, YEATES M, 2006. A comparison of localized regression models in a hedonic price context [J]. Canadian Journal of Regional Science: 29-42

GALVAO J R, ANTONIO F, 2013. Quantile autoregressive distributed lag model with an application to house price returns [J] Oxford Bulletin of Economics and Statistics (75): 07-321.

GARRIGA C, TANG Y, WANG P, 2017. Rural-urban migration, structural transformation, and housing markets in China [J]. NBER Working Papers (No. 2014-028).

GENG B, BAO H, LIANG Y, 2015. A study of the effect of a high-speed rail station spatial variations in housing price based on the hedonic model [J]

Habitat International (49): 333-339.

GLAESER E L, GOTTLIEB J D, TOBIO K, 2012. Housing booms and city centers [J]. American Economic Review, 102 (3): 127-133.

BLOMQUIST G C, BERGER M C, 1992. Mobility and destination in migration decisions: the roles of earnings, quality of life, and housing prices [J]. Journal of Housing Economics, 2 (1): 37-59.

GROGGER J, HANSON G H, 2011. Income maximization and the selection and sorting of international migrants [J]. Journal of Development Economics, 95 (1): 42-57.

HAMILTON B W, 1991. The baby boom, the baby bust, and the housing market a second look [J]. Regional Science & Urban Economics, 21 (1): 547-552.

HEBERLE R, 1938. The causes of rural-urban migration a survey of german theories [J]. American Journal of Sociology, 43 (6): 932-950.

HELBICH M, 2014. Spatial heterogeneity in hedonic house price models: the case of austria [J] Urban Studies (51): 1-22.

VERNON H J, 2007. Urbanization in China: policy issues and choices [J]. Urban development research (4): 32-41.

HOFFMANN W G, 1969. Stadien und typen der Industrialisierung [J]. Weltwirtschaftliches Archiv, 103: 321-327.

HOLLY S, PESARAN M H, YAMAGATA T, 2010. Spatial and temporal diffusion of house prices in the UK [C]. Asme Fluids Engineering Division Summer Meeting.

KUZNETS S, 1941. National income and its composition [C]. European Conference on Optical Communication. SAGE Publications: 968-987.

LEWIS W A, 1954. Economic development with unlimited supplies of labor [J]. Manchester School, 22: 139-191.

MANKIW N G, WEIL D N, 1989. The baby boom, the baby bust, and the housing market [J]. Regional Science & Urban Economics, 19 (2): 235-258.

MASSEY D S, ARANGO J, HUGO G, et al., 1993. Theories of international migration: a review and appraisal [J]. Population & Development Review, 19 (3): 431-466.

MCFADDEN D, 1994. Demographics, the housing market, and the welfare of the elderly in Studies, in the Economics of Aging, edited by David A. Wise [M]. Illinois: University of Chicago Press.

MORAN P A P, 1950. The oscillatory behaviour of moving averages [J]. Mathematical Proceedings of the Cambridge Philosophical Society, 46 (2): 272-280.

MUELLBAUER J, MURPHY A, 1997. Booms and busts in the UK housing market [J]. The Economic Journal (107): 1701-1727.

NENOV P T, 2015. Regional reallocation and housing markets in a model of frictional migration [J]. Review of Economic Dynamics (18): 863-880.

PEDERSEN P J, PYTLIKOVA M, SMITH N N, 2008. Selection or network effects? Migration flows into 27 OECD Countries, 1990-2000 [J]. Iza Discussion Papers, 52 (7): 1160-1186.

PETTY W. Political Arithmetic [M]. Brook, 1769.

KONGSAMUT P, REBELO S, XIE D Y, 2001. Beyond balanced growth [J]. Review of Economic Studies, 68 (4).

RANIS G, FEI J C H, 1961. A theory of economic development [J]. American Economic Review, 51 (4): 533-565.

RAVENSTEIN E G, 1885. The laws of migration [J]. Journal of Royal Statistical Society (52): 241-301.

SAIZ A, WACHTER S, 2011. Immigration and the neighborhood [J]. American Economic Journal Economic Policy, 3 (2): 169-188.

SAIZ A, 2007. Immigration and housing rents in American cities [J]. Journal of Urban Economics, 61 (2): 345-371.

SAIZ A, 2003. Room in the kitchen for the melting pot: immigration and rental prices [J]. Review of Economics & Statistics, 85 (3): 502-521.

SCHULTZ T W, 1961. Investment in human capital [J]. Economic Journal, 82 (326): 1-17.

WEI S J, ZHANG X B, LIU Y, 2012. Status competition and housing prices [J]. NBER Working Papers.

SÁ F, 2015. Immigration and house prices in the UK [J]. Economic Journal,

125 (587): 1393-1424.

TAYLOR O S E, 1991. Migration Incentives, Migration types: the role of relative deprivation [J]. The Economic Journal, 101 (408): 1163-1178.

TOBLER W R, 1981. A model of geographical movement [J]. Geographical Analysis, 13 (1).

TODARO M P, 1969. A model of labor migration and urban unemployment in less developed countries. [J]. American Economic Review, 59 (1): 138-148.

WU J, DENG Y, 2015. Intercity information diffusion and price discovery in housing markets: evidence from google searches [J]. The Journal of Real Estate Finance and Economics, 50 (3): 289-306.

ZELINSKY W, 1971. The hypothesis of the mobility transition [J]. Geographical Review, 61 (2): 219-249.

ZHENG S, CAO J, KAHN M E. China's rising demand for green cities: evidence from cross-city real estate price hedonics [J]. NBER Working Papers, No. 16992.

ZIPF G K, 1946. The P1P2/D Hypothesis: on the intercity movement of persons [J]. American Sociological Review, 11 (6): 677-686.

附录 1 相关核心变量数据

附表 1 中国 239 个城市 2005—2017 年城镇化率相关数据

省份	城市	等级	2005年	2006年	2007年	2008年	2009年	2010年	2011年	2012年	2013年	2014年	2015年	2016年	2017年
北京市	北京市	1	83.6%	84.3%	84.5%	84.9%	85.0%	86.0%	86.2%	86.2%	86.3%	86.4%	86.5%	86.5%	86.5%
广东省	广州市	1	91.5%	82.0%	82.2%	82.2%	82.5%	83.8%	84.1%	85.0%	85.3%	85.4%	85.5%	86.1%	86.1%
广东省	深圳市	1	100.0%	100.0%	100.0%	100.0%	100.0%	100.0%	100.0%	100.0%	100.0%	100.0%	100.0%	100.0%	100.0%
上海市	上海市	1	89.1%	88.7%	88.7%	88.6%	88.6%	89.3%	89.3%	89.3%	89.6%	89.6%	87.6%	87.9%	87.7%
广东省	东莞市	2	73.0%	85.1%	85.2%	86.4%	86.4%	88.5%	88.6%	88.7%	88.8%	88.8%	88.8%	89.1%	89.9%
河南省	郑州市	2	59.2%	60.3%	61.3%	62.3%	63.4%	63.6%	64.8%	66.3%	67.1%	68.3%	69.7%	71.0%	72.2%
湖南省	长沙市	2	53.9%	56.5%	60.2%	61.3%	64.5%	67.7%	68.5%	69.4%	70.6%	72.3%	74.4%	76.0%	77.6%
江苏省	南京市	2	76.0%	76.4%	76.8%	77.0%	77.2%	78.5%	79.7%	80.2%	80.5%	80.9%	81.4%	82.0%	82.3%
江苏省	苏州市	2	64.6%	65.1%	65.6%	66.0%	66.3%	70.6%	71.3%	72.3%	73.2%	74.0%	74.9%	75.5%	75.8%
山东省	青岛市	2	63.2%	63.6%	63.9%	64.3%	64.7%	65.8%	66.5%	67.1%	67.7%	68.4%	70.0%	71.5%	72.6%
陕西省	西安市	2	63.3%	64.6%	66.1%	67.5%	68.9%	69.0%	70.1%	71.5%	72.1%	72.6%	73.0%	73.4%	73.4%
四川省	成都市	2	59.9%	61.5%	62.6%	63.6%	64.9%	65.5%	67.0%	68.4%	69.4%	70.4%	71.5%	70.6%	71.9%
天津市	天津市	2	75.1%	75.7%	76.3%	77.2%	78.0%	79.5%	80.5%	81.6%	82.0%	82.3%	82.6%	82.9%	82.9%
浙江省	宁波市	2	62.4%	62.8%	63.2%	63.6%	63.7%	68.3%	69.0%	69.4%	69.8%	70.3%	71.1%	71.9%	72.4%

省份	城市	等级	2005年	2006年	2007年	2008年	2009年	2010年	2011年	2012年	2013年	2014年	2015年	2016年	2017年
浙江省	杭州市	2	68.4%	68.7%	69.0%	69.3%	69.5%	73.3%	73.9%	74.3%	74.9%	75.1%	75.3%	76.2%	76.8%
重庆市	重庆市	2	45.2%	46.7%	48.3%	50.0%	51.6%	53.0%	55.0%	57.0%	58.3%	59.6%	60.9%	62.6%	64.1%
安徽省	合肥市	3	55.3%	56.9%	58.4%	60.0%	61.5%	63.0%	64.6%	66.4%	67.8%	69.1%	70.4%	72.1%	73.8%
福建省	厦门市	3	80.1%	81.0%	81.2%	81.2%	81.6%	85.1%	88.5%	88.6%	88.7%	88.8%	88.9%	89.0%	89.1%
福建省	泉州市	3	46.5%	48.0%	48.8%	50.2%	52.3%	55.8%	59.3%	60.4%	61.6%	62.9%	63.6%	64.5%	56.7%
福建省	福州市	3	54.5%	55.5%	55.9%	57.5%	59.0%	61.2%	63.3%	64.8%	65.9%	66.9%	67.7%	68.5%	69.5%
甘肃省	兰州市	3	58.4%	56.8%	60.3%	60.9%	61.3%	76.3%	77.3%	78.3%	79.7%	80.3%	81.0%	81.0%	81.0%
广东省	中山市	3	74.3%	84.2%	85.0%	86.1%	86.3%	87.8%	87.9%	87.9%	88.0%	88.1%	88.1%	88.2%	88.3%
广东省	佛山市	3	78.4%	90.9%	91.0%	91.8%	92.4%	94.1%	94.9%	94.9%	94.9%	94.9%	94.9%	95.0%	95.0%
广东省	惠州市	3	55.0%	61.2%	61.2%	61.3%	61.3%	61.8%	62.2%	63.9%	66.0%	67.0%	68.2%	69.1%	69.6%
广东省	珠海市	3	87.9%	85.1%	85.1%	85.1%	87.2%	87.7%	87.8%	87.8%	87.9%	87.9%	88.1%	88.8%	89.4%
广西壮族自治区	南宁市	3	44.3%	46.2%	48.1%	50.0%	50.5%	52.6%	52.6%	56.3%	57.7%	58.4%	59.3%	60.2%	61.4%
贵州省	贵阳市	3	63.1%	63.1%	63.1%	64.2%	65.2%	68.1%	69.2%	70.5%	72.1%	73.2%	73.3%	74.2%	74.8%
海南省	海口市	3	71.8%	72.3%	72.9%	73.4%	73.9%	74.5%	75.0%	75.5%	76.1%	76.6%	77.2%	77.8%	78.2%
河北省	石家庄市	3	44.7%	45.7%	47.2%	48.9%	50.7%	51.5%	52.6%	53.8%	55.1%	56.3%	58.3%	60.0%	61.6%
湖南省	邵阳市	3	26.3%	28.2%	29.0%	29.9%	31.4%	32.8%	34.1%	36.1%	38.0%	39.9%	42.0%	44.0%	45.9%
江苏省	南通市	3	45.2%	46.9%	48.6%	50.3%	52.7%	56.0%	57.6%	58.7%	59.9%	61.2%	62.8%	64.4%	66.0%
江苏省	常州市	3	60.1%	60.5%	60.9%	61.0%	61.2%	63.9%	65.2%	66.2%	67.5%	68.7%	70.0%	71.0%	71.8%
江苏省	徐州市	3	43.8%	44.8%	45.8%	47.2%	49.1%	53.9%	55.4%	56.7%	58.1%	59.5%	61.1%	62.4%	63.8%

附表1（续）

省份	城市	等级	2005年	2006年	2007年	2008年	2009年	2010年	2011年	2012年	2013年	2014年	2015年	2016年	2017年
江苏省	无锡市	3	66.8%	67.1%	67.4%	67.5%	67.8%	71.0%	72.2%	72.9%	73.7%	74.5%	75.4%	75.8%	76.0%
江西省	南昌市	3	60.9%	61.7%	62.6%	63.7%	64.7%	65.7%	67.2%	68.8%	69.8%	70.9%	71.6%	72.3%	73.3%
山东省	济南市	3	61.9%	62.6%	63.1%	63.4%	63.7%	64.5%	65.1%	65.7%	66.0%	66.4%	68.0%	69.5%	70.5%
山东省	烟台市	3	52.6%	53.6%	54.0%	54.7%	55.4%	55.3%	56.1%	56.8%	57.9%	58.6%	60.4%	62.1%	63.7%
山西省	太原市	3	82.4%	81.1%	81.5%	82.0%	82.2%	82.5%	83.4%	83.8%	84.1%	84.3%	84.4%	84.6%	84.7%
新疆维吾尔自治区	乌鲁木齐市	3	78.0%	78.6%	74.9%	73.9%	73.3%	73.4%	73.5%	72.2%	72.5%	72.9%	77.3%	81.6%	89.2%
云南省	昆明市	3	57.9%	59.0%	59.1%	60.4%	61.0%	63.6%	66.0%	67.1%	68.0%	69.0%	68.6%	71.0%	72.1%
浙江省	台州市	3	50.3%	50.7%	51.1%	51.5%	51.7%	55.5%	56.0%	56.9%	58.1%	59.5%	60.3%	61.3%	62.2%
浙江省	嘉兴市	3	48.2%	48.8%	49.4%	50.0%	51.2%	53.3%	54.4%	55.3%	57.1%	59.2%	60.9%	62.9%	64.5%
浙江省	温州市	3	59.9%	60.1%	60.3%	60.5%	60.7%	66.0%	66.3%	66.7%	67.0%	67.2%	68.0%	69.0%	69.7%
浙江省	绍兴市	3	55.7%	56.3%	56.9%	57.5%	5.8%	58.6%	59.3%	60.1%	61.0%	62.1%	63.2%	64.3%	65.5%
浙江省	金华市	3	57.0%	57.4%	57.8%	58.2%	58.4%	59.0%	60.0%	61.4%	62.2%	63.3%	64.5%	65.7%	66.7%
安徽省	芜湖市	4	46.9%	48.5%	50.1%	51.6%	53.1%	54.6%	56.3%	58.0%	59.4%	60.7%	62.0%	63.5%	65.1%
安徽省	蚌埠市	4	37.5%	39.0%	40.6%	42.1%	43.6%	45.0%	46.6%	48.3%	49.7%	50.9%	52.2%	53.7%	55.3%
安徽省	马鞍山市	4	50.6%	52.1%	53.6%	55.1%	56.6%	58.0%	59.4%	61.2%	62.6%	63.9%	65.2%	66.5%	67.9%
福建省	三明市	4	42.0%	42.3%	42.3%	43.3%	44.4%	48.0%	51.5%	52.1%	53.6%	55.1%	56.3%	57.5%	59.0%
福建省	南平市	4	46.2%	46.0%	46.1%	46.3%	48.5%	49.8%	51.1%	51.6%	52.6%	53.4%	54.0%	54.8%	55.8%
福建省	宁德市	4	38.2%	39.0%	39.1%	39.9%	40.6%	44.9%	49.2%	50.6%	51.8%	52.9%	53.5%	54.4%	55.7%
福建省	漳州市	4	38.7%	40.1%	40.4%	42.0%	43.3%	45.6%	47.9%	52.0%	53.0%	53.8%	54.8%	56.2%	57.7%

省份	城市	等级	2005年	2006年	2007年	2008年	2009年	2010年	2011年	2012年	2013年	2014年	2015年	2016年	2017年
福建省	莆田市	4	47.5%	47.5%	46.1%	46.3%	47.2%	49.1%	50.9%	51.8%	53.6%	55.3%	56.6%	58.1%	59.6%
福建省	龙岩市	4	38.5%	39.5%	39.7%	40.5%	42.3%	44.9%	47.5%	49.4%	50.9%	51.6%	52.6%	53.8%	55.7%
广东省	揭阳市	4	41.2%	45.0%	45.0%	45.4%	45.4%	47.3%	47.6%	49.0%	50.0%	50.5%	50.9%	51.0%	51.1%
广东省	汕头市	4	72.3%	70.1%	70.1%	70.3%	69.6%	68.5%	69.3%	69.5%	69.8%	69.9%	70.2%	70.3%	70.4%
广东省	江门市	4	56.8%	48.7%	48.7%	49.5%	61.8%	62.3%	62.8%	63.2%	64.1%	64.2%	64.8%	65.1%	65.8%
广东省	清远市	4	38.5%	34.4%	41.9%	43.7%	45.6%	47.5%	47.7%	47.9%	48.0%	48.3%	49.1%	50.0%	50.7%
广东省	湛江市	4	39.7%	39.3%	39.3%	38.9%	39.0%	36.7%	37.3%	38.3%	39.1%	39.8%	40.7%	41.4%	42.1%
广东省	肇庆市	4	39.0%	44.9%	40.4%	41.0%	41.6%	42.4%	42.5%	42.6%	43.8%	44.0%	45.2%	46.1%	46.8%
广西壮族自治区	柳州市	4	45.5%	46.6%	47.7%	48.8%	50.5%	55.0%	55.1%	58.2%	59.5%	61.1%	62.1%	63.0%	64.0%
广西壮族自治区	桂林市	4	34.4%	35.3%	36.1%	36.9%	37.9%	38.8%	38.8%	42.8%	44.1%	45.6%	46.6%	47.6%	48.9%
海南省	三亚市	4	59.6%	60.9%	62.1%	63.4%	64.7%	65.9%	67.2%	68.3%	69.9%	71.0%	72.0%	73.9%	74.9%
河北省	保定市	4	33.0%	34.1%	35.6%	37.2%	39.1%	39.8%	40.9%	42.1%	43.5%	44.7%	46.7%	49.1%	50.9%
河北省	唐山市	4	44.7%	45.7%	47.2%	48.9%	50.7%	51.5%	52.6%	53.8%	55.1%	56.3%	58.3%	60.4%	61.6%
河北省	廊坊市	4	41.4%	42.4%	43.9%	45.6%	47.4%	48.2%	49.3%	50.5%	51.8%	53.0%	55.0%	56.8%	58.0%
河北省	沧州市	4	34.9%	36.0%	37.5%	39.1%	41.0%	41.7%	42.8%	44.0%	45.4%	46.6%	48.6%	50.6%	51.7%
河北省	秦皇岛市	4	40.4%	41.5%	43.0%	44.6%	46.5%	47.2%	48.3%	49.5%	50.9%	52.1%	54.1%	56.1%	57.8%
河北省	邯郸市	4	37.7%	38.8%	40.3%	42.0%	43.8%	44.6%	45.7%	46.9%	48.2%	49.4%	51.4%	53.5%	55.3%
河南省	南阳市	4	30.0%	31.6%	33.2%	34.9%	36.6%	33.0%	34.9%	36.8%	38.3%	39.6%	41.3%	43.0%	44.7%
河南省	洛阳市	4	38.0%	39.6%	41.1%	42.6%	44.2%	44.3%	46.1%	47.9%	49.4%	51.0%	52.7%	54.4%	56.0%

省份	城市	等级	2005年	2006年	2007年	2008年	2009年	2010年	2011年	2012年	2013年	2014年	2015年	2016年	2017年
湖南省	岳阳市	4	40.0%	43.0%	45.1%	45.5%	45.8%	46.0%	47.8%	49.3%	50.8%	52.3%	54.0%	55.6%	57.2%
湖南省	株洲市	4	42.5%	46.0%	47.4%	48.8%	52.2%	55.5%	57.5%	59.1%	60.1%	61.0%	62.1%	64.1%	65.7%
湖南省	衡阳市	4	33.8%	37.0%	41.2%	42.6%	43.5%	44.5%	47.0%	47.9%	48.1%	48.5%	49.2%	51.1%	52.5%
江苏省	扬州市	4	48.2%	49.2%	50.2%	51.3%	52.9%	56.7%	57.9%	58.8%	60.0%	61.2%	62.8%	64.4%	66.1%
江苏省	泰州市	4	44.6%	46.1%	47.6%	49.1%	51.0%	55.7%	56.8%	57.9%	59.0%	60.2%	61.6%	63.2%	64.9%
江苏省	淮安市	4	37.0%	38.4%	39.8%	41.4%	43.1%	50.8%	52.0%	53.5%	55.1%	56.5%	58.2%	59.7%	61.3%
江苏省	盐城市	4	41.4%	42.5%	43.6%	44.8%	46.3%	52.5%	54.0%	55.8%	57.2%	58.5%	60.1%	61.6%	62.9%
江苏省	连云港市	4	37.5%	39.0%	40.5%	42.0%	43.5%	51.8%	53.2%	54.4%	55.7%	57.1%	58.7%	60.2%	61.7%
江西省	镇江市	4	58.8%	59.2%	59.6%	59.8%	60.0%	62.0%	63.0%	64.2%	65.4%	66.6%	67.9%	69.2%	70.5%
江西省	上饶市	4	38.8%	39.4%	39.8%	40.4%	41.1%	41.9%	41.7%	43.6%	44.7%	45.9%	47.3%	48.9%	50.4%
江西省	九江市	4	36.5%	37.5%	38.6%	39.9%	41.2%	42.5%	44.4%	46.3%	47.7%	49.1%	50.6%	52.2%	53.8%
江西省	赣州市	4	31.6%	32.6%	33.7%	35.0%	36.2%	37.5%	39.3%	41.2%	42.6%	44.0%	45.5%	47.1%	48.7%
内蒙古自治区	包头市	4	71.8%	73.1%	74.7%	75.9%	77.9%	79.5%	80.5%	81.4%	82.0%	82.3%	82.7%	83.0%	83.3%
内蒙古自治区	呼和浩特市	4	56.2%	57.5%	59.0%	60.3%	61.0%	62.5%	63.8%	65.2%	66.2%	66.9%	67.5%	68.2%	69.1%
宁夏回族自治区	银川市	4	61.6%	63.3%	63.8%	64.5%	66.8%	64.9%	74.4%	73.2%	74.8%	75.5%	75.8%	75.7%	77.1%
青海省	西宁市	4	58.8%	59.6%	60.0%	61.0%	61.4%	63.4%	65.4%	67.7%	67.8%	68.6%	68.9%	70.0%	72.1%
山东省	东营市	4	55.6%	56.7%	57.1%	57.8%	58.5%	60.0%	61.0%	62.1%	63.2%	64.0%	65.5%	66.7%	67.8%
山东省	临沂市	4	35.1%	36.4%	38.2%	39.5%	42.2%	45.1%	47.1%	48.9%	50.4%	51.7%	53.8%	55.8%	57.4%
山东省	威海市	4	56.7%	57.7%	57.8%	58.2%	58.7%	58.2%	58.5%	59.3%	60.3%	61.3%	63.2%	65.0%	66.5%

省份	城市	等级	2005年	2006年	2007年	2008年	2009年	2010年	2011年	2012年	2013年	2014年	2015年	2016年	2017年
山东省	泰安市	4	45.1%	46.0%	46.6%	47.3%	48.2%	50.4%	51.4%	52.6%	53.8%	55.0%	57.0%	59.1%	60.6%
山东省	济宁市	4	40.4%	41.3%	41.8%	42.5%	42.9%	43.0%	44.0%	46.1%	48.3%	50.3%	52.8%	55.3%	57.1%
山东省	淄博市	4	59.7%	60.7%	61.1%	61.8%	62.5%	63.1%	64.0%	64.8%	65.3%	65.7%	67.3%	69.1%	70.3%
山东省	潍坊市	4	47.3%	48.3%	48.8%	49.2%	49.6%	47.0%	47.9%	49.8%	51.8%	53.6%	55.8%	58.2%	60.0%
陕西省	咸阳市	4	35.7%	37.0%	38.3%	39.6%	40.9%	41.0%	41.8%	42.6%	45.2%	46.6%	47.7%	50.8%	52.6%
四川省	南充市	4	28.3%	30.1%	32.0%	34.0%	35.8%	35.9%	37.6%	39.3%	40.9%	42.4%	43.8%	45.1%	46.5%
四川省	绵阳市	4	36.4%	37.5%	38.0%	38.7%	39.8%	39.9%	41.8%	43.6%	45.1%	46.5%	48.0%	49.5%	51.0%
云南省	丽江市	4	27.0%	27.1%	25.0%	26.9%	27.0%	27.3%	28.2%	23.5%	32.6%	33.9%	35.6%	37.4%	39.3%
浙江省	丽水市	4	39.4%	40.1%	40.8%	41.5%	41.8%	48.4%	50.5%	52.5%	53.8%	55.2%	56.4%	58.0%	59.7%
浙江省	湖州市	4	47.9%	48.6%	49.3%	50.0%	50.7%	52.9%	53.3%	55.1%	56.0%	57.4%	59.2%	60.5%	62.0%
浙江省	舟山市	4	60.7%	61.1%	61.5%	61.9%	62.4%	63.6%	64.3%	65.3%	65.8%	66.3%	66.9%	67.5%	67.9%
浙江省	衢州市	4	38.9%	39.6%	40.3%	41.0%	41.1%	44.1%	44.8%	46.6%	47.7%	49.0%	50.2%	53.7%	55.7%
安徽省	六安市	5	28.9%	30.3%	31.7%	33.1%	34.5%	35.9%	37.4%	38.9%	40.2%	41.4%	42.8%	44.0%	45.4%
安徽省	安庆市	5	29.0%	30.5%	32.0%	33.5%	35.0%	36.8%	38.1%	39.6%	41.0%	42.2%	45.9%	47.2%	48.6%
安徽省	宣城市	5	35.6%	37.2%	38.8%	40.3%	41.8%	43.3%	45.0%	46.7%	48.1%	49.3%	50.6%	52.1%	53.7%
安徽省	宿州市	5	23.7%	25.3%	26.9%	28.4%	29.9%	31.4%	33.1%	34.8%	36.2%	37.4%	38.7%	40.0%	41.6%
安徽省	淮南市	5	60.3%	60.8%	61.6%	62.4%	63.4%	62.9%	63.7%	65.3%	66.7%	67.9%	60.7%	62.1%	63.5%
安徽省	滁州市	5	33.8%	35.4%	37.0%	38.6%	40.1%	41.6%	43.4%	45.1%	46.5%	47.8%	49.0%	50.4%	51.9%
安徽省	阜阳市	5	24.9%	26.3%	27.7%	29.1%	30.5%	31.9%	33.3%	34.9%	36.2%	37.5%	38.8%	40.2%	41.8%

省份	城市	等级	2005年	2006年	2007年	2008年	2009年	2010年	2011年	2012年	2013年	2014年	2015年	2016年	2017年
安徽省	黄山市	5	33.6%	35.2%	36.7%	38.2%	39.7%	41.1%	42.8%	44.4%	45.7%	47.0%	48.3%	49.6%	50.9%
广东省	梅州市	5	41.6%	46.5%	46.5%	46.0%	46.2%	43.0%	43.3%	43.6%	46.0%	46.9%	47.8%	48.6%	49.5%
广东省	汕尾市	5	51.9%	52.4%	52.4%	52.6%	57.0%	54.2%	54.6%	54.6%	54.7%	54.7%	55.0%	55.1%	55.1%
广东省	河源市	5	32.5%	40.1%	40.1%	40.5%	40.5%	40.0%	40.2%	40.5%	40.7%	41.3%	42.2%	43.0%	43.9%
广东省	潮州市	5	53.6%	62.9%	62.9%	59.2%	62.1%	62.8%	63.2%	63.2%	63.2%	63.4%	63.8%	64.0%	64.5%
广东省	茂名市	5	39.3%	37.0%	37.0%	37.0%	37.5%	35.1%	35.9%	37.4%	38.3%	39.0%	40.0%	40.8%	41.9%
广东省	阳江市	5	44.1%	44.5%	45.9%	45.9%	46.7%	46.8%	47.0%	48.0%	48.8%	49.1%	49.9%	50.8%	51.6%
广东省	韶关市	5	49.8%	46.3%	46.3%	46.9%	47.3%	52.5%	52.8%	53.3%	53.7%	53.8%	54.3%	54.8%	55.5%
广西壮族自治区	北海市	5	47.4%	48.2%	49.0%	49.8%	50.2%	48.6%	48.6%	52.0%	53.1%	54.5%	55.3%	56.3%	57.7%
广西壮族自治区	梧州市	5	36.8%	37.7%	38.6%	39.5%	42.4%	43.0%	43.0%	46.8%	48.1%	48.9%	49.7%	50.6%	51.7%
广西壮族自治区	玉林市	5	32.3%	33.4%	34.4%	35.4%	36.5%	39.6%	39.6%	43.2%	44.4%	45.6%	46.5%	47.3%	48.2%
贵州省	遵义市	5	28.2%	29.3%	30.3%	31.1%	33.1%	36.0%	37.4%	39.5%	41.3%	45.4%	46.5%	49.8%	52.3%
河北省	张家口市	5	38.6%	39.6%	41.1%	42.8%	44.6%	45.4%	46.5%	47.7%	49.0%	50.2%	52.2%	54.2%	55.9%
河北省	承德市	5	33.2%	34.2%	35.7%	37.4%	39.2%	40.0%	41.1%	42.3%	43.6%	44.8%	46.8%	49.0%	50.7%
河北省	邢台市	5	34.1%	35.2%	36.7%	38.3%	40.1%	40.9%	42.0%	43.2%	44.5%	45.7%	47.7%	49.8%	51.5%
河南省	信阳市	5	27.4%	29.3%	31.2%	32.6%	34.1%	34.4%	36.3%	38.2%	39.7%	41.1%	42.8%	44.4%	46.1%
河南省	周口市	5	19.0%	20.9%	26.0%	27.7%	29.5%	29.7%	31.5%	33.4%	34.8%	36.2%	37.9%	39.5%	41.2%
河南省	商丘市	5	26.1%	28.1%	30.1%	31.5%	33.4%	29.8%	31.5%	33.5%	35.0%	36.5%	38.2%	40.0%	41.7%
河南省	安阳市	5	32.5%	34.2%	35.8%	37.3%	38.9%	38.6%	40.5%	42.4%	43.8%	45.3%	46.8%	48.5%	50.2%

省份	城市	等级	2005年	2006年	2007年	2008年	2009年	2010年	2011年	2012年	2013年	2014年	2015年	2016年	2017年
河南省	平顶山市	5	35.0%	37.0%	38.8%	40.2%	41.8%	41.4%	43.1%	45.0%	46.4%	47.8%	49.2%	50.8%	52.4%
河南省	开封市	5	32.7%	34.2%	35.9%	37.7%	39.6%	36.0%	37.8%	39.7%	41.1%	42.6%	44.2%	45.9%	47.4%
河南省	新乡市	5	33.6%	35.5%	37.3%	39.2%	41.0%	41.1%	42.9%	44.7%	46.1%	47.6%	49.0%	50.4%	52.0%
河南省	焦作市	5	40.0%	41.8%	43.6%	45.3%	47.0%	47.1%	48.8%	50.7%	52.0%	53.2%	54.9%	56.5%	58.0%
河南省	许昌市	5	32.0%	33.9%	35.8%	37.5%	39.3%	39.1%	40.9%	42.8%	44.2%	45.7%	47.6%	49.4%	51.1%
河南省	驻马店市	5	18.7%	20.6%	25.9%	27.7%	29.5%	29.8%	31.5%	33.4%	34.9%	36.4%	38.1%	39.8%	41.5%
湖南省	娄底市	5	30.3%	32.5%	34.2%	35.1%	35.0%	35.0%	37.5%	39.2%	41.0%	42.3%	43.8%	45.3%	47.3%
湖南省	常德市	5	33.1%	35.0%	36.1%	37.0%	38.0%	38.9%	40.1%	43.0%	44.4%	45.9%	47.6%	49.6%	51.6%
湖南省	怀化市	5	28.3%	31.1%	33.1%	34.6%	35.4%	36.1%	37.7%	39.0%	40.4%	41.3%	42.8%	44.3%	46.2%
湖南省	湘潭市	5	42.5%	45.5%	46.7%	49.4%	49.8%	50.1%	52.1%	54.0%	55.1%	56.6%	58.3%	60.3%	62.0%
湖南省	郴州市	5	36.8%	38.8%	40.0%	41.3%	41.5%	41.7%	43.3%	45.3%	47.0%	48.5%	50.3%	52.3%	53.8%
江苏省	宿迁市	5	30.7%	32.4%	34.1%	35.9%	37.7%	48.3%	49.8%	51.0%	52.4%	53.7%	55.5%	57.5%	58.5%
江西省	吉安市	5	31.1%	32.2%	33.4%	34.8%	36.2%	37.6%	39.6%	41.6%	43.1%	44.7%	46.2%	47.8%	49.4%
江西省	宜春市	5	28.2%	29.4%	30.9%	32.4%	34.0%	35.5%	38.2%	40.3%	41.8%	43.3%	44.8%	46.5%	48.1%
江西省	抚州市	5	31.5%	32.5%	33.5%	34.7%	35.9%	37.2%	38.8%	40.7%	42.1%	43.5%	45.0%	46.7%	48.2%
江西省	景德镇市	5	50.8%	51.7%	52.8%	53.9%	55.1%	56.3%	58.0%	59.9%	61.1%	62.3%	63.5%	64.8%	66.0%
内蒙古自治区	呼伦贝尔市	5	64.8%	65.4%	66.0%	66.5%	66.6%	67.4%	68.2%	69.0%	69.7%	70.3%	70.8%	71.5%	72.1%
内蒙古自治区	赤峰市	5	36.1%	37.2%	38.3%	39.4%	40.5%	41.6%	42.7%	43.8%	44.9%	46.1%	47.1%	48.3%	49.4%
内蒙古自治区	通辽市	5	27.4%	33.3%	35.0%	37.0%	40.3%	41.3%	42.4%	43.3%	44.3%	45.0%	46.3%	47.5%	48.6%

省份	城市	等级	2005年	2006年	2007年	2008年	2009年	2010年	2011年	2012年	2013年	2014年	2015年	2016年	2017年
内蒙古自治区	鄂尔多斯市	5	53.9%	57.1%	61.0%	65.0%	67.8%	69.5%	70.7%	71.7%	72.4%	72.8%	73.1%	73.5%	74.1%
山东省	德州市	5	35.3%	36.5%	37.0%	37.9%	38.6%	43.1%	44.2%	46.2%	47.7%	49.5%	51.7%	53.8%	55.6%
山东省	日照市	5	41.9%	43.0%	43.5%	44.3%	45.2%	47.1%	47.9%	49.8%	51.3%	52.7%	54.8%	56.9%	58.7%
山东省	枣庄市	5	45.6%	46.6%	47.0%	47.8%	48.4%	47.3%	48.0%	49.4%	50.4%	51.3%	53.5%	55.5%	57.3%
山东省	滨州市	5	31.4%	33.6%	35.4%	36.9%	39.0%	45.7%	48.0%	49.7%	51.2%	52.5%	54.6%	56.8%	58.6%
山东省	聊城市	5	31.8%	32.8%	33.7%	34.7%	35.0%	36.9%	38.2%	40.1%	42.1%	44.0%	46.2%	48.5%	50.3%
山东省	菏泽市	5	28.0%	29.4%	29.6%	30.8%	30.9%	30.2%	37.8%	40.0%	41.6%	43.1%	45.1%	47.4%	49.1%
山西省	临汾市	5	34.7%	35.8%	36.4%	37.4%	38.3%	40.8%	42.4%	44.1%	45.7%	47.1%	48.6%	50.0%	51.4%
山西省	大同市	5	48.2%	49.1%	50.1%	51.1%	52.0%	54.9%	56.5%	58.0%	59.0%	60.0%	61.0%	62.0%	62.9%
山西省	晋中市	5	39.5%	40.6%	41.6%	42.7%	43.5%	44.1%	45.7%	47.4%	48.9%	50.5%	51.7%	52.9%	54.1%
山西省	运城市	5	31.1%	32.5%	33.9%	35.2%	36.6%	37.6%	39.5%	41.4%	43.1%	44.5%	46.1%	47.7%	48.9%
陕西省	宝鸡市	5	33.7%	35.3%	36.8%	38.3%	39.9%	41.4%	43.5%	45.6%	46.7%	47.8%	49.1%	50.8%	52.3%
陕西省	榆林市	5	40.1%	41.5%	43.0%	44.5%	45.9%	47.4%	48.6%	51.3%	52.8%	53.9%	55.0%	56.2%	57.7%
陕西省	渭南市	5	23.1%	24.8%	26.5%	28.2%	29.9%	31.6%	33.1%	36.5%	38.1%	39.6%	40.8%	41.8%	43.5%
四川省	乐山市	5	34.5%	35.7%	37.1%	38.3%	39.4%	39.5%	41.2%	43.0%	44.5%	45.9%	47.3%	48.7%	50.2%
四川省	内江市	5	34.7%	35.8%	37.0%	38.1%	39.3%	39.4%	40.2%	41.8%	42.7%	44.2%	45.6%	46.7%	47.9%
四川省	宜宾市	5	28.3%	29.8%	32.0%	34.0%	36.6%	38.0%	39.4%	41.1%	42.5%	43.9%	45.1%	46.6%	48.1%
四川省	德阳市	5	35.8%	37.0%	38.2%	39.5%	41.2%	41.3%	43.0%	44.8%	45.9%	47.3%	48.5%	49.6%	51.0%
四川省	泸州市	5	34.0%	35.2%	36.4%	37.6%	38.8%	38.8%	39.9%	41.7%	43.3%	44.8%	46.1%	47.5%	49.0%

省份	城市	等级	2005年	2006年	2007年	2008年	2009年	2010年	2011年	2012年	2013年	2014年	2015年	2016年	2017年
四川省	眉山市	5	26.0%	27.5%	29.3%	31.1%	34.1%	34.1%	35.8%	37.6%	38.4%	40.5%	41.9%	43.4%	44.8%
四川省	遂宁市	5	31.7%	33.2%	35.1%	36.6%	38.4%	38.4%	40.0%	41.7%	43.1%	44.6%	45.9%	47.9%	48.5%
四川省	雅安市	5	29.3%	31.1%	32.4%	33.4%	34.6%	34.6%	36.6%	38.3%	39.8%	41.3%	42.6%	44.0%	45.4%
云南省	曲靖市	5	26.1%	29.0%	30.8%	32.8%	34.0%	35.5%	37.6%	40.4%	41.6%	42.9%	44.6%	45.6%	47.3%
云南省	玉溪市	5	32.2%	34.0%	34.7%	35.7%	37.0%	37.8%	40.0%	42.9%	44.1%	45.4%	47.1%	48.9%	50.7%
安徽省	亳州市	6	20.7%	22.4%	24.2%	25.9%	27.5%	29.1%	31.3%	33.0%	34.4%	35.7%	37.0%	38.3%	39.8%
安徽省	池州市	6	37.6%	39.0%	40.4%	41.8%	43.2%	44.5%	46.0%	47.5%	48.8%	50.1%	51.1%	52.3%	53.7%
安徽省	淮北市	6	48.1%	49.3%	50.6%	52.0%	53.3%	54.5%	55.7%	57.2%	58.5%	59.8%	60.8%	62.1%	63.6%
安徽省	铜陵市	6	78.2%	77.6%	77.4%	77.5%	77.7%	73.5%	74.9%	76.3%	77.6%	78.7%	52.7%	54.1%	55.8%
甘肃省	嘉峪关市	6	82.5%	76.7%	78.5%	78.7%	90.3%	93.3%	93.4%	93.4%	93.4%	93.4%	93.4%	93.4%	93.5%
甘肃省	天水市	6	25.9%	26.5%	27.4%	28.1%	28.8%	28.4%	29.9%	31.1%	32.4%	33.9%	35.3%	37.6%	40.1%
甘肃省	定西市	6	9.5%	9.9%	10.4%	10.8%	13.8%	23.4%	24.4%	25.8%	27.2%	28.8%	30.4%	31.9%	34.3%
甘肃省	平凉市	6	14.7%	15.3%	16.1%	16.7%	31.4%	29.1%	30.2%	31.7%	33.0%	34.5%	36.3%	37.8%	39.7%
甘肃省	庆阳市	6	11.9%	11.9%	12.0%	12.4%	27.2%	23.8%	26.0%	28.0%	29.6%	31.6%	33.5%	35.0%	37.0%
甘肃省	张掖市	6	24.6%	25.2%	25.8%	27.6%	35.5%	34.8%	36.0%	37.1%	38.7%	40.3%	42.2%	43.9%	45.8%
甘肃省	武威市	6	16.0%	16.2%	16.7%	17.1%	34.1%	27.6%	28.9%	30.9%	32.3%	34.0%	35.9%	37.7%	39.7%
甘肃省	白银市	6	23.8%	24.4%	25.2%	25.9%	35.5%	39.5%	40.5%	41.5%	43.2%	44.9%	46.5%	47.9%	49.3%
甘肃省	酒泉市	6	34.7%	34.5%	34.9%	35.0%	58.0%	50.1%	51.1%	52.2%	53.6%	55.2%	56.9%	58.7%	60.3%
甘肃省	金昌市	6	45.5%	45.8%	45.9%	46.2%	57.7%	62.1%	63.1%	64.1%	65.6%	66.9%	68.0%	69.1%	70.1%

省份	城市	等级	2005年	2006年	2007年	2008年	2009年	2010年	2011年	2012年	2013年	2014年	2015年	2016年	2017年
甘肃省	陇南市	6	14.0%	14.6%	15.5%	16.2%	20.8%	19.7%	21.4%	23.4%	24.7%	26.7%	28.2%	30.5%	32.5%
广东省	云浮市	6	37.3%	49.8%	36.4%	36.6%	36.8%	37.0%	37.2%	39.1%	39.3%	39.5%	40.2%	41.0%	41.2%
广西壮族自治区	崇左市	6	25.6%	27.6%	29.5%	31.5%	32.6%	29.8%	29.8%	32.9%	34.0%	35.3%	36.3%	37.2%	38.3%
广西壮族自治区	来宾市	6	26.0%	27.9%	29.9%	31.9%	32.6%	33.2%	33.2%	36.4%	37.5%	39.5%	40.7%	42.2%	43.8%
广西壮族自治区	河池市	6	28.1%	29.3%	30.4%	31.6%	32.0%	27.3%	27.4%	30.4%	32.0%	33.4%	35.1%	36.1%	37.1%
广西壮族自治区	百色市	6	25.1%	27.2%	29.4%	31.6%	32.1%	26.6%	26.6%	29.8%	31.1%	32.7%	34.1%	35.2%	36.3%
广西壮族自治区	贵港市	6	27.3%	29.2%	31.0%	32.9%	34.4%	40.2%	40.2%	43.7%	44.8%	45.6%	46.5%	48.0%	49.0%
广西壮族自治区	贺州市	6	29.5%	31.0%	32.4%	33.9%	34.4%	35.3%	35.3%	38.9%	40.3%	41.6%	42.6%	44.0%	45.2%
广西壮族自治区	钦州市	6	25.5%	27.9%	30.4%	32.9%	34.0%	30.7%	30.7%	34.1%	35.3%	36.1%	37.0%	37.8%	39.0%
广西壮族自治区	防城港市	6	40.6%	41.9%	43.2%	44.5%	45.2%	48.3%	48.3%	51.9%	53.0%	54.1%	55.1%	56.4%	57.4%
贵州省	六盘水市	6	30.9%	32.4%	34.0%	35.5%	37.1%	38.7%	40.0%	41.3%	42.7%	44.0%	47.5%	49.5%	51.4%
贵州省	安顺市	6	28.0%	28.4%	28.8%	29.2%	29.6%	30.0%	32.3%	34.6%	36.9%	39.2%	44.1%	47.5%	50.5%
河北省	衡水市	6	33.0%	34.1%	35.6%	37.2%	39.1%	39.8%	40.9%	42.1%	43.4%	44.6%	46.6%	48.9%	50.6%
河南省	三门峡市	6	39.3%	40.8%	42.4%	43.9%	45.4%	44.3%	46.0%	47.6%	48.9%	50.4%	51.6%	53.1%	54.7%
河南省	漯河市	6	31.7%	33.3%	35.7%	37.5%	39.3%	39.2%	40.9%	42.8%	44.2%	45.7%	47.5%	49.2%	50.9%
河南省	濮阳市	6	28.7%	30.3%	32.1%	33.8%	35.4%	31.5%	33.4%	35.2%	36.7%	38.5%	40.4%	42.0%	43.7%
河南省	鹤壁市	6	42.6%	44.2%	46.0%	47.8%	49.6%	48.0%	49.8%	51.6%	52.8%	54.1%	55.7%	57.2%	58.8%
湖南省	张家界市	6	32.1%	34.1%	35.6%	37.1%	36.7%	36.2%	39.2%	41.1%	42.2%	43.3%	44.6%	46.1%	48.0%
湖南省	永州市	6	27.1%	30.2%	34.2%	36.5%	35.9%	35.4%	37.9%	39.9%	41.3%	42.6%	44.3%	46.3%	48.3%

省份	城市	等级	2005年	2006年	2007年	2008年	2009年	2010年	2011年	2012年	2013年	2014年	2015年	2016年	2017年
湖南省	益阳市	6	32.4%	35.0%	37.5%	39.8%	39.8%	39.9%	41.1%	42.2%	43.3%	44.8%	46.4%	47.9%	50.1%
江西省	新余市	6	55.9%	56.8%	58.0%	59.2%	60.4%	61.6%	63.6%	65.6%	66.4%	67.4%	68.5%	68.9%	70.0%
江西省	萍乡市	6	54.2%	55.0%	56.0%	57.0%	58.1%	59.2%	60.8%	62.3%	63.5%	64.6%	65.9%	67.0%	68.2%
江西省	鹰潭市	6	41.1%	42.2%	43.4%	44.7%	46.0%	47.4%	49.4%	51.3%	52.7%	54.2%	55.8%	57.5%	59.1%
内蒙古自治区	乌兰察布市	6	33.4%	34.7%	35.3%	36.2%	37.2%	40.0%	42.9%	43.6%	44.3%	45.3%	46.6%	47.9%	49.0%
内蒙古自治区	乌海市	6	93.2%	96.8%	94.0%	93.3%	94.1%	94.2%	94.4%	94.5%	94.6%	94.6%	94.6%	94.6%	54.2%
内蒙古自治区	巴彦淖尔市	6	41.5%	42.6%	43.7%	44.6%	45.9%	47.6%	49.2%	50.2%	51.0%	51.7%	52.6%	53.4%	54.2%
宁夏回族自治区	中卫市	6	25.1%	24.6%	25.2%	23.9%	23.8%	24.4%	31.9%	32.9%	35.0%	37.2%	39.1%	39.9%	43.1%
宁夏回族自治区	吴忠市	6	31.1%	30.9%	30.8%	30.5%	30.0%	33.4%	36.7%	40.0%	42.1%	43.7%	45.9%	47.8%	49.0%
宁夏回族自治区	固原市	6	17.8%	19.0%	20.2%	21.4%	22.6%	23.8%	25.0%	26.2%	28.2%	30.1%	32.4%	34.8%	36.3%
宁夏回族自治区	石嘴山市	6	60.7%	63.6%	66.5%	69.4%	69.6%	69.8%	70.0%	70.6%	71.2%	72.2%	73.7%	74.4%	75.2%
山东省	莱芜市	6	48.9%	49.6%	49.9%	50.5%	50.7%	51.5%	52.6%	54.2%	55.2%	56.4%	58.8%	61.1%	62.6%
山西省	吕梁市	6	31.8%	33.2%	34.7%	35.8%	36.6%	37.9%	39.8%	41.6%	43.1%	44.7%	46.2%	47.8%	49.3%
山西省	忻州市	6	33.5%	34.6%	35.6%	36.7%	37.5%	37.9%	39.8%	41.4%	43.0%	44.7%	46.3%	47.9%	74.0%
山西省	晋城市	6	41.3%	42.2%	43.2%	45.2%	47.0%	51.0%	52.8%	54.5%	55.5%	56.5%	57.4%	58.3%	59.0%
山西省	朔州市	6	42.0%	42.9%	43.8%	44.9%	45.2%	46.3%	47.9%	50.0%	51.1%	52.2%	53.2%	54.2%	55.3%
山西省	长治市	6	37.3%	38.5%	39.6%	40.5%	41.0%	41.8%	43.4%	45.3%	46.9%	48.5%	50.0%	51.5%	52.9%
山西省	阳泉市	6	55.2%	56.2%	57.4%	58.5%	59.1%	60.0%	61.6%	63.0%	64.0%	65.0%	65.9%	66.7%	67.6%
陕西省	商洛市	6	25.4%	27.4%	29.3%	31.3%	33.2%	35.2%	37.1%	37.4%	40.0%	41.9%	45.4%	49.0%	51.4%

省份	城市	等级	2005年	2006年	2007年	2008年	2009年	2010年	2011年	2012年	2013年	2014年	2015年	2016年	2017年
陕西省	安康市	6	26.8%	28.3%	29.9%	31.5%	33.0%	34.6%	37.0%	39.3%	41.0%	42.8%	44.3%	45.6%	47.3%
陕西省	延安市	6	39.4%	41.2%	43.0%	44.8%	46.6%	48.3%	50.2%	52.3%	54.0%	55.8%	57.3%	59.1%	60.9%
陕西省	汉中市	6	28.2%	29.9%	31.7%	33.5%	35.3%	37.1%	40.5%	41.5%	42.7%	43.8%	44.9%	47.8%	49.3%
陕西省	铜川市	6	52.4%	53.5%	54.5%	55.6%	56.7%	57.8%	59.1%	60.4%	61.3%	62.2%	63.2%	64.2%	65.2%
四川省	巴中市	6	21.6%	23.3%	25.3%	27.3%	29.3%	29.3%	31.3%	33.2%	34.8%	36.1%	37.5%	39.1%	40.5%
四川省	广元市	6	27.4%	28.7%	30.1%	31.2%	32.8%	33.0%	34.7%	36.4%	37.8%	39.3%	40.8%	42.4%	44.0%
四川省	广安市	6	19.8%	21.3%	23.0%	25.8%	28.9%	29.1%	30.9%	32.9%	34.3%	35.8%	37.2%	38.9%	40.2%
四川省	攀枝花市	6	56.6%	57.6%	58.6%	59.6%	60.0%	60.1%	61.6%	63.0%	63.4%	64.0%	64.7%	65.3%	66.0%
四川省	自贡市	6	35.0%	36.6%	38.2%	39.6%	40.8%	41.0%	42.7%	44.4%	45.5%	46.6%	47.9%	49.1%	50.9%
四川省	资阳市	6	23.7%	25.2%	27.0%	29.7%	32.7%	32.7%	34.5%	36.2%	36.9%	38.2%	39.5%	40.0%	41.3%
四川省	达州市	6	25.5%	27.1%	28.8%	31.0%	32.6%	32.7%	34.3%	36.1%	37.8%	39.4%	40.9%	42.4%	43.9%
新疆维吾尔自治区	克拉玛依市	6	97.5%	98.1%	98.2%	98.4%	98.5%	98.5%	98.6%	98.7%	98.7%	98.9%	99.0%	99.1%	99.1%
云南省	临沧市	6	27.3%	26.4%	27.1%	28.2%	29.2%	29.1%	30.6%	32.7%	33.9%	35.2%	36.9%	39.0%	40.8%
云南省	保山市	6	21.5%	22.5%	23.3%	24.2%	25.0%	22.3%	25.1%	27.8%	29.0%	30.3%	32.0%	33.8%	35.7%
云南省	普洱市	6	24.2%	25.0%	28.0%	29.1%	30.0%	30.2%	33.3%	34.7%	35.9%	37.2%	38.9%	40.7%	42.3%
云南省	昭通市	6	17.1%	17.2%	17.5%	18.8%	20.0%	20.4%	22.6%	25.0%	26.2%	27.5%	29.2%	31.5%	33.4%

附表2 中国284个城市2005—2016年产业结构合理化相关数据

省份	城市	等级	2005年	2006年	2007年	2008年	2009年	2010年	2011年	2012年	2013年	2014年	2015年	2016年
北京市	北京市	1	0.036	0.004	0.003	0.004	0.002	0.001	0.003	0.003	0.002	0.001	0.000	0.000
广东省	广州市	1	0.026	0.025	0.026	0.024	0.025	0.025	0.044	0.058	0.037	0.027	0.033	0.032
广东省	深圳市	1	0.001	0.002	0.003	0.003	0.011	0.012	0.008	0.012	0.097	0.090	0.080	0.074
上海市	上海市	1	0.023	0.015	0.004	0.005	0.002	0.001	0.006	0.023	0.005	0.001	0.002	0.006
广东省	东莞市	2	0.054	0.061	0.070	0.052	0.011	0.034	0.061	0.039	0.365	—	0.338	0.327
河南省	郑州市	2	0.073	0.072	0.054	0.061	0.067	0.080	0.058	0.051	0.042	0.043	0.053	0.041
湖北省	武汉市	2	0.007	0.004	0.004	0.006	0.034	0.036	0.052	0.080	0.076	0.072	0.069	0.072
湖南省	长沙市	2	0.151	0.147	0.157	0.165	0.262	0.178	0.135	0.166	0.138	0.137	0.124	0.123
江苏省	南京市	2	0.028	0.033	0.029	0.025	0.039	0.035	0.037	0.038	0.073	0.075	0.064	0.062
江苏省	苏州市	2	0.008	0.014	0.050	0.045	0.061	0.078	0.079	0.090	—	0.202	0.211	0.214
辽宁省	大连市	2	0.071	0.067	0.068	0.094	0.085	0.073	0.076	0.102	0.111	0.098	0.111	0.111
辽宁省	沈阳市	2	0.085	0.075	0.090	0.091	0.083	0.084	0.102	0.113	0.105	0.109	0.109	0.102
山东省	青岛市	2	0.133	0.116	0.109	0.113	0.091	0.096	0.120	0.142	0.150	0.131	0.134	0.127
陕西省	西安市	2	0.040	0.032	0.035	0.035	0.077	0.083	0.092	0.124	0.114	0.107	0.099	0.096
四川省	成都市	2	0.187	0.177	0.176	0.178	0.152	0.147	0.144	0.165	0.062	0.111	0.057	0.066
天津市	天津市	2	0.043	0.043	0.036	0.057	0.020	0.018	0.021	0.018	0.017	0.020	0.017	0.013
浙江省	宁波市	2	0.125	0.125	0.117	0.118	0.133	0.135	0.158	0.187	0.164	0.159	0.154	0.144
浙江省	杭州市	2	0.126	0.122	0.102	0.105	0.116	0.113	0.110	0.116	0.111	0.125	0.132	0.129
重庆市	重庆市	2	0.281	0.204	0.216	0.213	0.181	0.173	0.174	0.040	0.030	0.017	0.018	0.175

附表2（续）

省份	城市	等级	2005年	2006年	2007年	2008年	2009年	2010年	2011年	2012年	2013年	2014年	2015年	2016年
安徽省	合肥市	3	0.106	0.109	0.124	0.174	0.151	0.148	0.159	0.169	0.180	0.177	0.169	0.141
福建省	厦门市	3	0.075	0.077	0.083	0.055	0.102	0.086	0.095	0.099	0.103	0.098	0.090	0.106
福建省	泉州市	3	0.167	0.168	0.171	0.177	0.190	0.166	0.183	0.166	0.123	0.108	0.108	0.113
福建省	福州市	3	0.188	0.194	0.196	0.194	0.145	0.156	0.195	0.323	0.287	0.254	0.254	0.267
甘肃省	兰州市	3	0.033	0.062	0.060	0.050	0.057	0.044	0.045	0.040	0.052	0.063	0.073	0.075
广东省	中山市	3	0.123	0.103	0.104	0.108	—	—	—	—	—	—	—	—
广东省	佛山市	3	0.090	0.084	0.078	0.077	0.069	0.071	0.069	0.070	0.123	0.108	0.106	0.109
广东省	惠州市	3	0.316	0.267	0.263	0.233	0.236	0.203	0.189	0.209	0.167	0.167	0.174	0.193
广东省	珠海市	3	0.064	0.051	0.052	0.052	0.068	0.053	0.063	0.062	0.050	0.040	0.035	0.029
广西壮族自治区	南宁市	3	0.085	0.081	0.083	0.131	0.147	0.158	0.162	0.174	0.155	0.160	0.140	0.147
贵州省	贵阳市	3	0.168	0.138	0.126	0.088	0.090	0.087	0.100	0.108	0.104	0.124	0.133	0.129
海南省	海口市	3	0.098	0.122	0.089	0.100	0.109	0.127	0.049	0.045	0.085	0.034	0.023	0.012
河北省	石家庄市	3	0.361	0.329		0.283	0.275	0.294	0.287	0.322	0.346	0.321	0.302	0.273
黑龙江省	哈尔滨市	3	0.096	0.092	0.061	0.052	0.057	0.049	0.029	0.029	0.060	0.059	0.066	0.081
湖南省	邵阳市	3	0.472	0.427	0.423	0.474	0.503	0.470	0.532	0.537	0.534	0.499	0.499	0.524
吉林省	长春市	3	0.171	0.119	0.138	0.121	0.107	0.109	0.114	0.119	0.083	0.073	0.068	0.055
江苏省	南通市	3	0.071	0.052	0.043	0.045	0.053	0.055	0.047	0.054	0.281	0.349	0.352	0.359
江苏省	常州市	3	0.079	0.068	0.071	0.063	0.075	0.060	0.055	0.074	0.106	0.100	0.098	0.100
江苏省	徐州市	3	0.170	0.146	0.137	0.117	0.120	0.096	0.099	0.089	0.129	0.131	0.131	0.120

省份	城市	等级	2005年	2006年	2007年	2008年	2009年	2010年	2011年	2012年	2013年	2014年	2015年	2016年
江苏省	无锡市	3	0.019	0.012	0.009	0.009	0.016	0.027	0.033	0.045	0.076	0.081	0.077	0.078
江西省	南昌市	3	0.041	0.056	0.031	0.037	0.033	0.025	0.034	0.049	0.054	0.075	0.074	0.083
山东省	济南市	3	0.226	0.209	0.189	0.175	0.177	0.177	0.155	0.185	0.202	0.181	0.176	0.170
山东省	烟台市	3	0.162	0.150	0.140	0.138	0.161	0.163	0.179	0.264	0.305	0.284	0.271	0.255
山西省	太原市	3	0.017	0.016	0.009	0.009	0.018	0.017	0.014	0.051	0.033	0.030	0.031	0.033
新疆维吾尔自治区	乌鲁木齐市	3	0.011	0.005	0.002	0.010	0.009	0.022	0.009	0.004	0.006	0.003	0.005	0.005
云南省	昆明市	3	0.093	0.088	0.081	0.088	0.095	0.077	0.073	0.137	0.104	0.111	0.099	0.092
浙江省	台州市	3	0.102	0.093	0.075	0.089	0.088	0.100	0.148	0.255	0.280	0.319	0.345	0.338
浙江省	嘉兴市	3	0.195	0.182	0.174	0.152	0.170	0.180	0.152	0.178	0.167	0.147	0.145	0.135
浙江省	温州市	3	0.101	0.104	0.105	0.116	0.130	0.116	0.111	0.128	0.101	0.099	0.114	0.124
浙江省	绍兴市	3	0.231	0.204	0.218	0.230	0.269	0.325	0.327	0.352	0.367	0.388	0.428	0.424
浙江省	金华市	3	0.140	0.115	0.123	0.126	0.123	0.123	0.120	0.206	0.242	0.233	0.218	0.235
安徽省	芜湖市	4	0.155	0.124	0.111	0.111	0.130	0.128	0.233	0.228	0.217	0.192	0.159	0.155
安徽省	蚌埠市	4	0.260	0.282	0.312	0.322	0.446	0.450	0.439	0.699	0.732	0.673	0.635	0.542
安徽省	马鞍山市	4	0.075	0.075	0.068	0.072	0.069	0.088	0.148	0.179	0.158	0.135	0.121	0.111
福建省	三明市	4	0.355	0.341	0.303	0.305	0.244	0.243	0.221	0.268	0.276	0.282	0.274	0.289
福建省	南平市	4	0.223	0.235	0.220	0.222	0.204	0.202	0.242	0.433	0.454	0.305	0.292	0.324
福建省	宁德市	4	0.463	0.489	0.377	0.385	0.357	0.384	0.408	0.559	0.418	0.448	0.455	0.483
福建省	漳州市	4	0.129	0.124	0.101	0.110	0.080	0.074	0.093	0.167	0.122	0.105	0.096	0.100

省份	城市	等级	2005年	2006年	2007年	2008年	2009年	2010年	2011年	2012年	2013年	2014年	2015年	2016年
福建省	莆田市	4	0.379	0.383	0.328	0.299	0.259	0.231	0.285	0.342	0.400	0.274	0.264	0.235
福建省	龙岩市	4	0.303	0.291	0.261	0.256	0.176	0.171	0.169	0.286	0.209	0.225	0.233	0.233
广东省	揭阳市	4	0.305	0.278	0.295	0.312	0.264	0.307	0.265	0.311	0.155	0.190	0.186	0.196
广东省	汕头市	4	0.233	0.217	0.227	0.229	0.236	0.215	0.184	0.188	0.182	0.177	0.173	0.158
广东省	江门市	4	0.195	0.168	0.176	0.191	0.193	0.183	0.273	0.323	0.302	0.298	0.288	0.288
广东省	清远市	4	0.396	0.323	0.240	0.247	0.227	0.215	0.311	0.389	0.408	0.384	0.394	0.463
广东省	湛江市	4	0.204	0.213	0.239	0.247	0.172	0.170	0.165	0.169	0.211	0.191	0.196	0.225
广东省	肇庆市	4	0.922	0.822	0.635	0.629	0.551	0.469	0.509	0.523	0.574	0.489	0.491	0.522
广西壮族自治区	柳州市	4	0.108	0.118	0.115	0.120	0.142	0.175	0.194	0.219	0.141	0.106	0.109	0.102
广西壮族自治区	桂林市	4	0.414	0.344	0.363	0.348	0.343	0.371	0.376	0.433	0.388	0.431	0.375	0.366
海南省	三亚市	4	0.139	0.272	0.529	0.532	0.301	0.271	0.267	0.117	0.119	0.149	0.157	0.168
河北省	保定市	4	0.532	0.469	0.441	0.420	0.417	0.463	0.529	0.506	0.536	0.546	0.432	0.515
河北省	唐山市	4	0.057	0.054	0.046	0.053	0.044	0.056	0.062	0.064	0.075	0.086	0.091	0.109
河北省	廊坊市	4	0.621	0.567	0.494	0.479	0.390	0.332	0.305	0.312	0.279	0.260	0.240	0.209
河北省	沧州市	4	0.180	0.155	0.151	0.170	0.176	0.201	0.235	0.195	0.185	0.190	0.192	0.177
河北省	秦皇岛市	4	0.168	0.174	0.214	0.229	0.309	0.301	0.336	0.404	0.465	0.402	0.470	0.560
河北省	邯郸市	4	0.292	0.291	0.318	0.317	0.365	0.415	0.166	0.578	0.410	0.434	0.413	0.399
河南省	南阳市	4	0.546	0.539	0.466	0.461	0.467	0.450	0.378	0.468	0.372	0.350	0.410	0.440
河南省	洛阳市	4	0.238	0.264	0.241	0.258	0.267	0.254	0.228	0.234	0.234	0.192	0.205	0.178

省份	城市	等级	2005年	2006年	2007年	2008年	2009年	2010年	2011年	2012年	2013年	2014年	2015年	2016年
黑龙江省	大庆市	4	0.249	0.218	0.236	0.270	0.212	0.249	0.250	0.255	0.244	0.207	0.160	0.135
黑龙江省	齐齐哈尔市	4	0.019	0.012	0.000	0.015	0.021	0.039	0.043	0.449	0.037	0.035	0.028	0.060
湖北省	孝感市	4	0.200	0.196	0.352	0.250	0.260	0.264	0.253	0.273	0.438	0.387	0.371	0.360
湖北省	宜昌市	4	0.113	0.097	0.280	0.292	0.269	0.267	0.251	0.376	0.315	0.297	0.280	0.267
湖北省	荆州市	4	0.100	0.114	0.125	0.127	0.139	0.141	0.285	0.315	0.332	0.290	0.259	0.268
湖北省	襄阳市	4	0.172	0.136	0.090	0.088	0.102	0.271	0.247	0.283	0.264	0.239	0.150	0.147
湖南省	岳阳市	4	0.071	0.067	0.080	0.051	0.031	0.061	0.067	0.275	0.288	0.273	0.164	0.162
湖南省	株洲市	4	0.201	0.185	0.202	0.176	0.244	0.270	0.231	0.242	0.191	0.193	0.277	0.280
湖南省	衡阳市	4	0.687	0.651	0.671	0.754	0.641	0.916	0.778	0.692	0.656	0.613	0.605	0.571
吉林省	吉林市	4	0.096	0.080	0.075	0.069	0.055	0.048	0.034	0.038	0.073	0.082	0.077	0.064
江苏省	扬州市	4	0.198	0.170	0.140	0.186	0.191	0.186	0.188	0.208	0.353	0.334	0.331	0.349
江苏省	泰州市	4	0.191	0.169	0.139	0.158	0.157	0.136	0.132	0.125	0.252	0.289	0.296	0.321
江苏省	淮安市	4	0.163	0.126	0.099	0.082	0.137	0.123	0.113	0.126	0.185	0.263	0.265	0.258
江苏省	盐城市	4	0.128	0.107	0.091	0.108	0.117	0.099	0.090	0.092	0.166	0.149	0.156	0.144
江苏省	连云港市	4	0.169	0.130	0.090	0.112	0.099	0.086	0.087	0.098	0.170	0.156	0.156	0.154
江苏省	镇江市	4	0.064	0.045	0.037	0.033	0.044	0.060	0.067	0.073	0.082	0.088	0.106	0.094
江西省	上饶市	4	0.112	0.111	0.100	0.154	0.167	0.236	0.247	0.065	0.230	0.226	0.243	0.212
江西省	九江市	4	0.156	0.135	0.113	0.125	0.114	0.099	0.081	0.088	0.086	0.071	0.075	0.072
江西省	赣州市	4	0.417	0.350	0.339	0.327	0.357	0.326	0.295	0.355	0.285	0.276	0.273	0.296

附表2（续）

省份	城市	等级	2005年	2006年	2007年	2008年	2009年	2010年	2011年	2012年	2013年	2014年	2015年	2016年
辽宁省	丹东市	4	0.255	0.252	0.237	0.239	0.396	0.275	0.253	0.312	0.186	0.272	0.204	0.214
辽宁省	抚顺市	4	0.028	0.023	0.027	0.030	0.032	0.030	0.040	0.065	0.069	0.064	0.068	0.047
辽宁省	盘锦市	4	0.322	0.336	0.313	0.298	0.181	0.238	0.261	0.411	0.202	0.193	0.181	0.171
辽宁省	营口市	4	0.220	0.226	0.256	0.256	0.240	0.221	0.154	0.257	0.212	0.193	0.200	0.242
辽宁省	鞍山市	4	0.022	0.024	0.017	0.016	0.018	0.016	0.022	0.064	0.063	0.072	0.088	0.132
内蒙古自治区	包头市	4	0.030	0.017	0.016	0.022	0.013	0.013	0.014	0.028	0.025	0.024	0.021	0.019
内蒙古自治区	呼和浩特市	4	0.059	0.060	0.059	0.070	0.052	0.056	0.054	0.048	0.053	0.039	0.034	0.026
宁夏回族自治区	银川市	4	0.005	0.007	0.002	0.002	0.003	0.006	0.016	0.036	0.036	0.203	0.213	0.041
青海省	西宁市	4	0.030	0.043	0.052	0.079	0.055	0.079	0.067	0.072	0.080	0.064	0.061	0.059
山东省	东营市	4	0.145	0.112	0.093	0.090	0.083	0.076	0.034	0.050	0.092	0.083	0.087	0.135
山东省	临沂市	4	0.258	0.234	0.217	0.227	0.218	0.173	0.159	0.373	0.243	0.246	0.248	0.238
山东省	威海市	4		0.145	0.132	0.141	0.148	0.170	0.241	0.275	0.267	0.266	0.270	0.279
山东省	泰安市	4	0.269	0.233	0.213	0.246	0.211	0.203	0.204	0.327	0.296	0.270	0.221	0.209
山东省	济宁市	4	0.440	0.386	0.373	0.357	0.371	0.379	0.371	0.410	0.392	0.396	0.375	0.379
山东省	淄博市	4	0.042	0.037	0.041	0.041	0.042	0.049	0.063	0.075	0.131	0.124	0.126	0.118
山东省	潍坊市	4	0.326	0.259	0.251	0.287	0.281	0.258	0.222	0.322	0.363	0.348	0.303	0.311
陕西省	咸阳市	4	0.327	0.351	0.362	0.359	0.420	0.466	0.528	0.878	0.489	0.477	0.468	0.458
四川省	南充市	4	0.544	0.464	0.554	0.660	0.834	0.805	0.772	1.050	0.803	0.786	0.825	0.823
四川省	绵阳市	4	0.519	0.465	0.538	0.590	0.647	0.498	0.491	0.613	0.578	0.584	0.564	0.579

省份	城市	等级	2005年	2006年	2007年	2008年	2009年	2010年	2011年	2012年	2013年	2014年	2015年	2016年
云南省	丽江市	4	0.228	0.263	0.148	0.187	0.248	0.174	0.178	0.213	0.377	0.532	0.522	0.539
浙江省	丽水市	4	0.239	0.238	0.226	0.218	0.223	0.208	0.205	0.247	0.292	0.330	0.345	0.344
浙江省	湖州市	4	0.331	0.281	0.266	0.282	0.328	0.339	0.327	0.330	0.281	0.262	0.288	0.261
浙江省	舟山市	4	0.500	0.437	0.375	0.344	0.283	0.267	0.287	0.333	0.355	0.347	0.084	0.076
浙江省	衢州市	4	0.363	0.341	0.318	0.338	0.304	0.277	0.269	0.281	0.263	0.252	0.237	0.229
安徽省	六安市	5	0.316	0.308	0.259	0.284	0.330	0.339	0.482	0.489	0.451	0.378	0.519	0.523
安徽省	安庆市	5	0.220	0.293	0.201	0.215	0.261	0.315	0.253	0.258	0.140	0.138	0.100	0.080
安徽省	宣城市	5	0.174	0.148	0.151	0.199	0.289	0.304	0.370	0.473	0.475	0.244	0.224	0.216
安徽省	宿州市	5	0.620	0.588	0.452	0.496	0.507	0.481	0.496	0.496	0.507	0.554	0.292	0.254
安徽省	淮南市	5	0.134	0.126	0.106	0.085	0.103	0.101	0.121	0.123	0.140	0.151	0.141	0.133
安徽省	滁州市	5	0.276	0.268	0.236	0.267	0.328	0.346	0.369	0.372	0.309	0.293	0.263	0.214
安徽省	阜阳市	5	0.676	0.669	0.685	0.732	0.761	0.743	0.766	0.820	0.797	0.750	0.714	0.675
安徽省	黄山市	5	0.277	0.292	0.291	0.299	0.284	0.325	0.304	0.326	0.270	0.267	0.219	0.182
广东省	梅州市	5	0.648	0.578	0.599	0.632	0.650	0.672	0.618	0.785	0.779	0.721	0.731	0.696
广东省	汕尾市	5	0.193	0.196	0.128	0.123	0.095	0.081	0.097	0.108	0.224	0.201	0.227	0.437
广东省	河源市	5	0.446	0.347	0.264	0.259	0.302	0.296	0.315	0.357	0.330	0.297	0.307	0.311
广东省	潮州市	5	0.400	0.340	0.295	0.301	0.284	0.275	0.253	0.263	0.240	0.245	0.249	0.266
广东省	茂名市	5	0.274	0.277	0.209	0.216	0.213	0.203	0.207	0.227	0.237	0.209	0.220	0.241
广东省	阳江市	5	0.395	0.335	0.328	0.306	0.329	0.308	0.298	0.296	0.289	0.235	0.242	0.268

附表2（续）

省份	城市	等级	2005年	2006年	2007年	2008年	2009年	2010年	2011年	2012年	2013年	2014年	2015年	2016年
广东省	韶关市	5	0.252	0.226	0.204	0.200	0.196	0.198	0.209	0.229	0.284	0.292	0.323	0.345
广西壮族自治区	北海市	5	0.286	0.325	0.268	0.262	0.286	0.234	0.274	0.272	0.271	0.235	0.222	0.240
广西壮族自治区	梧州市	5		0.385	0.413	0.411	0.351	0.407	0.467	0.454	0.434	0.401	0.474	0.453
广西壮族自治区	玉林市	5	0.439	0.370	0.371	0.353	0.293	0.257	0.269	0.307	0.289	0.277	0.260	0.261
贵州省	遵义市	5	0.594	0.435	0.368	0.409	0.517	0.505	0.442	0.469	0.429	0.477	0.637	0.568
河北省	张家口市	5	0.250	0.262	0.235	0.266	0.235	0.268	0.322	0.329	0.393	0.422	0.406	0.405
河北省	承德市	5	0.298	0.335	0.363	0.425	0.308	0.335	0.410	0.394	0.394	0.426	0.461	0.412
河北省	邢台市	5	0.583	0.555	0.520	0.492	0.536	0.579	0.572	0.552	0.592	0.635	0.589	0.533
河南省	信阳市	5	0.556	0.554	0.492	0.507	0.525	0.565	0.556	0.637	0.687	0.665	0.743	0.906
河南省	周口市	5	0.725	0.686	0.595	0.587	0.667	0.716	0.645	0.845	0.507	0.455	0.612	0.566
河南省	商丘市	5	0.957	0.898	0.842	0.775	1.158	0.907	0.818	0.689	0.645	0.620	0.950	0.922
河南省	安阳市	5	0.370	0.342	0.330	0.418	0.396	0.371	0.305	0.428	0.368	0.351	0.396	0.392
河南省	平顶山市	5	0.340	0.312	0.278	0.278	0.286	0.288	0.302	0.339	0.361	0.350	0.425	0.373
河南省	开封市	5	0.790	0.727	0.715	0.641	0.462	0.470	0.431	0.403	0.578	0.534	0.577	0.694
河南省	新乡市	5	0.313	0.271	0.236	0.227	0.253	0.250	0.258	0.233	0.326	0.349	0.477	0.424
河南省	焦作市	5	0.154	0.144	0.162	0.179	0.156	0.176	0.142	0.240	0.262	0.210	0.354	0.208
河南省	许昌市	5	0.515	0.455	0.402	0.444	0.541	0.525	0.417	0.400	0.341	0.274	—	—
河南省	驻马店市	5	0.746	0.718	0.611	0.641	0.631	0.701	0.705	0.696	0.686	0.554	0.578	0.540
黑龙江省	佳木斯市	5	0.042	0.039	0.005	0.001	0.005	0.030	0.038	0.040	0.171	0.152	0.158	0.132

省份	城市	等级	2005年	2006年	2007年	2008年	2009年	2010年	2011年	2012年	2013年	2014年	2015年	2016年
黑龙江省	牡丹江市	5	0.011	0.006	0.006	0.006	0.036	0.051	0.034	0.054	0.023	0.014	0.009	0.013
湖北省	十堰市	5	0.150	0.148	0.160	0.202	0.207	0.198	0.210	0.264	0.224	0.204	0.192	0.194
湖北省	咸宁市	5	0.342	0.286	0.375	0.293	0.280	0.343	0.414	1.002	0.657	0.644	0.681	0.633
湖北省	黄冈市	5	0.345	0.301	0.330	0.338	0.315	0.525	0.655	0.481	0.276	0.308	0.301	0.286
湖北省	黄石市	5	0.035	0.033	0.032	0.026	0.030	0.102	0.066	0.115	0.169	0.183	0.193	0.201
湖南省	娄底市	5	0.437	0.418	0.320	0.345	0.265	0.240	0.503	0.469	0.449	0.446	0.345	0.374
湖南省	常德市	5	0.683	0.634	0.651	0.624	0.739	0.647	0.658	0.478	0.455	0.404	0.482	0.496
湖南省	怀化市	5	0.393	0.397	0.430	0.419	0.324	0.341	0.376	0.370	0.364	0.392	0.453	0.439
湖南省	湘潭市	5	0.613	0.579	0.655	0.526	0.581	—	—	0.408	0.392	0.198	0.259	0.166
湖南省	郴州市	5	0.486	0.324	0.353	0.405	0.527	0.409	0.365	0.303	0.288	0.274	0.258	0.280
吉林省	四平市	5	0.378	0.381	0.372	0.385	0.313	0.344	0.335	0.347	0.407	0.439	0.404	0.381
吉林省	通化市	5	0.164	0.120	0.119	0.109	0.118	0.096	0.096	0.096	0.102	0.087	0.090	0.086
江苏省	宿迁市	5	0.417	0.456	0.356	0.347	0.594	0.497	0.441	0.405	0.611	0.527	0.494	0.465
江西省	吉安市	5	0.245	0.230	0.275	0.409	0.448	0.427	0.375	0.331	0.186	0.196	0.202	0.199
江西省	宜春市	5	0.395	0.342	0.390	0.370	0.379	0.368	0.338	0.313	0.283	0.247	0.260	0.276
江西省	抚州市	5	0.263	0.248	0.229	0.247	0.249	0.241	0.262	0.233	0.298	0.352	0.376	0.354
江西省	景德镇市	5	0.012	0.008	0.011	0.041	0.036	0.035	0.046	0.032	0.049	0.040	0.048	0.048
辽宁省	本溪市	5	0.079	0.082	0.068	0.074	0.060	0.068	0.068	0.093	0.126	0.121	0.119	0.206
辽宁省	葫芦岛市	5	0.188	0.156	0.145	0.145	0.132	0.159	0.192	0.208	0.209	0.214	0.246	0.204

省份	城市	等级	2005年	2006年	2007年	2008年	2009年	2010年	2011年	2012年	2013年	2014年	2015年	2016年
辽宁省	辽阳市	5	0.038	0.053	0.057	0.056	0.071	0.067	0.063	0.095	0.077	0.080	0.078	0.114
辽宁省	铁岭市	5	0.224	0.134	0.124	0.144	0.136	0.134	0.130	0.147	0.134	0.166	0.204	0.131
辽宁省	锦州市	5	0.098	0.086	0.054	0.058	0.157	0.148	0.128	0.125	0.140	0.138	0.157	0.232
辽宁省	阜新市	5	0.344	0.243	0.278	0.300	0.312	0.376	0.404	0.415	0.365	0.303	0.403	0.365
内蒙古自治区	呼伦贝尔市	5	0.016	0.029	0.027	0.044	0.071	0.093	0.111	0.113	0.104	0.095	0.086	0.097
内蒙古自治区	赤峰市	5	0.204	0.189	0.170	0.183	0.149	0.172	0.192	0.239	0.165	0.154	0.154	0.162
内蒙古自治区	通辽市	5	0.055	0.081	0.162	0.184	0.752	0.271	0.293	0.319	0.157	0.163	0.105	0.109
内蒙古自治区	鄂尔多斯市	5	0.030	0.024	0.016	0.059	0.069	0.075	0.053	0.058	0.019	0.023	0.163	0.028
山东省	德州市	5	0.880	0.306	0.261	0.227	0.238	0.226	0.214	0.342	0.414	0.366	0.361	0.347
山东省	日照市	5	0.472	0.359	0.333	0.264	0.245	0.235	0.206	0.222	0.241	0.245	0.237	0.231
山东省	枣庄市	5	0.176	0.160	0.161	0.152	0.150	0.133	0.103	0.227	0.301	0.268	0.275	0.274
山东省	滨州市	5	0.454	0.341	0.240	0.219	0.207	0.285	0.284	0.324	0.528	0.498	0.502	0.580
山东省	聊城市	5	0.712	0.629	0.533	0.544	0.563	0.484	0.513	0.491	0.456	0.413	0.457	0.488
山东省	菏泽市	5	1.197	0.971	0.811	0.772	0.713	0.593	0.473	0.443	0.368	0.444	0.427	0.434
山西省	临汾市	5	0.202	0.204	0.221	0.235	0.215	0.232	0.275	0.228	0.230	0.214	0.164	0.159
山西省	大同市	5	0.082	0.072	0.071	0.074	0.084	0.077	0.082	0.099	0.111	0.121	0.115	0.148
山西省	晋中市	5	0.221	0.170	0.150	0.136	—	0.182	0.179	0.268	0.227	0.249	0.260	0.258
山西省	运城市	5	0.228	0.214	0.223	0.248	0.345	0.385	0.413	0.529	0.440	0.405	0.420	0.433
陕西省	宝鸡市	5	0.137	0.136	0.141	0.168	0.206	0.222	0.221	0.316	0.260	0.231	0.225	0.218

省份	城市	等级	2005年	2006年	2007年	2008年	2009年	2010年	2011年	2012年	2013年	2014年	2015年	2016年
陕西省	榆林市	5	0.463	0.541	0.677	0.757	0.346	0.368	0.427	0.463	0.239	0.206	0.182	0.153
陕西省	渭南市	5	0.225	0.226	0.262	0.242	0.176	0.217	0.244	0.282	0.315	0.290	0.294	0.275
四川省	乐山市	5	0.248	0.197	0.233	0.220	0.258	0.223	0.221	0.306	0.222	0.247	0.222	0.220
四川省	内江市	5	0.523	0.424	0.471	0.461	0.422	0.394	0.528	0.561	0.560	0.532	0.551	0.508
四川省	宜宾市	5	0.513	0.470	0.502	0.516	0.540	0.508	0.535	0.383	0.379	0.373	0.371	0.350
四川省	德阳市	5	0.507	0.492	0.550	0.553	0.531	0.568	0.518	—	0.565	0.532	0.531	0.496
四川省	泸州市	5	0.511	0.469	0.466	0.458	0.361	0.346	0.344	0.435	0.403	0.429	0.355	0.370
四川省	眉山市	5	0.498	0.498	0.529	0.576	0.506	0.436	0.631	0.685	0.603	0.541	0.582	0.483
四川省	遂宁市	5	0.851	0.760	0.786	0.875	1.035	1.154	1.237	—	0.806	0.796	0.703	0.438
四川省	雅安市	5	0.451	0.509	0.533	0.545	0.546	0.507	0.516	0.687	0.532	0.522	0.495	0.470
云南省	曲靖市	5	0.358	0.364	0.317	0.339	0.310	0.313	0.346	0.429	0.440	0.457	0.557	0.539
云南省	玉溪市	5	0.332	0.316	0.202	0.218	0.205	0.208	0.214	0.209	0.230	0.233	0.200	0.197
安徽省	亳州市	6	1.097	1.065	0.905	0.897	1.101	1.050	1.113	1.018	1.241	1.050	0.996	0.964
安徽省	池州市	6	0.441	0.409	0.381	0.394	0.359	0.370	0.353	0.387	0.352	0.297	0.294	0.270
安徽省	淮北市	6	0.415	0.447	0.369	0.435	—	—	—	0.364	—	—	—	—
安徽省	铜陵市	6	0.001	0.006	0.005	0.002	0.004	0.018	0.027	0.017	0.011	0.010	0.027	0.025
甘肃省	嘉峪关市	6	0.009	0.016	0.035	0.038	0.023	0.030	—	0.041	0.027	0.039	0.076	0.114
甘肃省	天水市	6	0.097	0.372	0.181	0.213	0.248	0.280	0.264	0.572	0.291	0.259	0.253	0.231
甘肃省	定西市	6	0.783	0.683	0.745	0.732	0.588	0.608	0.759	0.754	0.776	0.647	0.636	0.604

省份	城市	等级	2005年	2006年	2007年	2008年	2009年	2010年	2011年	2012年	2013年	2014年	2015年	2016年
甘肃省	平凉市	6	0.380	0.324	0.411	0.398	0.449	0.420	0.370	0.509	0.392	0.560	0.665	0.757
甘肃省	庆阳市	6	0.720	0.727	1.158	1.305	1.399	1.413	1.721	1.396	0.541	0.461	0.495	0.502
甘肃省	张掖市	6	0.222	0.206	0.214	0.205	0.174	0.180	0.202	0.224	0.161	0.124	0.124	0.130
甘肃省	武威市	6	0.224	0.267	0.174	0.178	0.230	0.212	0.242	0.304	0.416	0.472	0.411	0.399
甘肃省	白银市	6	0.112	0.089	0.103	0.109	0.119	0.115	0.201	0.210	0.182	0.188	0.204	0.230
甘肃省	酒泉市	6	0.071	0.115	0.151	0.147	0.142	0.163	0.156	0.161	0.046	0.043	0.069	0.085
甘肃省	金昌市	6	0.022	0.042	0.077	0.053	0.048	0.038	0.027	0.009	0.020	0.040	0.089	0.096
甘肃省	陇南市	6	0.399	0.424	0.448	0.391	0.313	0.325	0.342	0.796	0.366	0.224	0.222	0.074
广东省	云浮市	6	1.052	1.031	0.869	0.867	0.827	0.836	0.822	0.821	0.758	0.742	0.734	0.686
广西壮族自治区	崇左市	6	0.182	0.181	0.167	0.151	0.122	0.163	0.176	0.165	0.206	0.184	0.178	0.191
广西壮族自治区	来宾市	6	0.354	0.353	0.370	0.239	0.231	0.258	0.257	0.295	0.264	0.202	0.206	0.228
广西壮族自治区	河池市	6	0.375	0.371	0.351	0.334	0.328	0.356	0.424	0.466	0.527	0.438	0.447	0.453
广西壮族自治区	百色市	6	0.389	0.395	0.379	0.414	0.392	0.459	0.489	0.452	0.475	0.490	0.501	0.512
广西壮族自治区	贵港市	6	0.527	0.580	0.654	0.597	0.567	0.565	0.614	0.716	0.638	0.485	0.620	0.663
广西壮族自治区	贺州市	6	0.595	0.588	0.593	0.551	0.478	0.429	0.436	0.498	0.621	0.578	0.608	0.639
广西壮族自治区	钦州市	6	0.530	0.482	0.423	0.371	0.417	0.405	0.398	0.383	0.390	0.432	0.416	0.383
广西壮族自治区	防城港市	6		0.133	0.203	0.185	0.141	0.128	0.127	0.118	0.133	0.319	0.178	0.164
贵州省	六盘水市	6	0.110	0.092	0.082	0.067	0.102	0.094	0.083	0.175	0.185	0.221	0.324	0.345
贵州省	安顺市	6	0.288	0.257	0.275	0.352	0.251	0.272	0.258	0.278	0.240	0.255	0.455	0.416
河北省	衡水市	6	0.601	0.658	0.613	0.624	0.735	0.773	0.629	0.671	0.550	0.473	0.430	0.413

省份	城市	等级	2005年	2006年	2007年	2008年	2009年	2010年	2011年	2012年	2013年	2014年	2015年	2016年
河南省	三门峡市	6	0.178	0.175	0.176	0.219	0.207	0.225	0.219	0.248	0.266	0.262	0.261	0.255
河南省	漯河市	6	0.614	0.513	0.437	0.641	0.579	0.555	0.543	0.429	0.535	0.477	0.660	0.647
河南省	濮阳市	6	0.426	0.498	0.436	0.596	0.640	0.604	0.570	0.637	0.522	0.462	0.540	0.557
河南省	鹤壁市	6	0.312	0.282	0.214	0.212	0.246	0.260	0.258	0.252	0.356	0.300	0.322	0.334
黑龙江省	七台河市	6	0.141	0.101	0.067	0.011	0.018	0.011	0.029	0.053	0.112	0.170	0.175	0.090
黑龙江省	伊春市	6	0.156	0.154	0.145	0.152	0.112	0.147	0.119	0.066	0.067	0.020	0.023	0.034
黑龙江省	双鸭山市	6	0.170	0.023	0.061	0.071	0.092	0.094	0.356	0.380	0.499	0.555	0.565	0.506
黑龙江省	绥化市	6	0.371	0.337	0.348	0.367	0.423	0.486	0.592	0.642	0.581	0.595	0.574	0.634
黑龙江省	鸡西市	6	0.045	0.045	0.042	0.025	0.003	0.001	0.003	0.012	0.233	0.072	0.026	0.042
黑龙江省	鹤岗市	6	0.025	0.023	0.032	0.027	0.026	0.013	0.014	0.017	0.018	0.063	0.023	0.012
黑龙江省	黑河市	6	0.025	0.022	0.013	0.024	0.036	0.044	0.016	0.009	0.011	0.007	0.003	0.194
湖北省	荆门市	6	0.029	0.027	0.216	0.250	0.220	0.209	0.210	0.197	0.182	0.205	0.190	0.183
湖北省	鄂州市	6	0.338	0.221	0.418	0.491	0.463	0.453	0.426	0.566	0.572	0.536	0.524	0.476
湖北省	随州市	6	0.373	0.358	0.342	0.306	0.416	0.640	0.592	0.554	0.554	0.523	0.480	0.473
湖南省	张家界市	6	0.172	0.152	0.156	0.171	0.249	0.244	0.259	0.239	0.236	0.223	0.202	0.241
湖南省	永州市	6	0.592	0.609	0.478	0.467	0.509	0.495	0.587	0.542	0.510	0.483	0.508	0.503
湖南省	益阳市	6	0.461	0.417	0.458	0.508	0.796	0.685	0.762	0.728	0.652	0.675	0.556	0.621
吉林省	松原市	6	0.164	0.145	0.083	0.079	0.040	0.070	0.088	0.090	0.043	0.046	0.050	0.041
吉林省	白城市	6	0.162	0.142	0.190	0.163	0.235	0.320	0.299	0.191	0.191	0.198	0.194	0.179
吉林省	白山市	6	0.027	0.060	0.081	0.084	0.101	0.129	0.154	0.050	0.056	0.070	0.064	0.069

省份	城市	等级	2005年	2006年	2007年	2008年	2009年	2010年	2011年	2012年	2013年	2014年	2015年	2016年
吉林省	辽源市	6	0.178	0.144	0.132	0.108	0.091	0.096	0.108	0.109	0.057	0.062	0.066	0.058
江西省	新余市	6	0.129	0.171	0.217	0.244	0.085	0.084	0.095	0.098	0.112	0.117	0.117	0.153
江西省	萍乡市	6	0.174	0.148	0.160	0.158	0.180	0.229	0.270	0.172	0.135	0.151	0.155	0.120
江西省	鹰潭市	6	0.018	0.034	0.269	0.191	0.140	0.077	0.093	0.083	—	0.316	0.201	0.198
辽宁省	朝阳市	6	0.377	0.383	0.403	0.385	0.319	0.371	0.454	0.749	0.587	0.549	0.683	0.673
内蒙古自治区	乌兰察布市	6	0.541	0.532	0.473	0.506	0.491	0.553	0.508	0.832	0.497	0.516	0.515	0.509
内蒙古自治区	乌海市	6	0.017	0.009	0.004	0.003	0.010	0.014	0.020	0.029	0.011	0.007	0.009	0.008
内蒙古自治区	巴彦淖尔市	6	0.132	0.151	0.158	0.186	0.207	0.260	0.223	0.280	0.302	0.283	0.255	0.273
宁夏回族自治区	中卫市	6	0.079	0.165	0.165	0.213	0.290	0.216	0.250	0.169	0.168	0.233	0.278	0.268
宁夏回族自治区	吴忠市	6	0.116	0.172	0.180	0.225	0.223	0.255	0.227	0.230	0.207	0.269	0.277	0.242
宁夏回族自治区	固原市	6	0.364	0.335	0.346	0.386	0.410	0.396	0.393	0.414	0.408	0.360	0.405	0.402
宁夏回族自治区	石嘴山市	6	0.032	0.047	0.077	0.114	0.060	0.026	0.058	0.102	0.126	0.143	0.184	0.158
山东省	莱芜市	6	0.273	0.245	0.222	—	—	—	—	—	—	—	—	—
山西省	吕梁市	6	0.292	0.217	0.266	0.177	0.276	0.294	0.324	0.440	0.282	0.234	0.176	0.165
山西省	忻州市	6	0.194	0.199	0.246	0.258	0.224	0.241	0.245	0.233	0.241	0.232	0.210	0.209
山西省	晋城市	6	0.095	0.086	0.086	0.076	0.069	0.066	0.073	0.093	0.066	0.066	0.083	0.088
山西省	朔州市	6	0.120	0.124	0.112	0.082	0.049	0.054	0.053	0.039	0.056	0.060	0.057	0.056
山西省	长治市	6	0.100	0.088	0.076	0.078	0.080	0.083	0.111	0.139	0.097	0.081	0.087	0.088
山西省	阳泉市	6	0.040	0.028	0.036	0.025	0.029	0.023	0.031	0.038	0.046	0.046	0.065	0.065
陕西省	商洛市	6	0.461	0.443	0.442	0.486	0.375	0.404	0.438	0.507	0.413	0.348	0.342	0.312

省份	城市	等级	2005年	2006年	2007年	2008年	2009年	2010年	2011年	2012年	2013年	2014年	2015年	2016年
陕西省	安康市	6	0.640	0.652	0.644	0.727	0.731	0.675	0.631	0.766	0.597	0.634	0.598	0.560
陕西省	延安市	6	0.517	0.517	0.509	0.461	0.363	0.370	0.381	0.437	0.312	0.290	0.264	0.249
陕西省	汉中市	6	0.323	0.349	0.378	0.441	0.397	0.400	0.444	0.633	0.498	0.580	0.566	0.532
陕西省	铜川市	6	0.095	0.085	0.093	0.114	0.140	0.182	0.218	0.218	0.267	0.283	0.256	0.237
四川省	巴中市	6	0.707	0.620	0.644	0.686	0.493	0.463	0.419	0.729	0.401	0.389	0.390	0.391
四川省	广元市	6	0.747	0.634	0.655	0.403	0.743	0.837	0.691	0.910	0.865	0.628	0.682	0.665
四川省	广安市	6	0.529	0.492	0.473	0.473	0.792	0.652	0.662	0.796	0.726	0.693	0.604	0.633
四川省	攀枝花市	6	0.042	0.038	0.049	0.054	0.054	0.061	0.054	0.101	0.062	0.071	0.075	0.092
四川省	自贡市	6	0.396	0.347	0.430	0.435	0.475	0.437	0.405	0.466	0.393	0.384	0.377	0.366
四川省	资阳市	6	0.720	0.584	0.589	0.594	0.606	0.506	0.493		0.533	0.499	0.761	0.549
四川省	达州市	6	0.570	0.512	0.618	0.585	0.578	0.594	0.522	0.858	0.568	0.603	0.626	0.574
新疆维吾尔自治区	克拉玛依市	6	0.052	0.069	0.083	0.093	0.044	0.083	0.092	—	—	0.015	0.003	0.020
云南省	临沧市	6	0.326	0.273	0.284	0.490	1.435	0.300	0.288	0.300	0.317	0.331	0.245	0.219
云南省	保山市	6	0.459	0.411	0.404	0.391	0.445	0.404	0.454	0.672	0.525	0.514	0.493	0.495
云南省	昭通市	6	0.536	0.556	0.520	1.445	0.566	0.500	0.435	0.588	0.688	0.752	0.646	0.620
四川省	达州市	6	0.570	0.512	0.618	0.585	0.578	0.594	0.522	0.858	0.568	0.603	0.626	0.574
新疆维吾尔自治区	克拉玛依市	6	0.052	0.069	0.083	0.093	0.044	0.083	0.092	—	—	0.015	0.003	0.020
云南省	临沧市	6	0.326	0.273	0.284	0.490	1.435	0.300	0.288	0.300	0.317	0.331	0.245	0.219
云南省	保山市	6	0.459	0.411	0.404	0.391	0.445	0.404	0.454	0.672	0.525	0.514	0.493	0.495
云南省	昭通市	6	0.536	0.556	0.520	1.445	0.566	0.500	0.435	0.588	0.688	0.752	0.646	0.620

附表 3　中国 284 个城市 2005—2016 年产业结构高度化相关数据

省份	城市	等级	2005年	2006年	2007年	2008年	2009年	2010年	2011年	2012年	2013年	2014年	2015年	2016年
北京市	北京市	1	2.350	2.547	2.687	2.852	3.214	3.128	3.295	3.368	3.443	3.658	4.035	4.166
广东省	广州市	1	1.456	1.440	1.479	1.516	1.633	1.638	1.670	1.825	1.906	1.949	2.121	2.357
广东省	深圳市	1	0.876	0.904	0.996	1.044	1.141	1.117	1.152	1.256	1.302	1.348	1.427	1.505
上海市	上海市	1	1.038	1.043	1.129	1.179	1.488	1.362	1.406	1.553	1.675	1.870	2.130	2.339
广东省	东莞市	2	0.749	0.712	0.753	0.888	1.056	0.957	0.994	1.101	1.172	1.097	1.140	1.144
河南省	郑州市	2	0.820	0.808	0.831	0.753	0.794	0.725	0.687	0.726	0.745	0.901	0.987	1.096
湖北省	武汉市	2	1.089	1.070	1.092	1.088	1.088	1.130	1.017	0.990	0.982	1.031	1.117	1.204
湖南省	长沙市	2	1.189	1.118	1.083	0.805	0.883	0.783	0.706	0.706	0.738	0.771	0.885	0.991
江苏省	南京市	2	0.942	0.979	0.989	1.051	1.124	1.143	1.167	1.213	1.263	1.375	1.423	1.490
江苏省	苏州市	2	0.468	0.499	0.542	0.586	0.671	0.727	0.769	0.817	0.869	0.967	1.028	1.096
辽宁省	大连市	2	0.977	0.921	0.876	0.790	0.897	0.834	0.796	0.803	0.843	0.951	1.174	1.227
辽宁省	沈阳市	2	1.160	1.093	0.964	0.901	0.909	0.891	0.862	0.859	0.848	0.913	0.995	1.454
山东省	青岛市	2	0.803	0.802	0.834	0.868	0.911	0.954	1.002	1.051	1.102	1.144	1.219	1.317
陕西省	西安市	2	1.229	1.196	1.176	1.113	1.283	1.201	1.175	1.216	1.203	1.405	1.625	1.742
四川省	成都市	2	1.175	1.109	1.054	0.999	1.115	1.123	1.076	1.069	1.094	1.151	1.208	1.235
天津市	天津市	2	0.748	0.704	0.708	0.631	0.854	0.876	0.880	0.909	0.949	0.999	1.120	1.333
浙江省	宁波市	2	0.727	0.727	0.729	0.728	0.755	0.722	0.733	0.795	0.831	0.843	0.884	0.882
浙江省	杭州市	2	0.867	0.895	0.914	0.926	1.051	1.018	1.041	1.112	1.206	1.323	1.498	1.672
重庆市	重庆市	2	1.070	1.043	0.924	0.858	0.717	0.661	0.654	0.752	0.822	1.022	1.060	1.081

省份	城市	等级	2005年	2006年	2007年	2008年	2009年	2010年	2011年	2012年	2013年	2014年	2015年	2016年
安徽省	合肥市	3	1.093	0.983	0.924	0.868	0.804	0.764	0.712	0.708	0.713	0.722	0.813	0.887
福建省	厦门市	3	0.785	0.827	0.858	0.881	1.091	0.988	0.939	1.032	1.085	1.226	1.278	1.435
福建省	泉州市	3	0.627	0.618	0.614	0.610	0.660	0.601	0.547	0.553	0.564	0.565	0.620	0.659
福建省	福州市	3	0.876	0.928	0.929	0.891	1.131	1.026	0.993	1.009	1.004	1.021	1.116	1.202
甘肃省	兰州市	3	1.180	1.120	1.102	1.054	1.065	1.016	1.011	1.040	1.105	1.362	1.606	1.790
广东省	中山市	3	0.575	0.573	0.593	0.604	0.682	0.676	0.745	0.757	0.757	0.766	0.803	0.869
广东省	佛山市	3	0.603	0.548	0.513	0.491	0.555	0.566	0.544	0.576	0.583	0.588	0.626	0.649
广东省	惠州市	3	0.589	0.571	0.577	0.580	0.679	0.596	0.616	0.629	0.639	0.685	0.731	0.764
广东省	珠海市	3	0.815	0.757	0.759	0.775	0.856	0.777	0.790	0.887	0.907	0.942	0.966	1.021
广西壮族自治区	南宁市	3	1.611	1.475	1.447	1.440	1.488	1.387	1.298	1.269	1.209	1.220	1.259	1.319
贵州省	贵阳市	3	0.967	0.937	1.013	1.005	1.333	1.330	1.250	1.269	1.362	1.446	1.491	1.478
海南省	海口市	3	2.347	2.174	2.301	2.635	2.802	2.899	2.741	2.783	2.901	3.758	3.940	4.111
河北省	石家庄市	3	0.778	0.805	—	0.775	0.810	0.833	0.805	0.807	0.854	0.937	1.017	1.022
黑龙江省	哈尔滨市	3	1.369	1.311	1.315	1.299	1.418	1.349	1.304	1.467	1.540	1.642	1.726	1.853
湖南省	邵阳市	3	1.460	1.378	1.353	1.255	1.085	0.991	0.924	0.949	0.993	1.056	1.141	1.213
吉林省	长春市	3	0.905	0.854	0.800	0.787	0.819	0.789	0.774	0.806	0.757	0.781	0.872	0.915
江苏省	南通市	3	0.589	0.614	0.619	0.615	0.640	0.676	0.707	0.756	0.789	0.889	0.946	1.019
江苏省	常州市	3	0.566	0.594	0.619	0.645	0.698	0.749	0.778	0.830	0.876	0.978	1.038	1.096
江苏省	徐州市	3	0.698	0.683	0.686	0.693	0.714	0.784	0.811	0.846	0.890	0.999	1.045	1.095

省份	城市	等级	2005年	2006年	2007年	2008年	2009年	2010年	2011年	2012年	2013年	2014年	2015年	2016年
江苏省	无锡市	3	0.625	0.650	0.686	0.711	0.727	0.773	0.813	0.852	0.883	0.970	0.997	1.088
江西省	南昌市	3	0.757	0.722	0.728	0.695	0.698	0.774	0.617	0.685	0.718	0.738	0.756	0.809
山东省	济南市	3	1.017	1.036	1.083	1.136	1.177	1.257	1.279	1.348	1.409	1.423	1.512	1.625
山东省	烟台市	3	0.515	0.498	0.504	0.511	0.534	0.568	0.606	0.643	0.689	0.753	0.807	0.866
山西省	太原市	3	1.086	1.090	0.922	0.953	1.245	1.189	1.156	1.197	1.257	1.462	1.645	1.732
新疆维吾尔自治区	乌鲁木齐市	3	1.655	1.631	1.540	1.356	1.382	1.196	1.198	1.387	1.487	1.686	2.302	2.453
云南省	昆明市	3	1.065	1.020	1.028	1.176	1.055	1.081	1.046	1.069	1.112	1.295	1.383	1.469
浙江省	台州市	3	0.746	0.735	0.734	0.765	0.804	0.807	0.845	0.909	0.940	1.009	1.120	1.149
浙江省	嘉兴市	3	0.577	0.559	0.567	0.575	0.627	0.622	0.649	0.709	0.733	0.769	0.826	0.853
浙江省	温州市	3	0.767	0.761	0.786	0.824	0.862	0.846	0.880	0.919	0.929	1.062	1.219	1.367
浙江省	绍兴市	3	0.551	0.556	0.559	0.585	0.654	0.689	0.723	0.768	0.795	0.839	0.894	0.910
浙江省	金华市	3	0.766	0.752	0.748	0.763	0.831	0.843	0.872	0.916	0.950	1.035	1.105	1.152
安徽省	芜湖市	4	0.739	0.662	0.652	0.563	0.522	0.466	0.420	0.423	0.420	0.485	0.663	0.702
安徽省	蚌埠市	4	1.038	1.010	1.041	1.005	0.809	0.718	0.652	0.643	0.620	0.628	0.771	0.947
安徽省	马鞍山市	4	0.471	0.489	0.461	0.415	0.445	0.389	0.383	0.417	0.455	0.511	0.662	0.704
福建省	三明市	4	0.962	0.882	0.807	0.656	0.790	0.680	0.664	0.654	0.615	0.617	0.669	0.700
福建省	南平市	4	1.119	1.100	1.006	0.933	0.953	0.867	0.808	0.787	0.764	0.768	0.817	0.848
福建省	宁德市	4	1.182	1.123	1.095	0.984	1.032	0.898	0.747	0.700	0.617	0.613	0.624	0.658
福建省	漳州市	4	0.856	0.805	0.811	0.768	0.845	0.804	0.764	0.754	0.732	0.728	0.784	0.855

省份	城市	等级	2005年	2006年	2007年	2008年	2009年	2010年	2011年	2012年	2013年	2014年	2015年	2016年
福建省	莆田市	4	0.607	0.567	0.588	0.551	0.639	0.598	0.552	0.565	0.619	0.606	0.622	0.660
福建省	龙岩市	4	0.762	0.694	0.638	0.603	0.715	0.634	0.551	0.546	0.636	0.636	0.681	0.729
广东省	揭阳市	4	0.717	0.696	0.589	0.556	0.616	0.552	0.493	0.462	0.431	0.478	0.529	0.626
广东省	汕头市	4	0.826	0.787	0.785	0.741	0.718	0.687	0.850	0.817	0.808	0.798	0.842	0.878
广东省	江门市	4	0.723	0.681	0.648	0.596	0.591	0.666	0.697	0.801	0.818	0.874	0.904	0.938
广东省	清远市	4	0.983	0.716	0.580	0.507	0.566	0.571	0.926	1.094	1.148	1.073	1.239	1.310
广东省	湛江市	4	0.729	0.675	0.671	0.654	1.035	0.932	0.909	1.040	1.012	1.046	1.120	1.117
广东省	肇庆市	4	1.723	1.465	1.256	1.107	1.179	0.961	0.870	0.828	0.767	0.705	0.698	0.768
广西壮族自治区	柳州市	4	0.652	0.610	0.548	0.499	0.501	0.436	0.438	0.458	0.452	0.563	0.638	0.687
广西壮族自治区	桂林市	4	0.924	0.893	0.849	0.781	0.853	0.829	0.750	0.739	0.713	0.739	0.780	0.847
海南省	三亚市	4	1.784	1.025	1.073	1.276	2.781	3.061	2.950	3.169	3.386	3.056	3.200	3.328
河北省	保定市	4	0.674	0.689	0.697	0.747	0.681	0.651	0.574	0.566	0.580	0.670	0.764	0.798
河北省	唐山市	4	0.542	0.537	0.562	0.524	0.568	0.558	0.516	0.535	0.550	0.576	0.645	0.645
河北省	廊坊市	4	0.549	0.527	0.533	0.548	0.646	0.649	0.641	0.648	0.706	0.884	1.057	1.103
河北省	沧州市	4	0.649	0.658	0.710	0.747	0.824	0.749	0.685	0.686	0.714	0.729	0.823	0.841
河北省	秦皇岛市	4	1.311	1.369	1.279	1.189	1.253	1.185	1.217	1.205	1.228	1.282	1.411	1.461
河北省	邯郸市	4	0.717	0.675	0.655	0.605	0.628	0.604	0.596	0.629	0.697	0.734	0.849	0.852
河南省	南阳市	4	0.473	0.482	0.503	0.509	0.539	0.526	0.531	0.570	0.620	0.774	0.864	0.905
河南省	洛阳市	4	0.545	0.502	0.496	0.494	0.566	0.527	0.509	0.542	0.595	0.820	0.907	1.002

省份	城市	等级	2005年	2006年	2007年	2008年	2009年	2010年	2011年	2012年	2013年	2014年	2015年	2016年
黑龙江省	大庆市	4	0.129	0.131	0.141	0.139	0.223	0.176	0.175	0.189	0.207	0.262	0.441	0.656
黑龙江省	齐齐哈尔市	4	1.744	1.540	1.333	1.215	1.138	0.924	0.860	1.029	1.105	1.319	1.444	1.503
湖北省	孝感市	4	0.963	0.970	0.947	0.891	0.806	0.744	0.682	0.665	0.653	0.660	0.697	0.712
湖北省	宜昌市	4	0.687	0.705	0.640	0.613	0.591	0.540	0.467	0.456	0.465	0.497	0.517	0.559
湖北省	荆州市	4	1.220	1.196	1.098	1.066	0.977	0.863	0.733	0.729	0.704	0.719	0.780	0.825
湖北省	襄阳市	4	0.980	0.888	0.885	0.834	0.740	0.633	0.512	0.502	0.506	0.512	0.550	0.595
湖南省	岳阳市	4	0.726	0.706	0.661	0.601	0.668	0.587	0.530	0.591	0.617	0.656	0.776	0.875
湖南省	株洲市	4	0.715	0.699	0.652	0.609	0.637	0.563	0.513	0.521	0.532	0.558	0.612	0.738
湖南省	衡阳市	4	0.963	0.889	0.912	0.854	0.854	0.790	0.713	0.722	0.762	0.819	0.900	1.045
吉林省	吉林市	4	0.870	0.860	0.756	0.784	0.798	0.793	0.780	0.811	0.848	0.909	0.969	1.097
江苏省	扬州市	4	0.604	0.620	0.619	0.622	0.642	0.682	0.713	0.755	0.788	0.840	0.876	0.910
江苏省	泰州市	4	0.536	0.549	0.570	0.589	0.619	0.685	0.718	0.750	0.779	0.863	0.915	0.997
江苏省	淮安市	4	0.728	0.728	0.723	0.707	0.756	0.842	0.847	0.881	0.916	0.997	1.072	1.147
江苏省	盐城市	4	0.756	0.732	0.725	0.706	0.718	0.786	0.802	0.809	0.825	0.877	0.922	0.972
江苏省	连云港市	4	0.799	0.785	0.776	0.767	0.806	0.854	0.844	0.863	0.890	0.915	0.958	0.976
江苏省	镇江市	4	0.577	0.584	0.608	0.609	0.641	0.701	0.737	0.771	0.806	0.920	0.951	0.976
江西省	上饶市	4	0.857	0.812	0.765	0.706	0.658	0.631	0.559	0.619	0.690	0.716	0.777	0.857
江西省	九江市	4	0.661	0.628	0.621	0.602	0.676	0.611	0.561	0.609	0.638	0.668	0.737	0.785
江西省	赣州市	4	1.038	0.974	0.909	0.842	0.872	0.828	0.748	0.803	0.840	0.851	0.928	1.038

省份	城市	等级	2005年	2006年	2007年	2008年	2009年	2010年	2011年	2012年	2013年	2014年	2015年	2016年
辽宁省	丹东市	4	1.038	0.935	0.900	0.832	0.778	0.685	0.681	0.721	0.753	0.911	1.055	1.697
辽宁省	抚顺市	4	0.706	0.676	0.668	0.644	0.663	0.599	0.549	0.563	0.568	0.707	0.881	0.851
辽宁省	盘锦市	4	0.237	0.233	0.248	0.239	0.461	0.370	0.346	0.347	0.357	0.609	0.690	0.932
辽宁省	营口市	4	0.736	0.653	0.622	0.588	0.638	0.668	0.683	0.729	0.759	0.848	0.929	1.217
辽宁省	鞍山市	4	0.718	0.727	0.711	0.747	0.804	0.760	0.786	0.782	0.790	0.869	0.995	1.599
内蒙古自治区	包头市	4	0.817	0.781	0.874	0.701	0.798	0.798	0.757	0.761	0.882	0.973	1.011	1.070
内蒙古自治区	呼和浩特市	4	1.508	1.421	1.501	1.473	1.639	1.613	1.618	1.610	1.972	2.264	2.418	2.460
宁夏回族自治区	银川市	4	1.072	1.005	0.901	0.930	0.910	0.891	0.789	0.777	0.791	0.781	0.838	0.888
青海省	西宁市	4	1.082	0.953	0.847	0.772	0.933	0.882	0.807	0.866	0.832	0.938	1.013	1.030
山东省	东营市	4	0.165	0.194	0.264	0.262	0.304	0.327	0.346	0.362	0.387	0.451	0.494	0.552
山东省	临沂市	4	0.651	0.678	0.716	0.719	0.740	0.771	0.803	0.860	0.907	0.958	1.025	1.112
山东省	威海市	4	0.463	0.474	0.488	0.514	0.514	0.647	0.703	0.727	0.787	0.906	0.958	1.038
山东省	泰安市	4	0.564	0.576	0.588	0.611	0.653	0.688	0.737	0.793	0.850	0.917	0.976	1.044
山东省	济宁市	4	0.569	0.580	0.586	0.576	0.603	0.638	0.657	0.684	0.722	0.807	0.877	0.960
山东省	淄博市	4	0.434	0.467	0.489	0.489	0.535	0.563	0.601	0.634	0.687	0.731	0.788	0.840
山东省	潍坊市	4	0.518	0.508	0.522	0.519	0.576	0.605	0.623	0.672	0.736	0.781	0.893	0.893
陕西省	咸阳市	4	0.801	0.771	0.742	0.635	0.649	0.562	0.498	0.472	0.436	0.439	0.473	0.477
四川省	南充市	4	1.017	0.851	0.755	0.681	0.634	0.559	0.507	0.493	0.497	0.551	0.593	0.704
四川省	绵阳市	4	0.889	0.812	0.753	0.764	0.766	0.695	0.606	0.596	0.627	0.654	0.677	0.770

中国人口迁移流动对城市住房价格的影响研究——基于结构变迁的视角

省份	城市	等级	2005年	2006年	2007年	2008年	2009年	2010年	2011年	2012年	2013年	2014年	2015年	2016年
云南省	丽江市	4	1.733	1.471	1.368	1.279	1.213	1.136	0.989	0.957	0.853	0.930	1.127	1.177
浙江省	丽水市	4	0.911	0.897	0.899	0.832	0.869	0.827	0.806	0.813	0.805	0.905	1.008	1.051
浙江省	湖州市	4	0.645	0.598	0.610	0.604	0.668	0.675	0.717	0.739	0.760	0.837	0.911	0.962
浙江省	舟山市	4	1.160	1.103	1.034	0.948	0.990	0.985	0.996	1.011	1.029	1.150	1.184	1.185
浙江省	衢州市	4	0.837	0.760	0.677	0.631	0.714	0.667	0.651	0.728	0.751	0.847	0.985	1.061
安徽省	六安市	5	1.188	1.184	1.041	0.965	0.875	0.809	0.717	0.699	0.684	0.693	0.785	0.845
安徽省	安庆市	5	0.926	0.914	0.955	0.908	0.738	0.589	0.539	0.532	0.614	0.635	0.725	0.842
安徽省	宣城市	5	1.090	1.042	1.069	0.905	0.883	0.761	0.627	0.635	0.632	0.696	0.796	0.853
安徽省	宿州市	5	1.481	1.315	1.246	1.115	1.080	0.904	0.796	0.788	0.792	0.841	1.064	1.129
安徽省	淮南市	5	0.670	0.642	0.642	0.494	0.462	0.432	0.417	0.439	0.481	0.588	0.822	0.860
安徽省	滁州市	5	0.910	0.906	0.841	0.780	0.685	0.600	0.540	0.533	0.525	0.536	0.560	0.693
安徽省	阜阳市	5	1.306	1.207	1.106	1.079	0.984	0.855	0.814	0.794	0.809	0.807	0.900	0.971
安徽省	黄山市	5	1.327	1.237	1.302	1.188	1.133	0.980	0.911	0.915	0.921	0.933	1.247	1.321
广东省	梅州市	5	0.853	0.771	0.813	0.838	0.987	0.936	0.994	1.164	1.194	1.152	1.192	1.272
广东省	汕尾市	5	0.913	0.819	0.753	0.770	0.857	0.822	0.782	0.799	0.785	0.822	0.847	0.895
广东省	河源市	5	1.015	0.752	0.621	0.576	0.670	0.696	0.654	0.682	0.772	0.882	0.934	1.039
广东省	潮州市	5	0.673	0.610	0.612	0.627	0.685	0.677	0.704	0.691	0.664	0.693	0.747	0.803
广东省	茂名市	5	0.994	0.969	0.956	0.951	1.150	1.061	1.047	1.016	1.000	1.036	1.044	1.079
广东省	阳江市	5	0.956	0.941	0.913	0.878	0.882	0.839	0.789	0.739	0.648	0.738	0.852	1.019

附表3（续）

省份	城市	等级	2005年	2006年	2007年	2008年	2009年	2010年	2011年	2012年	2013年	2014年	2015年	2016年
广东省	韶关市	5	0.941	0.821	0.770	0.783	1.103	1.057	1.026	1.064	1.052	1.154	1.316	1.354
广西壮族自治区	北海市	5	0.981	0.830	0.922	0.795	1.030	0.847	0.838	0.622	0.585	0.550	0.628	0.612
广西壮族自治区	梧州市	5		0.723	0.575	0.548	0.558	0.463	0.386	0.386	0.338	0.463	0.532	0.532
广西壮族自治区	玉林市	5	1.086	1.041	0.991	0.969	0.917	0.790	0.758	0.810	0.813	0.847	0.867	0.918
贵州省	遵义市	5	0.892	0.808	0.773	0.719	1.103	1.024	0.967	0.918	0.850	0.867	0.874	0.913
河北省	张家口市	5	0.874	0.885	0.887	0.899	1.028	0.959	0.898	0.943	0.939	0.928	1.053	1.193
河北省	承德市	5	0.605	0.568	0.481	0.413	0.649	0.652	0.550	0.594	0.634	0.664	0.765	0.823
河北省	邢台市	5	0.427	0.433	0.479	0.485	0.504	0.517	0.525	0.557	0.606	0.761	0.876	0.843
河南省	信阳市	5	0.851	0.835	0.837	0.798	0.760	0.744	0.772	0.826	0.816	0.805	0.887	0.975
河南省	周口市	5	0.650	0.628	0.637	0.630	0.568	0.546	0.557	0.544	0.505	0.493	0.704	0.736
河南省	商丘市	5	0.687	0.688	0.682	0.627	0.600	0.587	0.591	0.644	0.660	0.799	0.895	0.946
河南省	安阳市	5	0.463	0.453	0.427	0.379	0.452	0.429	0.502	0.531	0.545	0.691	0.763	0.872
河南省	平顶山市	5	0.464	0.445	0.439	0.388	0.391	0.376	0.385	0.482	0.538	0.672	0.728	0.842
河南省	开封市	5	0.749	0.739	0.749	0.715	0.764	0.767	0.775	0.780	0.777	0.780	1.011	1.058
河南省	新乡市	5	0.623	0.617	0.605	0.571	0.539	0.504	0.478	0.533	0.555	0.557	0.783	0.810
河南省	焦作市	5	0.452	0.420	0.400	0.375	0.367	0.338	0.337	0.365	0.368	0.498	0.554	0.579
河南省	许昌市	5	0.366	0.352	0.358	0.332	0.306	0.293	0.314	0.338	0.349	0.500	0.563	0.584
河南省	驻马店市	5	0.714	0.714	0.739	0.708	0.729	0.729	0.707	0.713	0.701	0.852	0.939	1.016
黑龙江省	佳木斯市	5	2.463	2.426	2.334	2.286	2.111	1.734	1.624	1.705	1.683	1.959	2.041	2.201

省份	城市	等级	2005年	2006年	2007年	2008年	2009年	2010年	2011年	2012年	2013年	2014年	2015年	2016年
黑龙江省	牡丹江市	5	1.409	1.453	1.446	1.363	1.253	1.119	1.038	0.876	1.043	1.255	1.316	1.336
湖北省	十堰市	5	0.872	0.966	0.848	0.911	0.902	0.639	0.669	0.702	0.714	0.720	0.796	0.842
湖北省	咸宁市	5	0.913	0.871	0.822	0.805	0.818	0.764	0.724	0.712	0.676	0.662	0.701	0.750
湖北省	黄冈市	5	1.161	1.140	1.056	0.999	0.883	0.875	0.856	0.850	0.872	0.880	0.956	1.035
湖北省	黄石市	5	0.776	0.737	0.733	0.732	0.676	0.612	0.484	0.481	0.497	0.539	0.647	0.651
湖南省	娄底市	5	0.761	0.717	0.681	0.623	0.648	0.587	0.534	0.545	0.581	0.599	0.696	0.765
湖南省	常德市	5	0.833	0.803	0.800	0.731	0.849	0.768	0.705	0.721	0.761	0.817	0.902	1.045
湖南省	怀化市	5	1.467	1.376	1.283	1.133	1.109	0.999	0.909	0.905	0.957	0.959	1.044	1.241
湖南省	湘潭市	5	0.952	0.879	0.804	0.695	0.676	0.598	0.528	0.530	0.552	0.612	0.673	0.758
湖南省	郴州市	5	0.737	0.712	0.677	0.713	0.749	0.607	0.540	0.548	0.568	0.593	0.651	0.732
吉林省	四平市	5	1.131	1.016	0.901	0.941	0.831	0.705	0.636	0.633	0.629	0.642	0.714	0.904
吉林省	通化市	5	0.811	0.763	0.730	0.684	0.721	0.719	0.719	0.700	0.672	0.723	0.775	0.910
江苏省	宿迁市	5	0.692	0.704	0.696	0.708	0.743	0.830	0.808	0.807	0.804	0.805	0.811	0.821
江西省	吉安市	5	1.006	0.907	0.783	0.649	0.603	0.588	0.535	0.586	0.619	0.637	0.691	0.732
江西省	宜春市	5	0.755	0.651	0.548	0.505	0.495	0.432	0.400	0.488	0.532	0.575	0.652	0.875
江西省	抚州市	5	0.812	0.720	0.674	0.622	0.656	0.622	0.531	0.544	0.589	0.613	0.681	0.715
江西省	景德镇市	5	0.709	0.677	0.615	0.549	0.559	0.510	0.462	0.550	0.584	0.592	0.634	0.668
辽宁省	本溪市	5	0.581	0.551	0.520	0.488	0.587	0.524	0.509	0.560	0.588	0.726	0.832	1.098
辽宁省	葫芦岛市	5	0.790	0.785	0.744	0.828	0.971	0.861	0.813	0.818	0.853	0.960	1.079	1.391

省份	城市	等级	2005年	2006年	2007年	2008年	2009年	2010年	2011年	2012年	2013年	2014年	2015年	2016年
辽宁省	辽阳市	5	0.504	0.494	0.467	0.478	0.482	0.483	0.483	0.483	0.489	0.609	0.682	1.227
辽宁省	铁岭市	5	0.816	0.756	0.645	0.527	0.544	0.522	0.524	0.548	0.582	0.826	1.275	1.345
辽宁省	锦州市	5	1.098	1.004	0.872	0.870	0.771	0.752	0.703	0.708	0.740	0.837	0.962	1.342
辽宁省	阜新市	5	1.192	1.093	1.018	0.943	0.890	0.806	0.734	0.699	0.690	0.797	1.028	1.810
内蒙古自治区	呼伦贝尔市	5	1.396	1.342	1.282	1.120	1.054	0.910	0.825	0.741	0.711	0.816	0.879	0.895
内蒙古自治区	赤峰市	5	0.993	0.867	0.673	0.623	0.692	0.633	0.573	0.533	0.657	0.749	0.795	0.806
内蒙古自治区	通辽市	5	1.146	0.972	0.697	0.624	0.522	0.447	0.399	0.366	0.484	0.520	0.694	0.725
内蒙古自治区	鄂尔多斯市	5	0.774	0.722	0.739	0.659	0.666	0.658	0.622	0.612	0.628	0.679	0.720	0.751
山东省	德州市	5	0.535	0.542	0.559	0.572	0.581	0.609	0.624	0.643	0.680	0.780	0.817	0.879
山东省	日照市	5	0.749	0.717	0.697	0.645	0.647	0.647	0.668	0.706	0.745	0.814	0.882	0.943
山东省	枣庄市	5	0.423	0.432	0.430	0.453	0.467	0.521	0.559	0.584	0.620	0.703	0.754	0.804
山东省	滨州市	5	0.434	0.431	0.442	0.478	0.597	0.648	0.686	0.720	0.758	0.804	0.859	0.958
山东省	聊城市	5	0.419	0.428	0.438	0.442	0.459	0.516	0.541	0.592	0.650	0.695	0.725	0.782
山东省	菏泽市	5	0.528	0.506	0.518	0.509	0.541	0.553	0.565	0.587	0.612	0.647	0.681	0.737
山西省	临汾市	5	0.461	0.468	0.456	0.452	0.617	0.586	0.482	0.502	0.551	0.696	0.899	0.977
山西省	大同市	5	0.747	0.801	0.798	0.789	0.987	0.947	0.863	0.867	1.003	1.121	1.265	1.579
山西省	晋中市	5	0.695	0.670	0.662	0.596	0.745	0.671	0.673	0.677	0.728	0.898	1.053	1.097
山西省	运城市	5	0.572	0.586	0.635	0.666	0.896	0.878	0.725	0.811	0.867	1.022	1.228	1.300
陕西省	宝鸡市	5	0.553	0.527	0.512	0.476	0.469	0.419	0.398	0.374	0.364	0.409	0.421	0.435

省份	城市	等级	2005年	2006年	2007年	2008年	2009年	2010年	2011年	2012年	2013年	2014年	2015年	2016年
陕西省	榆林市	5	0.464	0.349	0.243	0.188	0.431	0.380	0.338	0.319	0.363	0.411	0.513	0.553
陕西省	渭南市	5	0.771	0.777	0.748	0.823	0.773	0.704	0.593	0.595	0.543	0.619	0.703	0.844
四川省	乐山市	5	0.559	0.510	0.470	0.421	0.491	0.455	0.416	0.420	0.437	0.489	0.511	0.647
四川省	内江市	5	0.749	0.656	0.594	0.490	0.449	0.377	0.339	0.336	0.350	0.370	0.404	0.474
四川省	宜宾市	5	0.616	0.572	0.523	0.462	0.485	0.419	0.373	0.371	0.405	0.440	0.472	0.567
四川省	德阳市	5	0.556	0.504	0.477	0.475	0.470	0.443	0.406	0.410	0.433	0.455	0.546	0.620
四川省	泸州市	5	0.935	0.847	0.743	0.629	0.606	0.501	0.431	0.421	0.439	0.449	0.470	0.489
四川省	眉山市	5	0.595	0.556	0.531	0.483	0.554	0.479	0.454	0.442	0.456	0.488	0.505	0.615
四川省	遂宁市	5	0.886	0.780	0.662	0.570	0.584	0.515	0.494	0.481	0.486	0.492	0.505	0.612
四川省	雅安市	5	0.726	0.683	0.640	0.562	0.565	0.499	0.464	0.446	0.477	0.498	0.531	0.609
云南省	曲靖市	5	0.589	0.517	0.499	0.501	0.574	0.561	0.521	0.532	0.544	0.595	0.583	0.632
云南省	玉溪市	5	0.513	0.508	0.462	0.435	0.502	0.456	0.440	0.447	0.489	0.503	0.588	0.717
安徽省	亳州市	6	1.400	1.470	1.417	1.327	1.099	0.961	0.862	0.851	0.862	0.976	1.020	1.074
安徽省	池州市	6	1.081	1.051	1.088	0.950	0.962	0.820	0.713	0.740	0.750	0.840	0.887	1.009
安徽省	淮北市	6	0.582	0.656	0.600	0.504	0.473	0.412	0.380	0.387	0.375	0.456	0.587	0.638
安徽省	铜陵市	6	0.564	0.450	0.437	0.451	0.435	0.346	0.313	0.336	0.362	0.379	0.536	0.595
甘肃省	嘉峪关市	6	0.250	0.223	0.210	0.204	0.250	0.231	0.204	0.205	0.320	0.409	0.712	1.470
甘肃省	天水市	6	1.148	1.186	1.188	1.209	1.099	1.119	1.044	1.057	1.194	1.326	1.459	1.580
甘肃省	定西市	6	2.221	2.188	1.702	1.789	1.937	1.765	1.588	1.585	1.757	2.074	2.428	2.344

省份	城市	等级	2005年	2006年	2007年	2008年	2009年	2010年	2011年	2012年	2013年	2014年	2015年	2016年
甘肃省	平凉市	6	0.882	0.944	0.908	0.789	0.716	0.666	0.643	0.663	0.809	1.109	1.615	1.903
甘肃省	庆阳市	6	0.499	0.445	0.416	0.395	0.428	0.427	0.376	0.385	0.468	0.479	0.641	0.779
甘肃省	张掖市	6	1.033	0.977	0.890	0.855	0.908	0.994	0.930	1.026	1.108	1.282	1.536	1.702
甘肃省	武威市	6	1.263	1.139	1.097	1.082	0.888	0.839	0.782	0.721	0.757	0.800	1.074	1.070
甘肃省	白银市	6	0.695	0.613	0.568	0.553	0.585	0.598	0.547	0.549	0.620	0.734	0.932	1.135
甘肃省	酒泉市	6	0.868	0.810	0.766	0.684	0.767	0.669	0.677	0.642	0.686	0.846	1.308	1.427
甘肃省	金昌市	6	0.216	0.176	0.135	0.173	0.185	0.194	0.210	0.247	0.290	0.410	0.580	0.797
甘肃省	陇南市	6	1.331	1.037	0.976	1.678	1.894	1.575	1.430	1.440	1.540	1.829	2.357	2.629
广东省	云浮市	6	0.863	0.727	0.626	0.641	0.833	0.818	0.769	0.722	0.799	0.788	0.858	0.929
广西壮族自治区	崇左市	6	1.196	0.916	0.992	0.951	1.024	0.861	0.757	0.786	0.753	0.811	0.921	0.926
广西壮族自治区	来宾市	6	0.653	0.683	0.673	0.684	0.692	0.599	0.579	0.641	0.736	0.831	0.931	1.008
广西壮族自治区	河池市	6	0.951	0.825	0.700	0.725	0.812	0.715	0.853	1.101	1.081	1.261	1.386	1.534
广西壮族自治区	百色市	6	0.660	0.542	0.546	0.508	0.604	0.504	0.484	0.492	0.514	0.549	0.585	0.567
广西壮族自治区	贵港市	6	1.096	1.087	0.914	0.870	0.870	0.759	0.860	0.941	0.916	0.980	0.983	0.955
广西壮族自治区	贺州市	6	0.568	0.536	0.480	0.491	0.721	0.671	0.681	0.682	0.688	0.825	0.934	0.923
广西壮族自治区	钦州市	6	0.956	0.842	0.816	0.791	0.987	0.778	0.688	0.814	0.805	0.951	0.936	0.828
广西壮族自治区	防城港市	6		0.836	0.697	0.664	0.690	0.709	0.636	0.639	0.542	0.522	0.544	0.536
贵州省	六盘水市	6	0.599	0.562	0.586	0.488	0.545	0.555	0.512	0.540	0.636	0.705	0.769	0.800
贵州省	安顺市	6	1.006	1.002	0.998	1.052	1.306	1.174	1.142	1.185	1.239	1.328	1.467	1.542

省份	城市	等级	2005年	2006年	2007年	2008年	2009年	2010年	2011年	2012年	2013年	2014年	2015年	2016年
河北省	衡水市	6	0.559	0.581	0.665	0.689	0.597	0.585	0.545	0.572	0.615	0.787	0.867	0.849
河南省	三门峡市	6	0.494	0.430	0.393	0.369	0.390	0.343	0.339	0.353	0.391	0.456	0.556	0.605
河南省	漯河市	6	0.318	0.303	0.289	0.252	0.259	0.251	0.264	0.281	0.291	0.388	0.419	0.435
河南省	濮阳市	6	0.334	0.322	0.325	0.296	0.309	0.296	0.318	0.322	0.312	0.513	0.559	0.622
河南省	鹤壁市	6	0.390	0.386	0.377	0.331	0.279	0.259	0.256	0.268	0.257	0.346	0.400	0.410
黑龙江省	七台河市	6	0.769	0.758	0.733	0.544	0.445	0.400	0.443	0.542	0.876	1.099	1.281	1.336
黑龙江省	伊春市	6	0.990	0.994	0.993	1.007	0.865	0.775	0.804	0.915	0.993	1.486	2.057	1.930
黑龙江省	双鸭山市	6	0.742	0.726	0.667	0.595	0.594	0.556	0.471	0.475	0.540	1.371	1.713	1.887
黑龙江省	绥化市	6	1.875	1.878	1.747	1.732	1.686	1.570	1.388	1.248	1.275	1.244	1.294	1.395
黑龙江省	鸡西市	6	1.418	1.320	1.324	1.263	0.876	0.760	0.753	0.751	0.838	1.206	1.449	1.651
黑龙江省	鹤岗市	6	0.895	0.829	0.810	0.742	0.628	0.578	0.505	0.506	0.579	1.046	1.169	1.197
黑龙江省	黑河市	6	2.939	2.835	2.680	2.454	2.439	2.225	2.018	1.930	1.979	2.227	2.407	2.522
湖北省	荆门市	6	1.065	1.059	0.980	0.891	0.755	0.657	0.570	0.543	0.553	0.575	0.628	0.657
湖北省	鄂州市	6	0.771	0.693	0.632	0.541	0.561	0.486	0.483	0.460	0.473	0.487	0.528	0.612
湖北省	随州市	6	0.746	0.760	0.718	0.748	0.776	0.734	0.700	0.675	0.677	0.693	0.736	0.786
湖南省	张家界市	6	2.267	2.459	2.499	2.558	2.744	2.517	2.396	2.473	2.447	2.636	2.885	3.170
湖南省	永州市	6	1.650	1.565	1.495	1.375	1.188	1.069	0.983	0.986	1.039	1.076	1.142	1.272
湖南省	益阳市	6	1.516	1.417	1.307	1.146	1.010	0.907	0.803	0.780	0.795	0.851	0.934	1.056
吉林省	松原市	6	0.423	0.364	0.426	0.458	0.652	0.605	0.686	0.731	0.767	0.815	0.874	0.998

省份	城市	等级	2005年	2006年	2007年	2008年	2009年	2010年	2011年	2012年	2013年	2014年	2015年	2016年
吉林省	白城市	6	1.178	0.970	0.912	0.989	0.908	0.795	0.678	0.735	0.758	0.792	0.825	0.891
吉林省	白山市	6	0.631	0.584	0.581	0.571	0.578	0.495	0.522	0.518	0.534	0.542	0.599	0.683
吉林省	辽源市	6	0.828	0.704	0.665	0.633	0.589	0.594	0.549	0.545	0.550	0.565	0.595	0.614
江西省	新余市	6	0.572	0.515	0.444	0.435	0.592	0.471	0.408	0.491	0.623	0.625	0.687	0.802
江西省	萍乡市	6	0.537	0.511	0.488	0.460	0.481	0.451	0.405	0.526	0.566	0.581	0.642	0.714
江西省	鹰潭市	6	0.738	0.647	0.393	0.401	0.488	0.441	0.410	0.441	0.469	0.487	0.554	0.588
辽宁省	朝阳市	6	0.903	0.814	0.691	0.602	0.602	0.566	0.542	0.571	0.569	0.841	1.443	2.055
内蒙古自治区	乌兰察布市	6	0.794	0.776	0.719	0.666	0.612	0.596	0.558	0.536	0.602	0.707	0.761	0.762
内蒙古自治区	乌海市	6	0.561	0.551	0.507	0.494	0.438	0.381	0.361	0.350	0.503	0.565	0.739	0.752
内蒙古自治区	巴彦淖尔市	6	0.832	0.647	0.579	0.509	0.467	0.426	0.401	0.383	0.433	0.462	0.602	0.634
宁夏回族自治区	中卫市	6	1.193	1.161	0.861	0.898	1.013	0.984	0.882	0.887	0.876	0.833	0.872	0.922
宁夏回族自治区	吴忠市	6	0.668	0.574	0.551	0.522	0.567	0.624	0.576	0.568	0.582	0.507	0.545	0.545
宁夏回族自治区	固原市	6	2.723	2.533	2.569	2.437	2.178	2.380	1.767	1.846	1.880	1.845	1.910	2.120
宁夏回族自治区	石嘴山市	6	0.465	0.430	0.370	0.315	0.442	0.500	0.465	0.463	0.472	0.460	0.480	0.507
山东省	莱芜市	6	0.378	0.416	0.421	0.385	0.508	0.538	0.541	0.608	0.650	0.699	0.781	0.838
山西省	吕梁市	6	0.440	0.411	0.381	0.353	0.473	0.371	0.299	0.305	0.342	0.508	0.658	0.696
山西省	忻州市	6	1.205	0.978	0.740	0.728	1.178	0.990	0.747	0.759	0.806	0.903	1.028	1.067
山西省	晋城市	6	0.486	0.479	0.497	0.507	0.514	0.506	0.462	0.484	0.534	0.630	0.720	0.801
山西省	朔州市	6	0.537	0.469	0.504	0.510	0.810	0.661	0.624	0.604	0.677	0.736	1.081	1.180

省份	城市	等级	2005年	2006年	2007年	2008年	2009年	2010年	2011年	2012年	2013年	2014年	2015年	2016年
山西省	长治市	6	0.604	0.597	0.580	0.501	0.521	0.463	0.414	0.425	0.473	0.639	0.861	0.869
山西省	阳泉市	6	0.704	0.656	0.661	0.661	0.721	0.656	0.655	0.672	0.704	0.798	0.973	1.047
陕西省	商洛市	6	1.141	1.089	1.050	0.907	1.115	0.934	0.793	0.762	0.644	0.620	0.639	0.621
陕西省	安康市	6	1.557	1.523	1.348	1.235	1.200	1.008	0.830	0.708	0.599	0.569	0.585	0.648
陕西省	延安市	6	0.196	0.174	0.150	0.149	0.305	0.281	0.259	0.256	0.275	0.313	0.464	0.681
陕西省	汉中市	6	0.971	0.924	0.926	0.948	1.124	1.002	0.888	0.857	0.770	0.762	0.863	0.921
陕西省	铜川市	6	0.767	0.670	0.605	0.545	0.524	0.490	0.454	0.436	0.396	0.478	0.568	0.779
四川省	巴中市	6	1.955	1.768	1.564	1.442	1.334	1.098	0.850	0.776	0.760	0.788	0.785	0.791
四川省	广元市	6	1.296	1.159	0.987	1.036	1.163	0.952	0.775	0.711	0.701	0.743	0.771	0.801
四川省	广安市	6	0.944	0.945	0.920	0.857	0.744	0.648	0.577	0.559	0.566	0.582	0.619	0.631
四川省	攀枝花市	6	0.373	0.354	0.335	0.302	0.346	0.300	0.274	0.272	0.294	0.321	0.352	0.370
四川省	自贡市	6	0.862	0.776	0.716	0.633	0.579	0.518	0.486	0.465	0.474	0.496	0.528	0.546
四川省	资阳市	6	0.793	0.690	0.622	0.558	0.503	0.453	0.415	0.401	0.411	0.425	0.450	0.541
四川省	达州市	6	0.952	0.835	0.737	0.705	0.633	0.524	0.464	0.465	0.479	0.517	0.612	0.891
新疆维吾尔自治区	克拉玛依市	6	0.126	0.110	0.111	0.094	0.146	0.109	0.114	0.130	0.292	0.317	0.521	0.425
云南省	临沧市	6	1.036	0.932	0.928	0.943	1.016	0.910	0.774	0.630	0.626	0.622	1.101	1.132
云南省	保山市	6	1.613	1.492	1.414	1.390	1.360	1.259	1.149	1.069	1.069	1.068	1.134	1.159
云南省	昭通市	6	0.905	0.777	0.753	0.759	0.901	0.746	0.676	0.634	0.593	0.632	0.843	0.913

省份	城市	等级	2005年	2006年	2007年	2008年	2009年	2010年	2011年	2012年	2013年	2014年	2015年	2016年	2017年
北京市	北京市	1	6 781	7 376	10 661	11 648	13 224	17 151	15 517	16 553	17 854	18 422	22 291	28 141	33 894
广东省	广州市	1	5 041	6 149	8 439	8 502	8 988	10 615	10 926	12 001	13 954	14 739	14 083	16 346	17 685
广东省	深圳市	1	6 997	8 849	13 370	12 823	14 390	18 954	21 037	18 996	23 427	24 040	33 661	45 498	48 622
上海市	上海市	1	6 698	7 039	8 253	8 115	12 364	14 290	13 566	13 870	16 192	16 416	21 501	25 910	24 866
广东省	东莞市	2	3 672	4 139	5 057	5 412	5 775	7 111	7 645	8 100	8 737	9 156	9 642	13 780	17 271
河南省	郑州市	2	2 387	2 691	3 328	3 598	4 054	4 596	4 692	5 643	6 587	6 579	7 223	8 093	8 323
湖北省	武汉市	2	2 750	3 535	4 516	4 680	5 199	5 552	6 768	6 895	7 238	7 399	8 404	9 819	10 888
湖南省	长沙市	2	2 089	2 431	3 191	3 201	3 533	4 322	5 484	5 603	5 771	5 453	5 557	6 157	7 280
江苏省	南京市	2	3 844	4 270	5 011	4 836	6 062	7 288	8 513	9 739	10 352	10 964	12 396	13 827	15 259
江苏省	苏州市	2	4 276	4 415	5 004	5 666	6 328	6 990	7 653	8 315	8 977	9 639	10 410	11 220	12 086
辽宁省	大连市	2	3 580	4 256	5 417	5 617	6 175	6 759	7 929	7 584	7 859	8 921	8 710	9 119	10 019
辽宁省	沈阳市	2	3 026	3 184	3 536	3 856	4 196	5 109	5 613	5 989	6 074	5 865	6 416	6 838	7 944
山东省	青岛市	2	3 594	4 001	5 105	4 788	5 487	6 112	6 548	7 583	7 987	7 855	8 437	8 997	10 052
陕西省	西安市	2	2 686	3 073	3 215	3 768	3 749	4 341	5 814	6 204	6 412	6 086	6 220	6 361	8 118
四川省	成都市	2	2 866	3 494	4 198	4 778	4 862	5 827	6 311	6 668	6 711	6 536	6 550	7 369	8 597
天津市	天津市	2	3 987	4 649	5 576	5 598	6 605	7 940	8 548	8 010	8 390	8 828	9 931	12 870	15 139
浙江省	宁波市	2	4 516	5 109	6 097	6 843	9 067	11 669	11 284	11 386	11 405	10 890	11 022	11 738	14 145
浙江省	杭州市	2	5 451	5 967	7 432	8 211	10 613	14 259	12 743	13 291	14 679	14 041	14 750	16 213	21 226
重庆市	重庆市	2	1 901	2 081	2 588	2 640	3 266	4 040	4 492	4 805	5 239	5 094	5 012	5 162	6 605

省份	城市	等级	2005年	2006年	2007年	2008年	2009年	2010年	2011年	2012年	2013年	2014年	2015年	2016年	2017年
安徽省	合肥市	3	2 807	2 891	3 172	3 425	4 095	5 501	5 608	5 754	6 084	6 917	7 512	9 312	11 442
福建省	厦门市	3	4 745	6 607	8 907	8 941	8 935	10 275	11 614	12 953	14 551	17 778	20 506	23 914	28 229
福建省	泉州市	3	2 255	2 782	3 224	3 889	4 554	4 919	6 594	6 162	6 599	6 369	6 005	5 963	5 766
福建省	福州市	3	2 981	3 976	4 900	5 395	6 441	7 842	9 243	10 645	20 750	10 105	11 333	13 440	12 519
甘肃省	兰州市	3	2 174	2 317	2 920	3 062	3 500	4 064	4 050	5 130	5 196	5 665	5 945	6 017	6 965
广东省	中山市	3	2 695	2 942	3 940	4 273	4 546	5 147	5 825	5 300	5 799	5 865	5 766	7 263	10 852
广东省	佛山市	3	3 218	3 760	5 275	5 366	6 204	7 648	8 207	7 958	8 837	8 728	8 492	9 662	11 375
广东省	惠州市	3	2 224	2 840	3 770	3 931	4 111	4 817	5 511	5 662	5 618	5 829	6 084	7 865	9 959
广东省	珠海市	3	3 779	4 627	6 454	6 921	7 371	10 516	11 905	10 668	11 172	11 617	14 031	18 387	20 972
广西壮族自治区	南宁市	3	2 390	2 656	3 273	3 720	4 463	4 952	4 996	5 619	6 155	6 103	6 229	6 767	7 700
贵州省	贵阳市	3	2 156	2 377	2 619	2 866	3 185	3 505	3 824	4 143	4 462	4 889	4 948	5 252	5 548
海南省	海口市	3	2 489	2 675	3 403	4 435	5 318	8 069	6 664	6 517	7 344	7 478	7 637	8 868	11 696
河北省	石家庄市	3	1 705	2 005	2 378	2 630	3 775	3 807	4 352	4 714	4 943	5 562	7 491	7 100	9 362
黑龙江省	哈尔滨市	3	2 384	2 503	2 943	3 515	4 147	5 196	5 341	5 081	5 886	5 760	6 148	6 349	7 893
湖南省	邵阳市	3	870	951	1 121	1 349	1 553	1 795	2 296	2 657	2 863	2 802	2 923	2 953	3 471
吉林省	长春市	3	2 272	2 409	3 118	3 344	4 012	5 097	—	—	—	—	—	—	—
江苏省	南通市	3	2 305	2 926	3 325	—	—	—	—	—	—	—	—	—	—
江苏省	常州市	3	3 380	3 645	3 764	4 108	4 451	4 794	5 137	5 481	5 824	6 167	6 554	6 957	7 382
江苏省	徐州市	3	1 717	1 993	2 192	2 543	2 862	3 218	3 575	3 932	4 289	4 645	5 002	5 088	5 388

省份	城市	等级	2005年	2006年	2007年	2008年	2009年	2010年	2011年	2012年	2013年	2014年	2015年	2016年	2017年
江苏省	无锡市	3	3 472	435	4 363	4 795	5 227	5 659	6 091	6 523	6 954	7 386	7 877	8 388	8 929
江西省	南昌市	3	2 518	3 053	3 509	3 361	3 637	4 331	5 323	5 880	6 639	6 225	6 955	7 707	8 106
山东省	济南市	3	2 993	3 319	3 720	4 155	4 790	6 100	6 676	6 660	6 910	7 160	7 531	8 409	9 718
山东省	烟台市	3	2 397	2 682	2 942	3 334	3 727	4 119	4 511	4 904	5 296	5 689	5 624	5 682	6 242
山西省	太原市	3	2 903	3 156	3 560	3 753	4 499	7 088	6 517	6 393	6 923	7 115	7 280	7 312	8 762
新疆维吾尔自治区	乌鲁木齐市	3	1 921	2 020	2 528	3 031	3 285	4 209	4 898	5 111	5 743	5 667	5 857	5 774	6 121
云南省	昆明市	3	2 513	2 733	377	3 499	—	—	—	—	—	—	—	—	—
浙江省	台州市	3	3 995	4 509	4 970	5 303	6 495	7 245	9 127	10 018	9 945	9 675	9 727	9 956	10 266
浙江省	嘉兴市	3	3 151	3 291	3 933	4 284	4 918	6 076	6 778	6 915	7 040	6 998	7 183	7 812	11 183
浙江省	温州市	3	4 656	5 590	7 549	8 612	14 086	13 818	16 862	17 498	15 943	13 843	12 631	14 149	13 984
浙江省	绍兴市	3	3 390	3 869	4 835	5 061	6 278	7 622	8 621	8 910	9 495	8 081	8 195	8 117	9 428
浙江省	金华市	3	3 092	3 385	4 065	4 542	5 214	6 453	8 011	9 452	9 350	10 239	10 376	9 381	11 033
安徽省	芜湖市	4	2 472	2 739	3 074	3 967	3 763	4 739	5 000	4 803	5 148	5 143	4 603	5 231	6 501
安徽省	蚌埠市	4	1 906	1 925	2 418	2 576	3 238	4 042	4 384	3 970	4 371	4 560	4 361	4 456	4 866
安徽省	马鞍山市	4	2 481	2 202	2 514	3 176	3 862	4 260	3 669	4 282	4 397	4 244	4 519	4 667	4 943
福建省	三明市	4	1 574	1 997	2 390	3 316	3 413	4 153	4 782	5 343	6 059	5 723	5 607	5 716	5 609
福建省	南平市	4	1 505	1 878	2 591	3 087	3 582	4 078	4 573	4 806	5 039	5 260	5 511	5 768	6 034
福建省	宁德市	4	1 579	1 964	2 757	3 281	3 694	4 832	6 006	6 906	6 949	6 291	6 377	6 217	5 998
福建省	漳州市	4	1 883	2 414	2 900	3 283	3 681	4 061	4 441	4 820	5 200	5 580	6 069	6 554	7 079

省份	城市	等级	2005年	2006年	2007年	2008年	2009年	2010年	2011年	2012年	2013年	2014年	2015年	2016年	2017年
福建省	莆田市	4	1 888	2 312	2 727	—	—	—	—	—	—	—	—	—	—
福建省	龙岩市	4	1 585	2 036	2 674	3 296	3 919	4 542	5 164	5 787	6 410	5 519	5 662	5 651	5 435
广东省	揭阳市	4	844	1 172	1 689	1 921	2 092	2 462	2 629	3 293	3 457	3 445	3 827	4 769	5 337
广东省	汕头市	4	2 364	2 519	3 061	3 125	3 504	4 159	4 790	5 879	6 993	6 541	7 149	7 556	9 335
广东省	江门市	4	1 847	1 989	2 976	3 160	3 708	4 638	5 321	5 444	5 868	5 763	5 588	5 999	7 235
广东省	清远市	4	1 705	2 130	2 659	2 742	3 271	4 064	4 331	4 408	4 970	4 833	4 718	4 782	6 399
广东省	湛江市	4	1 942	1 969	2 380	2 702	3 760	3 900	4 766	4 997	5 356	5 395	5 438	5 955	7 092
广东省	肇庆市	4	1 799	2 227	2 850	2 855	3 328	3 906	4 561	4 479	4 654	4 590	4 549	4 621	5 954
广西壮族自治区	柳州市	4	1 848	2 004	2 531	2 724	3 053	3 562	3 939	4 293	4 912	5 865	6 032	6 478	7 125
广西壮族自治区	桂林市	4	1 800	2 033	2 295	2 637	2 864	3 460	3 754	3 975	4 282	4 499	4 583	4 783	5 410
海南省	三亚市	4	3 818	6 663	7 006	9 080	11 154	17 317	12 727	11 431	14 245	19 575	17 997	18 126	23 410
河北省	保定市	4	1 298	1 567	1 936	2 179	2 384	2 616	2 982	3 158	3 896	4 044	3 896	4 841	6 120
河北省	唐山市	4	2 107	2 243	3 028	3 008	3 439	3 902	4 896	4 877	5 022	4 908	4 991	4 519	5 169
河北省	廊坊市	4	2 058	2 584	3 336	3 904	4 142	4 869	5 070	5 581	6 523	7 819	8 297	10 655	12 313
河北省	沧州市	4	1 486	1 637	2 033	2 083	2 667	2 866	3 265	3 403	4 100	3 913	4 543	4 932	5 632
河北省	秦皇岛市	4	2 398	2 820	3 583	3 843	4 248	4 547	4 872	5 051	6 294	5 539	5 319	5 614	6 492
河北省	邯郸市	4	1 518	1 628	2 114	2 469	2 848	3 154	3 351	3 710	4 051	4 209	4 501	5 305	5 581
河南省	南阳市	4	1 250	1 320	1 424	1 737	1 743	1 996	2 575	2 649	3 010	3 175	3 200	3 433	3 579
河南省	洛阳市	4	1 527	1 798	2 197	2 471	2 547	3 025	3 429	3 730	3 851	3 832	3 987	4 388	4 866

省份	城市	等级	2005年	2006年	2007年	2008年	2009年	2010年	2011年	2012年	2013年	2014年	2015年	2016年	2017年
黑龙江省	大庆市	4	2 101	2 479	2 549	2 938	3 425	3 750	4 151	4 226	3 831	4 478	4 795	4 509	4 399
黑龙江省	齐齐哈尔市	4	1 360	1 406	1 638	1 813	2 660	2 726	2 908	2 990	3 615	3 804	3 993	4 219	4 232
湖北省	孝感市	4	916	1 209	1 321	—	—	—	—	—	—	—	—	—	—
湖北省	宜昌市	4	1 948	2 056	2 529	2 834	3 139	3 445	3 750	4 055	4 197	4 484	4 760	5 022	5 332
湖北省	荆州市	4	1 166	1 347	1 592	—	—	—	—	—	—	—	—	—	—
湖南省	岳阳市	4	923	917	1 299	1 604	1 669	2 200	2 596	3 068	3 152	3 355	3 766	3 885	4 818
湖南省	株洲市	4	1 243	1 598	1 796	1 850	2 266	2 784	3 415	3 611	3 957	3 950	3 885	3 900	4 697
湖南省	衡阳市	4	998	1 055	1 383	1 625	1 898	2 192	2 672	2 643	3 049	3 449	3 340	3 500	3 974
吉林省	吉林市	4	1 314	1 419	1 791	2 115	2 439	2 791	—	—	—	—	—	—	—
江苏省	扬州市	4	2 587	2 696	3 201	—	—	—	—	—	—	—	—	—	—
江苏省	泰州市	4	2 114	2 447	2 929	3 268	3 607	3 947	4 286	4 625	4 964	5 304	5 643	5 599	5 832
江苏省	淮安市	4	1 671	1 992	2 343	2 541	2 807	3 147	3 486	3 826	4 165	4 505	4 907	5 331	5 788
江苏省	盐城市	4	1 680	1 868	2 156	2 808	3 134	3 460	4 099	4 149	4 416	4 616	4 592	4 738	4 852
江苏省	连云港市	4	2 036	2 192	2 401	2 721	3 040	3 360	3 679	3 998	4 318	4 637	5 009	5 400	5 818
江苏省	镇江市	4	2 252	2 444	2 940	3 224	3 508	3 791	4 075	4 359	4 643	4 927	5 211	6 168	6 790
江西省	上饶市	4	956	1 089	1 295	1 506	1 893	2 519	3 192	3 579	4 092	4 894	4 524	4 491	5 197
江西省	九江市	4	1 050	1 217	1 808	1 905	2 964	2 884	3 539	3 652	4 738	3 983	4 042	4 291	4 712
江西省	赣州市	4	1 088	1 256	1 717	1 874	2 307	2 973	4 037	4 660	4 873	5 372	4 985	5 075	6 015
辽宁省	丹东市	4	1 886	2 032	2 221	2 501	3 029	2 955	3 239	3 495	3 934	4 393	4 489	4 385	4 521

附表4（续）

省份	城市	等级	2005年	2006年	2007年	2008年	2009年	2010年	2011年	2012年	2013年	2014年	2015年	2016年	2017年
辽宁省	抚顺市	4	1 722	2 089	2 276	2 805	2 996	3 492	3 987	4 070	4 494	4 557	4 092	4 218	4 219
辽宁省	盘锦市	4	1 724	1 848	1 765	2 937	3 227	3 392	3 531	3 773	3 903	3 873	4 015	3 481	3 611
辽宁省	营口市	4	1 474	1 545	1 805	2 146	2 662	3 347	3 575	3 961	4 025	4 056	4 190	3 972	3 972
辽宁省	鞍山市	4	2 112	2 316	2 727	2 812	3 254	3 570	3 624	3 826	4 188	4 094	4 355	3 984	4 197
内蒙古自治区	包头市	4	1 540	1 690	2 635	2 987	3 218	3 427	3 998	4 293	4 708	4 811	4 360	4 563	4 851
内蒙古自治区	呼和浩特市	4	1 893	2 176	2 459	2 511	3 252	3 650	3 916	4 798	4 631	5 153	4 946	5 196	5 662
宁夏回族自治区	银川市	4	2 030	2 185	2 229	2 592	3 219	3 750	3 980	4 187	4 524	4 111	4 498	4 448	4 892
青海省	西宁市	4	1 729	1 950	2 313	2 817	2 811	3 202	3 437	4 336	4 380	4 807	4 602	5 007	5 890
山东省	东营市	4	1 832	1 989	2 224	2 595	2 966	3 337	3 707	4 078	4 449	4 820	5 380	5 180	5 354
山东省	临沂市	4	1 659	1 635	1 824	2 140	2 456	2 772	3 088	3 404	3 720	4 036	3 981	4 243	4 770
山东省	威海市	4	1 924	2 267	2 834	3 070	3 306	3 541	3 777	4 012	4 248	4 484	4 504	4 759	5 294
山东省	泰安市	4	1 790	1 850	2 086	2 478	2 870	3 262	3 654	4 046	4 438	4 830	4 629	5 160	5 457
山东省	济宁市	4	1 517	1 786	2 262	2 503	2 744	2 985	3 226	3 468	3 709	3 950	4 011	4 206	4 655
山东省	淄博市	4	1 833	2 112	2 201	2 650	3 100	3 549	3 999	4 448	4 898	5 347	5 394	5 561	6 036
山东省	潍坊市	4	1 634	1 816	2 009	2 295	2 580	2 866	3 152	3 437	3 723	4 009	4 134	4 214	4 806
陕西省	咸阳市	4	1 482	2 052	1 985	2 363	2 719	2 974	3 769	3 761	4 089	4 182	4 262	4 030	4 179
四川省	南充市	4	990	1 132	1 532	2 099	2 425	2 942	3 816	3 747	3 938	4 293	4 122	3 989	4 493
四川省	绵阳市	4	1 343	1 558	1 871	2 276	2 768	3 432	3 838	4 117	4 216	4 239	4 005	4 098	4 631
云南省	丽江市	4	1 546	1 654	2 084	—	—	—	—	—	—	—	—	—	—

省份	城市	等级	2005年	2006年	2007年	2008年	2009年	2010年	2011年	2012年	2013年	2014年	2015年	2016年	2017年
浙江省	丽水市	4	3 359	4 025	4 729	5 290	6 080	5 724	7 385	9 231	8 985	9 260	8 848	9 174	9 806
浙江省	湖州市	4	2 617	3 076	3 760	4 106	5 088	6 200	6 477	6 738	6 983	6 307	6 850	6 780	8 457
浙江省	舟山市	4	3 557	4 082	4 809	6 088	6 494	9 484	10 766	10 197	11 832	10 834	9 405	9 767	12 258
浙江省	衢州市	4	2 095	2 244	2 603	2 907	3 683	5 462	7 159	6 788	7 020	6 655	6 817	7 755	10 536
安徽省	六安市	5	1 428	1 357	1 968	2 245	2 565	3 220	4 053	4 341	4 325	4 498	4 249	4 511	5 647
安徽省	安庆市	5	1 226	1 489	1 699	1 739	2 330	2 818	3 233	3 674	4 231	4 370	4 503	4 552	5 179
安徽省	宣城市	5	1 407	1 604	1 828	2 404	2 552	2 986	3 726	3 916	4 349	4 458	4 150	4 232	5 180
安徽省	宿州市	5	1 301	1 610	1 933	1 980	2 239	2 689	3 423	3 501	3 288	3 605	3 437	3 781	4 231
安徽省	淮南市	5	1 474	1 868	2 415	2 675	2 915	3 634	3 852	4 152	4 220	4 204	4 034	4 107	5 015
安徽省	滁州市	5	1 396	1 682	1 926	2 133	2 611	3 197	3 785	3 904	4 042	4 042	4 070	4 384	5 711
安徽省	阜阳市	5	1 446	1 502	1 888	2 215	2 504	3 203	4 001	4 168	4 630	4 786	4 875	5 394	6 026
安徽省	黄山市	5	1 393	1 586	1 887	2 098	2 598	3 202	3 853	3 847	4 144	4 059	4 264	4 586	5 590
广东省	梅州市	5	1 079	1 125	1 366	1 712	1 823	2 586	3 052	3 770	4 394	4 529	4 387	4 646	5 578
广东省	汕尾市	5	1 172	1 323	1 467	1 486	2 504	2 856	3 835	3 648	4 322	4 821	4 735	4 682	5 387
广东省	河源市	5	1 407	1 418	2 136	2 012	2 413	2 705	3 420	3 872	4 376	4 171	4 097	4 320	4 960
广东省	潮州市	5	1 222	1 381	1 731	2 037	2 287	3 079	3 530	3 979	5 142	4 766	5 161	5 512	5 765
广东省	茂名市	5	1 646	1 451	1 944	1 946	2 246	2 752	3 520	3 746	4 225	4 304	4 644	5 144	6 049
广东省	阳江市	5	1 357	1 797	2 045	2 436	2 642	3 002	3 475	4 409	4 523	4 154	4 373	4 518	5 266
广东省	韶关市	5	1 192	1 387	1 894	2 128	2 523	3 124	3 463	3 762	4 178	3 985	4 050	4 092	5 042

附表4（续）

省份	城市	等级	2005年	2006年	2007年	2008年	2009年	2010年	2011年	2012年	2013年	2014年	2015年	2016年	2017年
广西壮族自治区	北海市	5	1 322	1 624	2 368	2 674	3 224	4 207	4 463	4 277	4 466	6 368	5 108	4 709	5 515
广西壮族自治区	梧州市	5	1 300	1 486	1 686	1 934	2 256	2 475	2 690	3 146	3 284	3 646	3 798	3 668	4 000
广西壮族自治区	玉林市	5	1 331	1 491	1 678	1 764	2 187	2 700	2 906	2 980	3 167	3 236	3 391	3 917	4 237
贵州省	遵义市	5	—	—	1 369	—	—	—	—	—	—	—	—	—	—
河北省	张家口市	5	1 355	1 508	1 605	1 716	2 175	2 597	2 840	3 124	3 463	3 953	4 371	4 554	6 295
河北省	承德市	5	1 570	1 839	2 329	2 339	2 803	2 988	3 372	3 437	3 834	4 198	4 321	4 741	5 687
河北省	邢台市	5	1 735	1 542	1 751	1 958	2 028	2 361	2 625	2 966	3 143	3 575	4 001	3 923	4 363
河南省	信阳市	5	1 086	1 369	1 486	1 489	1 707	1 938	2 569	2 992	3 214	3 378	3 491	3 629	3 906
河南省	周口市	5	1 052	1 096	1 217	1 371	1 860	1 815	2 310	2 554	2 936	3 083	3 188	3 146	3 296
河南省	商丘市	5	1 036	1 390	1 531	1 499	1 741	2 000	2 732	2 615	2 575	3 107	3 256	3 377	3 789
河南省	安阳市	5	1 388	1 455	1 519	1 689	1 887	2 112	2 661	2 680	2 939	3 097	3 459	3 413	3 670
河南省	平顶山市	5	1 195	1 473	1 445	1 702	1 861	2 268	2 787	3 127	3 140	3 359	3 796	4 098	3 942
河南省	开封市	5	1 397	1 542	2 153	1 936	2 279	2 762	2 986	3 370	3 621	3 579	3 518	3 852	4 625
河南省	新乡市	5	1 242	1 212	1 390	1 562	1 824	2 098	2 559	2 756	3 158	3 607	3 722	3 739	4 145
河南省	焦作市	5	964	1 059	1 669	2 201	1 959	2 354	2 775	3 017	3 224	3 154	3 769	3 938	4 440
河南省	许昌市	5	1 236	1 324	1 609	1 794	2 183	2 471	2 809	2 985	3 567	3 936	3 791	3 960	4 617
河南省	驻马店市	5	1 159	1 318	1 314	1 404	1 529	1 651	2 138	2 412	2 589	2 785	2 995	3 216	3 720
黑龙江省	佳木斯市	5	1 202	1 306	1 482	1 743	2 238	2 435	2 676	2 745	3 034	2 944	3 279	3 554	3 782
黑龙江省	牡丹江市	5	1 390	1 351	1 540	1 882	2 316	2 767	3 031	3 064	3 498	3 504	3 386	3 462	3 623

省份	城市	等级	2005年	2006年	2007年	2008年	2009年	2010年	2011年	2012年	2013年	2014年	2015年	2016年	2017年
湖北省	十堰市	5	1 390	1 776	1 685	—	—	—	—	—	—	—	—	—	—
湖北省	咸宁市	5	792	858	1 106	—	—	—	—	—	—	—	—	—	—
湖北省	黄冈市	5	793	924	1 031	—	—	—	—	—	—	—	—	—	—
湖北省	黄石市	5	1 372	1 492	905	—	—	—	—	—	—	—	—	—	—
湖南省	娄底市	5	843	1 088	1 177	1 465	1 669	1 765	2 003	2 368	2 681	2 587	2 675	3 070	3 739
湖南省	常德市	5	1 018	1 260	1 550	1 711	1 852	2 100	2 746	3 149	3 602	3 780	4 142	4 139	4 786
湖南省	怀化市	5	871	753	1 054	1 162	1 392	1 623	1 987	2 383	2 738	2 953	2 915	3 180	3 644
湖南省	湘潭市	5	1 062	1 334	1 560	1 766	2 202	2 751	3 234	3 281	3 652	3 694	3 819	3 884	4 634
湖南省	郴州市	5	940	1 224	1 406	1 574	1 585	2 107	2 625	2 834	3 364	3 225	3 222	3 370	3 737
吉林省	四平市	5	1 220	1 093	1 344	1 591	1 838	2 142	—	—	—	—	—	—	—
吉林省	通化市	5	1 227	1 532	1 665	1 802	1 939	2 204	—	—	—	—	—	—	—
江苏省	宿迁市	5	1 393	1 454	1 518	1 777	2 036	2 295	2 554	2 812	3 071	3 330	3 589	3 893	4 213
江西省	吉安市	5	856	1 127	1 359	1 372	1 812	2 372	3 402	3 446	3 990	4 104	4 283	4 315	4 659
江西省	宜春市	5	999	1 135	1 440	1 625	1 887	2 297	3 209	3 595	3 953	4 077	4 177	4 283	4 675
江西省	抚州市	5	842	1 829	1 605	1 802	2 076	2 444	3 490	3 495	3 914	4 325	4 397	4 515	4 792
江西省	景德镇市	5	1 058	1 165	1 521	1 613	2 084	2 303	3 249	3 593	3 799	4 163	4 024	4 320	4 641
辽宁省	本溪市	5	1 846	1 958	2 270	2 259	2 116	2 919	3 425	3 559	3 620	3 748	3 902	4 224	4 012
辽宁省	葫芦岛市	5	1 345	1 623	2 034	2 390	2 585	3 350	3 111	4 061	4 384	3 817	4 279	4 285	4 815
辽宁省	辽阳市	5	1 798	1 915	2 194	2 574	2 666	3 124	3 357	3 476	3 967	3 943	4 047	4 029	4 271

省份	城市	等级	2005年	2006年	2007年	2008年	2009年	2010年	2011年	2012年	2013年	2014年	2015年	2016年	2017年
辽宁省	铁岭市	5	1 294	1 519	1 789	1 934	2 063	2 666	2 727	3 164	3 485	3 789	3 735	3 642	3 724
辽宁省	锦州市	5	1 698	1 667	1 872	2 525	2 556	3 319	3 092	3 086	3 493	3 916	4 203	3 735	3 755
辽宁省	阜新市	5	1 484	1 501	1 833	2 011	2 217	2 378	2 758	2 794	3 376	3 487	3 624	3 535	3 519
内蒙古自治区	呼伦贝尔市	5	1 322	1 499	1 668	1 954	2 177	2 400	2 819	2 924	2 887	2 732	2 926	2 854	3 119
内蒙古自治区	赤峰市	5	1 337	1 439	1 731	2 013	2 197	2 769	3 080	3 398	3 921	3 657	4 629	4 788	4 749
内蒙古自治区	通辽市	5	1 216	1 248	1 491	1 680	1 631	1 945	2 017	2 868	3 189	3 298	3 180	3 519	3 608
内蒙古自治区	鄂尔多斯市	5	1 546	1 777	2 474	2 870	3 409	3 860	4 320	4 035	4 062	4 054	4 193	4 054	3 611
山东省	德州市	5	1 522	1 620	1 651	1 971	2 291	2 611	2 930	3 250	3 570	3 889	3 858	4 175	4 623
山东省	日照市	5	2 000	2 320	2 733	3 030	3 327	3 624	3 921	4 218	4 514	4 811	4 793	5 003	5 474
山东省	枣庄市	5	1 322	1 587	2 079	2 318	2 558	2 798	3 037	3 277	3 517	3 756	3 717	3 887	4 473
山东省	滨州市	5	1 417	1 581	1 474	1 737	2 000	2 263	2 526	2 789	3 052	3 315	3 727	4 074	4 521
山东省	聊城市	5	1 278	1 488	1 904	2 193	2 481	2 770	3 058	3 347	3 636	3 924	3 903	4 333	4 724
山东省	菏泽市	5	1 615	1 486	1 676	1 916	2 156	2 396	2 636	2 876	3 117	3 357	3 434	3 485	3 651
山西省	临汾市	5	1 309	1 765	2 149	2 409	2 572	2 381	2 708	2 780	3 443	3 676	3 941	4 128	4 079
山西省	大同市	5	1 810	2 008	2 040	2 128	2 762	2 749	3 206	3 881	3 993	4 004	4 498	4 291	4 448
山西省	晋中市	5	1 433	1 386	1 713	1 876	2 076	2 350	2 906	3 898	3 783	3 973	4 133	3 876	4 372
山西省	运城市	5	1 363	1 294	1 451	1 591	1 742	1 752	2 009	2 404	2 664	2 808	3 000	3 024	3 207
陕西省	宝鸡市	5	1 166	1 492	1 447	1 566	2 554	2 711	3 164	3 092	3 411	3 304	3 601	3 487	3 796
陕西省	榆林市	5	1 267	1 453	1 990	2 237	3 067	3 665	4 430	3 557	4 020	4 553	4 622	5 181	5 204

省份	城市	等级	2005年	2006年	2007年	2008年	2009年	2010年	2011年	2012年	2013年	2014年	2015年	2016年	2017年
陕西省	渭南市	5	1 068	1 217	1 325	1 548	1 483	1 637	2 487	2 897	2 999	2 952	2 961	2 979	3 292
四川省	乐山市	5	1 083	1 307	1 805	2 205	2 280	3 147	4 073	4 250	4 333	3 862	3 975	3 994	4 741
四川省	内江市	5	904	1 064	1 277	1 779	2 100	2 618	3 442	3 503	3 964	4 144	4 033	3 752	4 206
四川省	宜宾市	5	1 168	1 460	1 638	1 943	2 369	2 857	3 280	3 712	4 084	4 240	4 559	4 337	4 682
四川省	德阳市	5	1 139	1 416	2 001	2 213	2 674	3 235	3 779	3 855	4 496	3 867	3 737	3 750	3 890
四川省	泸州市	5	938	1 146	1 583	1 846	2 088	2 746	3 007	3 278	4 101	4 065	4 263	4 367	4 653
四川省	眉山市	5	893	1 061	1 396	1 727	2 350	3 055	3 463	3 731	4 033	3 982	3 955	4 330	5 502
四川省	遂宁市	5	838	942	1 335	1 367	1 709	2 265	2 889	3 714	3 818	4 447	4 073	4 079	4 199
四川省	雅安市	5	1 413	1 561	1 540	1 934	2 300	2 390	4 003	4 079	4 288	4 154	4 509	4 359	4 663
云南省	曲靖市	5	1 384	1 637	1 862	—	—	—	—	—	—	—	—	—	—
云南省	玉溪市	5	1 590	1 522	1 346	—	—	—	—	—	—	—	—	—	—
安徽省	亳州市	6	1 286	1 685	1 563	2 018	2 243	2 625	3 641	3 626	3 963	4 123	4 256	4 324	5 711
安徽省	池州市	6	1 386	1 604	1 949	2 226	2 492	3 106	3 910	3 615	4 252	4 347	4 374	4 336	4 898
安徽省	淮北市	6	1 578	1 745	3 052	2 435	2 679	2 832	3 729	4 056	4 453	4 422	4 410	4 620	5 269
安徽省	铜陵市	6	1 795	2 164	3 234	3 158	3 645	4 200	4 508	4 471	4 721	4 579	4 446	3 984	4 954
甘肃省	嘉峪关市	6	938	1 028	1 232	1 376	1 520	2 632	2 593	3 098	3 310	3 462	3 620	3 517	3 260
甘肃省	天水市	6	1 541	1 430	2 156	2 244	2 331	2 242	3 974	3 161	3 509	4 033	3 756	4 710	5 573
甘肃省	定西市	6	926	1 066	1 416	1 663	1 910	2 068	2 501	2 744	3 100	3 267	3 383	3 466	3 710
甘肃省	平凉市	6	1 062	1 504	1 150	1 371	1 592	1 400	3 345	3 127	3 349	3 553	3 536	3 275	3 330

省份	城市	等级	2005年	2006年	2007年	2008年	2009年	2010年	2011年	2012年	2013年	2014年	2015年	2016年	2017年
甘肃省	庆阳市	6	1 169	1 449	1 652	1 923	2 193	3 000	3 432	3 701	3 880	3 408	3 836	3 633	3 872
甘肃省	张掖市	6	1 012	1 324	1 357	1 620	1 883	2 607	2 781	2 611	2 881	2 878	3 043	3 103	3 335
甘肃省	武威市	6	1 079	1 597	1 313	1 635	1 957	1 514	3 299	3 106	3 153	3 187	3 501	3 433	4 533
甘肃省	白银市	6	902	832	1 249	1 687	2 125	2 515	3 176	2 982	3 380	3 321	3 518	4 413	4 340
甘肃省	酒泉市	6	923	1 014	1 547	1 715	1 883	2 309	3 046	2 680	3 347	3 319	3 514	3 580	3 704
甘肃省	金昌市	6	936	1 006	1 546	1 844	2 142	1 627	2 147	2 319	2 148	2 821	3 294	3 151	3 358
甘肃省	陇南市	6	912	1 415	1 545	1 467	1 390	1 852	2 069	2 716	3 244	3 099	3 004	3 207	4 356
广东省	云浮市	6	1 319	1 537	1 678	2 182	2 547	3 380	3 801	4 095	4 467	3 938	3 849	4 079	4 785
广西壮族自治区	崇左市	6	1 006	1 154	1 515	1 749	1 819	2 192	2 362	2 266	2 420	2 698	3 088	3 248	3 408
广西壮族自治区	来宾市	6	630	1 333	1 378	1 539	1 822	1 975	2 150	2 678	2 566	2 326	2 287	2 449	2 660
广西壮族自治区	河池市	6	1 202	1 184	1 261	1 378	1 805	2 183	2 368	2 719	2 857	3 799	3 503	3 517	3 646
广西壮族自治区	百色市	6	1 277	1 345	1 495	1 650	1 934	2 151	2 178	2 747	2 978	3 243	3 303	3 952	3 597
广西壮族自治区	贵港市	6	1 330	1 553	1 765	1 938	2 357	2 798	3 184	3 296	3 610	3 910	3 843	4 019	5 515
广西壮族自治区	贺州市	6	924	1 142	1 288	1 639	1 498	1 831	1 731	2 234	2 873	2 703	2 534	2 909	3 741
广西壮族自治区	钦州市	6	1 228	1 267	1 764	2 122	2 653	2 998	3 230	3 725	3 315	3 317	3 427	3 807	3 544
广西壮族自治区	防城港市	6	1 232	1 447	1 595	2 382	2 435	2 661	2 790	3 227	3 434	3 746	3 670	3 791	4 041
贵州省	六盘水市	6	1 369	1 561	1 770	2 041	2 312	2 583	2 854	3 124	3 395	3 109	3 210	3 247	3 203
贵州省	安顺市	6	—	—	1 334	—	—	—	—	—	—	—	—	—	—
河北省	衡水市	6	1 426	1 420	1 642	1 805	1 786	2 086	2 368	2 615	2 718	3 061	3 424	3 699	4 571

附表4（续）

省份	城市	等级	2005年	2006年	2007年	2008年	2009年	2010年	2011年	2012年	2013年	2014年	2015年	2016年	2017年
河南省	三门峡市	6	1 005	1 136	1 222	1 412	2 099	2 123	2 442	2 898	3 151	3 252	3 244	3 222	3 492
河南省	漯河市	6	1 049	1 220	1 479	1 599	1 922	2 068	2 235	2 854	3 337	3 276	3 759	3 674	4 017
河南省	濮阳市	6	1 343	1 469	1 671	2 005	2 066	2 229	2 683	3 066	3 484	3 181	3 657	3 991	4 583
河南省	鹤壁市	6	1 110	1 218	1 452	1 653	1 906	2 345	2 702	2 938	2 674	2 985	3 483	3 518	4 060
黑龙江省	七台河市	6	1 353	1 608	1 748	1 895	1 986	2 647	3 329	3 514	3 479	3 251	3 136	2 805	2 844
黑龙江省	伊春市	6	793	867	1 013	1 319	1 516	1 691	1 907	2 240	2 632	2 565	2 412	2 703	3 115
黑龙江省	双鸭山市	6	1 089	1 204	1 480	1 684	2 014	2 299	2 691	2 639	2 366	2 524	2 279	2 399	2 464
黑龙江省	绥化市	6	1 167	1 193	1 328	1 579	1 837	2 064	2 537	2 640	3 077	3 080	2 966	3 117	3 025
黑龙江省	鸡西市	6	1 325	1 492	1 649	1 939	2 479	2 647	3 161	3 249	3 249	3 264	2 931	3 454	3 479
黑龙江省	鹤岗市	6	1 239	1 442	1 533	1 682	1 732	1 979	3 114	2 943	3 252	3 060	3 026	2 660	2 842
黑龙江省	黑河市	6	932	1 001	1 016	1 614	2 160	2 337	2 447	2 463	2 480	2 661	2 553	2 493	2 715
湖北省	荆门市	6	1 113	1 273	1 401										
湖北省	鄂州市	6	1 154	1 149	1 770	—	—	—	—						
湖北省	随州市	6	773	919	1 312	—	—	—	—						
湖南省	张家界市	6	1 121	1 266	1 301	1 735	1 826	1 919	2 632	2 857	3 141	3 775	3 419	3 691	4 039
湖南省	永州市	6	826	832	997	1 065	1 252	1 603	1 911	2 300	2 354	2 695	2 910	3 130	3 492
湖南省	益阳市	6	770	817	1 181	1 430	1 650	2 019	2 441	2 744	2 848	2 741	2 778	3 244	3 684
吉林省	松原市	6	1 576	1 134	1 071	1 114	1 156	2 512	—	—	—	—	—	—	—
吉林省	白城市	6	1 158	1 214	1 266	1 388	1 511	1 763	—	—	—	—	—	—	—

省份	城市	等级	2005年	2006年	2007年	2008年	2009年	2010年	2011年	2012年	2013年	2014年	2015年	2016年	2017年
吉林省	白山市	6	1 215	1 404	1 586	1 650	1 714	2 081	—	—	—	—	—	—	—
吉林省	辽源市	6	1 253	1 321	1 656	1 669	1 682	1 993	—	—	—	—	—	—	—
江西省	新余市	6	989	1 144	1 514	1 608	2 089	2 330	3 091	3 288	3 625	4 266	4 005	3 901	3 819
江西省	萍乡市	6	1 101	1 317	1 526	1 714	2 107	2 462	2 989	3 585	4 106	4 294	4 231	4 614	4 586
江西省	鹰潭市	6	1 126	1 269	1 811	1 658	2 606	3 063	3 364	3 790	4 390	3 919	4 804	3 817	4 205
辽宁省	朝阳市	6	1 209	1 378	1 476	1 642	1 728	2 122	2 268	2 498	2 894	3 314	3 330	3 463	3 091
内蒙古自治区	乌兰察布市	6	990	1 130	1 351	1 362	1 651	1 691	2 306	2 428	2 371	2 896	2 658	2 375	2 777
内蒙古自治区	乌海市	6	1 350	1 527	1 939	1 900	1 989	2 981	3 530	3 844	3 858	4 362	4 987	3 617	4 228
内蒙古自治区	巴彦淖尔市	6	1 266	1 334	1 770	1 691	2 061	2 238	2 452	2 967	4 593	3 423	3 518	4 095	3 837
宁夏回族自治区	中卫市	6	1 086	1 279	1 355	1 657	2 113	2 104	2 451	2 765	3 257	3 078	3 481	3 529	3 585
宁夏回族自治区	吴忠市	6	1 152	1 352	1 434	1 830	2 293	2 735	2 955	3 221	3 362	3 371	3 203	3 272	3 446
宁夏回族自治区	固原市	6	1 054	1 077	1 087	1 425	1 789	2 188	2 647	2 815	3 025	3 000	2 949	3 077	3 365
宁夏回族自治区	石嘴山市	6	1 268	1 437	1 622	1 636	1 901	2 103	2 665	2 838	2 661	2 779	2 768	2 506	2 518
山东省	莱芜市	6	1 220	1 591	1 975	2 357	2 739	3 121	3 503	3 885	4 267	4 649	4 704	4 697	5 093
山西省	吕梁市	6	1 299	1 147	1 441	1 586	2 108	2 342	2 163	2 432	3 077	3 539	3 259	2 946	3 501
山西省	忻州市	6	1 236	1 324	1 436	1 790	1 261	2 038	2 234	2 428	2 925	2 736	3 033	3 060	3 469
山西省	晋城市	6	1 515	1 975	2 678	2 674	2 642	2 753	3 393	3 641	4 210	4 319	4 111	4 589	4 623
山西省	朔州市	6	1 111	1 432	1 436	1 755	2 065	1 988	1 972	2 210	2 866	3 088	3 514	2 982	3 148
山西省	长治市	6	1 620	1 639	2 150	1 925	2 338	2 449	2 857	3 071	3 347	3 484	3 568	4 046	3 967

省份	城市	等级	2005年	2006年	2007年	2008年	2009年	2010年	2011年	2012年	2013年	2014年	2015年	2016年	2017年
山西省	阳泉市	6	1 378	1 397	1 625	2 112	2 529	2 432	2 463	2 706	3 118	3 108	3 641	3 927	4 070
陕西省	商洛市	6	1 091	1 127	1 283	1 394	1 746	2 320	2 636	2 865	2 751	2 617	2 818	2 930	3 006
陕西省	安康市	6	1 026	1 224	1 463	1 718	1 754	2 573	3 179	3 097	3 310	3 193	3 250	3 247	3 714
陕西省	延安市	6	1 619	1 349	1 796	1 682	1 798	2 803	3 733	3 236	3 015	2 938	3 709	3 203	3 587
陕西省	汉中市	6	1 020	1 107	1 447	2 308	1 822	2 501	2 847	2 792	3 073	2 967	3 031	3 120	3 344
陕西省	铜川市	6	769	1 120	1 113	1 122	1 772	2 286	2 821	3 077	2 912	3 062	2 787	3 020	3 174
四川省	巴中市	6	769	838	1 056	1 317	1 715	2 164	2 905	2 978	3 674	3 543	3 608	3 553	3 501
四川省	广元市	6	976	1 160	1 553	1 961	2 253	3 175	3 946	3 646	4 040	4 257	4 167	3 970	4 068
四川省	广安市	6	743	782	1 090	1 283	1 594	2 323	3 040	3 484	3 932	4 018	3 850	3 860	3 985
四川省	攀枝花市	6	1 432	1 705	1 969	2 058	2 584	2 313	3 302	4 339	4 642	4 300	4 015	3 951	4 334
四川省	自贡市	6	944	1 154	1 551	1 955	2 429	2 880	3 387	3 631	4 087	4 429	4 447	4 449	4 889
四川省	资阳市	6	811	955	1 208	1 487	1 634	2 262	2 901	3 287	3 417	3 824	3 878	3 753	3 967
四川省	达州市	6	795	1 007	1 379	1 798	2 218	2 672	3 227	3 663	4 180	4 291	4 425	4 214	4 750
新疆维吾尔自治区	克拉玛依市	6	1 305	1 538	1 530	1 431	1 716	2 424	2 622	2 742	3 043	3 201	3 590	3 564	4 422
云南省	临沧市	6	949	1 248	1 094	—	—	—	—	—	—	—	—	—	—
云南省	保山市	6	1 440	1 826	6 778	—	—	—	—	—	—	—	—	—	—
云南省	昭通市	6	964	1 052	1 388	—	—	—	—	—	—	—	—	—	—

附录 2　MATLAB 及 STATA 代码

MATLAB 代码: 4.2 节

```
clear;
phi = 1;
alpha = 0.2;
at = 1;
delta = 0:0.01:1;
lt = 1;
phi = 0.5;
lambda = 2;
epsilon = 2;
f = 1-(1/epsilon).^lambda;
q1 = phi * f/(1-alpha)/at * (delta/at/lt).^(alpha/(1-alpha));
epsilon = 3;
f = 1-(1/epsilon).^lambda;
q2 = phi * f/(1-alpha)/at * (delta/at/lt).^(alpha/(1-alpha));
epsilon = 4;
f = 1-(1/epsilon).^lambda;
q3 = phi * f/(1-alpha)/at * (delta/at/lt).^(alpha/(1-alpha));
figure;
plot(delta,q1,'k-');
hold on;
plot(delta,q2,'k-.')
hold on;
plot(delta,q3,'k--')
legend('epsilon=2','epsilon=3','epsilon=4')
xlabel('delta')
ylabel('q')
```

STATA 代码：4.3 节

```
clear
cd C:\Users\Desktop\博士论文写作\第四章写作
use disizhangshuju,clear
recast str24 city
sort city year
global var1 lnpergdp empden fe1 lnpop public

*** VIF
reg lnq L.lnurban delta lnpertudi $var1
estat vif

*** H1&H2 检验
set more off
qui xtreg lnq    L.lnurban,fe
est sto l1
qui xtreg lnq    L.lnurban delta,fe
est sto l2
qui xtreg lnq    L.lnurban delta lnpertudi,fe
est sto l3
qui xtreg lnq    L.lnurban delta lnpertudi $var1,fe
est sto l4
qui xtdpdsys lnq L.lnurban delta lnpertudi $var1, lags(1) maxldep(3) pre ($var1) twostep
est sto l5
estat abond
estat sargan
outreg2 [l1 l2 l3 l4 l5] using h12.doc

*** H3 检验
egen mgap = mean(gap)
egen mdelta = mean(delta)
gen degap=(gap-mgap)*(delta-mdelta)
qui xtreg lnq    L.lnurban delta    degap,fe
est sto l1
qui xtreg lnq    L.lnurban delta lnpertudi    degap $var1,fe
```

```
est sto l2
qui xtdpdsys lnq L.lnurban delta lnpertudi   degap $var1, lags (1) maxldep (3) pre ($var1)
twostep
est sto l3
estat abond
estat sargan
outreg2 [l1 l2 l3] using h3.doc, replace
```

*** robust test Ⅰ:替换被解释变量
```
gen realshangpin = realgdp * shangpin/gdp
gen lnq1 = ln(realshangpin)
qui xtreg lnq1 L.lnurban delta, fe
est sto l1
qui xtreg lnq1 L.lnurban delta degap, fe
est sto l2
qui xtreg lnq1   L.lnurban delta degap lnpertudi $var1, fe
est sto l3
qui xtdpdsys lnq1 L.lnurban delta lnpertudi $var1, lags(1) maxldep(3)   pre($var1) twostep
estat abond
estat sargan
est sto l4
qui xtdpdsys lnq1 L.lnurban delta degap lnpertudi $var1, lags(1) maxldep(3)   pre($var1)
twostep
est sto l5
estat abond
estat sargan
outreg2 [l1 l2 l3 l4 l5] using q1.doc
```

*** robust test Ⅱ:变换估计方法
```
qui xtabond lnq L.lnurban delta lnpertudi $var1, lags(1) maxldep(3) pre($var1) twostep
est sto l1
estat abond
estat sargan
qui xtabond lnq L.lnurban delta degap lnpertudi $var1, lags(1) maxldep(3) pre($var1)
twostep
est sto l2
estat abond
```

```
estat sargan
qui xtabond lnq1 L.lnurban delta lnpertudi $var1, lags(1) maxldep(3)    pre($var1) twostep
est sto l3
estat abond
estat sargan
qui xtabond lnq1 L.lnurban delta degap lnpertudi $var1, lags(1) maxldep(3) pre($var1)
twostep
est sto l4
estat abond
estat sargan
outreg2 [l1 l2 l3 l4] using diff.doc
```

MATLAB 代码：5.2 节

```
function [g] = Gp(p,alpha,beta)
g = p+((1-alpha)/alpha*p)^(1/beta-1);
end
function [sigma] = Simga(p,alpha,beta)
sigma = (p+((1-alpha)/alpha*p)^(1/beta-1))/((1-alpha)/alpha*p)^(1/beta-1);
end
function [phi] = Phi(p,alpha,beta)
phi = (1/(beta-1))*(1-alpha)/alpha*((1-alpha)/alpha*p)^((1/beta-1)-1);
end
function F=mySolve(x,A2)
A1 =0.5;
L = 5;
gamma = 1;
alpha =0.49;
beta = 1.1;
B =0.1;
F =[((A1*x(1)^(gamma-1)/Simga(x(3),alpha,beta))^beta-(A2*x(2)^(gamma-1)/
    Simga(x(4),alpha,beta))^beta)*(alpha)/(1-alpha)-(A1*x(1)^(gamma-1)/
    Gp(x(3),alpha,beta))^beta+(A2*x(2)^(gamma-1)/Gp(x(4),alpha,beta))^beta;
    A1*x(1)^(gamma)+A2*x(2)^(gamma) - A1*x(1)^(gamma)/Simga(x(3),al-
    pha,beta)-A2*x(2)^(gamma)/Simga(x(4),alpha,beta)-A1*x(1)^(gamma)*x
    (3)/Gp(x(3),alpha,beta)-A2*x(2)^(gamma)*x(4)/Gp(x(4),alpha,beta)+B
    *(A1*x(1)^(gamma)/Gp(x(3),alpha,beta))^2+B*(A2*x(2)^(gamma)/Gp
```

```
    (x(4),alpha,beta))^2;
    A1 * x(1)^(gamma)/(A2 * x(2)^(gamma))-(Gp(x(3),alpha,beta)^2+x(3) * Gp
    (x(3),alpha,beta)+x(3) * Gp(x(3),alpha,beta) * Phi(x(3),alpha,beta))/(Gp
    (x(4),alpha,beta)^2+x(4) * Gp(x(4),alpha,beta)+x(4) * Gp(x(4),alpha,beta)
    * Phi(x(4),alpha,beta)) * (1+Phi(x(4),alpha,beta))/(1+Phi(x(3),alpha,beta));
    L - x(1)-x(2)];
end


clear;
A2 = 0.5:0.01:1.5;
L1 = zeros(1,length(A2));
p1 = zeros(1,length(A2));
L2 = zeros(1,length(A2));
L3 = zeros(1,length(A2));
p_d1 = zeros(1,length(A2));
p_d2 = zeros(1,length(A2));

options = optimset('MaxFunEvals',4000);
options.MaxIter = 4000 ;
options.MaxFunEvals=4000;

[w]=fsolve(@(x)mySolve(x,A2(1)),[2.5,2.5,10.5459,10.5459].options);
for i = 1:length(A2)
tic;
a2 = A2(i);

x=fsolve(@(x)mySolve(x,a2),[2.5,2.5,10.5459,10.5459].options);
%kk=[0,0,0,0];
%for kk = 1:10000
%k=fsolve(@(x)mySolve(x,a2+rand(1)/1000),[2.5,2.5,10.5459,10.5459].options);
%kk=kk+k;
%end
%x = kk/10000;
toc;

L1(i)= x(2)-x(1);
L2(i)= x(2)/x(1);
```

```
L3(i) = x(2)/5;
p_d1(i) = x(4)/w(4);
p_d2(i) = x(3)/w(3);
p2(i) = x(4)/x(3);
end

%figure;
%plot(A2-1,L1);
%figure;
%plot(A2-1,p1);
figure;
plot(A2/0.5,L3,'--');
hold on
plot(A2/0.5,1-L3,'-.');
%plot(A2(1:end-1),(L2(2:end)-L2(1:end-1))./(A2(2:end)-A2(1:end-1)))
%plot(A2(10:end),(L3(10:end)-L3(10))./(A2(10:end)-A2(10)))
figure;
plot(A2/0.5,p_d1,'--');
hold on
plot(A2/0.5,p_d2,'-.');
mean_p_d1 = zeros(1,length(p_d2));
mean_p_d2 = zeros(1,length(p_d2));
for  i = 1:length(A2)
mean_p_d1(i) = sum(p_d1(:,1:i))/i;
mean_p_d2(i) = sum(p_d2(:,1:i))/i;
end
figure;
plot(A2/0.5,mean_p_d1,'--');
hold on
plot(A2/0.5,mean_p_d2,'-.');
plot(L3,p2);
xlim([0.5,0.6])
```

STATA 代码：5.3 节

```
*** H1 检验
use diliuzhang,clear
```

```
xtset city1 year
set more off
rename migbz mig
scatter  mig lnts | | lfit  mig lnts
scatter  mig lntl | | lfit  mig lntl
qui xtreg mig lnts,fe
est sto l1
qui xtreg mig lnts lnpergdp lnqincome jymd1 fe1 perpublic,fe
est sto l3
qui xtreg mig lntl,fe
est sto l2
qui xtreg mig lntl lnpergdp lnqincome jymd1 fe1 perpublic,fe
est sto l4
outreg2 [l1 l2 l3 l4] using H11.doc


*** H1 robust test
qui xtreg migrant lnts,fe
est sto r1
qui xtreg migrant lnts lnpergdp lnqincome jymd1 fe1 perpublic,fe
est sto r3
qui xtreg migrant lntl,fe
est sto r2
qui xtreg migrant lntl lnpergdp lnqincome jymd1 fe1 perpublic,fe
est sto r4
outreg2 [r1 r2 r3 r4] using H12.doc
qui xtreg mig lnts lnpergdp lnqincome jymd1 fe1 perpublic if grade<3,fe
est sto r11
qui xtreg mig lnts lnpergdp lnqincome jymd1 fe1 perpublic if grade= =3|grade= =4,fe
est sto r12
qui xtreg mig lnts lnpergdp lnqincome jymd1 fe1 perpublic if grade= =5|grade= =6,fe
est sto r13
qui xtreg mig lntl lnpergdp lnqincome jymd1 fe1 perpublic if grade<3,fe
est sto r14
qui xtreg mig lntl lnpergdp lnqincome jymd1 fe1 perpublic if grade= =3|grade= =4,fe
est sto r15
qui xtreg mig lntl lnpergdp lnqincome jymd1 fe1 perpublic if grade= =5|grade= =6,fe
est sto r16
```

```
outreg2 [r11 r12 r13 r14 r15 r16] using H13.doc
```

*** H2 检验
```
use diliuzhang,clear
rename migbz mig
scatter lnq mig || lfit lnq mig
global var1 lnurban lnpertudi lnpergdp jymd1 fe1 lnpop perpublic
qui xtreg lnq mig,fe
est sto m1
qui xtreg lnq mig    $var1,fe
est sto m2
qui xtdpdsys lnq mig    $var1, lags(1) maxldep(3) pre( mig)    twostep
est sto m3
estat abond
estat sargan
qui xtabond lnq mig    $var1, lags(1) maxldep(3) pre( mig)    twostep
est sto m4
estat abond
estat sargan
outreg2 [m1 m2 m3 m4] using H21.doc
```

*** H2robust test
```
qui xtreg lnq migrant,fe
est sto m11
qui xtreg lnq migrant  $var1,fe
est sto m12
qui xtdpdsys lnq migrant  $var1, lags(1) maxldep(3) pre( migrant)    twostep
est sto m13
estat abond
estat sargan
qui xtabond lnq migrant    $var1, lags(1) maxldep(3) pre( migrant)    twostep
est sto m14
estat abond
estat sargan
outreg2 [m11 m12 m13 m14] using H22.doc
```

*** H3 检验

```
use diliuzhang,clear
rename migbz mig
drop if year<2009
bysort city1:ipolate mig year,gen (mig1)
count if lntl==.
bysort city1:ipolate lntl year,gen (lntl1)
egen x=prod(mig1),by(city1) pmiss(missing)
drop if x==.
egen x1=prod(lntl1),by(city1) pmiss(missing)
drop if x1==.
keep if year==2016
sort city1
keep city1 jingdu weidu
spwmatrix gecon  weidu jingdu, wname(juli_w212) wtype(inv) ///
r(3958.761) alpha(2)   xport(juli_w212,txt )row replace
spmat import juli_w212 using juli_w212.txt,replace
spmat save juli_w212 using juli_w212m.spmat,replace
spmat use w212 using juli_w212m.spmat,replace
use diliuzhang,clear
rename migbz mig
drop if year<2009
bysort city1:ipolate mig year,gen (mig1)
count if lntl==.
bysort city1:ipolate lntl year,gen (lntl1)
egen x=prod(mig1),by(city1) pmiss(missing)
drop if x==.
egen x1=prod(lntl1),by(city1) pmiss(missing)
drop if x1==.
global var1 lnurban lnpertudi lnpergdp jymd1 fe1 lnpop perpublic
scatter lnq lnts || lfit lnq lnts
scatter lnq lntl || lfit lnq lntl
qui xtreg lnq lnts $var1,fe
est sto n1
qui xtreg lnq lntl $var1,fe
est sto n2
qui xtdpdsys lnq lnts $var1, lags(1) maxldep(3) pre(lnts )   twostep
est sto n3
```

```
estat abond
estat sargan
qui xtdpdsys lnq lntl $var1, lags(1) maxldep(3) pre(lntl)    twostep
est sto n4
estat abond
estat sargan
outreg2 [n1 n2 n3 n4] using fesys.doc
qui xsmle lnq lnts, wmat(w212) emat(w212) dmat(w212) durbin model(sdm) ///
fe robust dlag(1) nolog
est sto x1
qui xsmle lnq lnts    $var1, wmat(w212) emat(w212) dmat(w212) durbin(lnts) model
(sdm) ///
fe robust dlag(1) nolog
est sto x3
qui xsmle lnq lntl1    , wmat(w212) emat(w212) dmat(w212) durbin(lntl1) model(sdm)
///
fe robust dlag(1) nolog
est sto x2
qui xsmle lnq lntl1 $var1    , wmat(w212) emat(w212) dmat(w212) durbin(lntl1) model
(sdm) ///
fe robust dlag(1) nolog
est sto x4
outreg2 [x1 x2 x3 x4] using xs.doc

qui xsmle lnq lnts    $var1 if year<2013, wmat(w212) emat(w212) dmat(w212) durbin
(lnts) model(sdm) ///
fe robust dlag(1) nolog
est sto k1
qui xsmle lnq lntl1    $var1 if year<2013, wmat(w212) emat(w212) dmat(w212) durbin
(lntl1) model(sdm) ///
fe robust dlag(1) nolog
est sto k2
qui xsmle lnq lnts    $var1 if year>2012, wmat(w212) emat(w212) dmat(w212) durbin
(lnts) model(sdm) ///
fe robust dlag(1) nolog
est sto k3
qui xsmle lnq lntl1    $var1 if year>2012, wmat(w212) emat(w212) dmat(w212) durbin
```

（lntl1）model（sdm）///

fe robust dlag（1）nolog

est sto k4

outreg2［k1 k2 k3 k4］using r3.doc

STATA 代码：6.2 节

cd C：\Users\Desktop\博士论文写作\第六章写作

use diliuzhangshuju,clear

set more off

*** 均值差异检验

ttest y,by（gender）

ttest y,by（marry）

ttest y if age==1 | age==0,by（age）

ttest y if age==2 | age==0,by（age）

ttest y if age==3 | age==0,by（age）

ttest y if edu==1 | edu==0,by（edu）

ttest y if edu==2 | edu==0,by（edu）

ttest y if edu==3 | edu==0,by（edu）

ttest y,by（hregister）

ttest y if range==1 | range==0,by（range）

ttest y if range==2 | range==0,by（range）

ttest y,by（stay1）

*** 回归分析

tabulate age,gen（ag）

tabulate edu,gen（ed）

tabulate range,gen（ra）

qui logit y gender

est sto l1

qui logit y gender marry

est sto l2

qui logit y gender marry ag2 ag3 ag4

est sto l3

qui logit y gender marry ag2 ag3 ag4 ed2 ed3 ed4

est sto l4

```
qui logit y gender marry ag2 ag3 ag4 ed2 ed3 ed4 hregister
est sto l5
qui logit y gender marry ag2 ag3 ag4 ed2 ed3 ed4 hregister ra2 ra3
est sto l6
qui logit y gender marry ag2 ag3 ag4 ed2 ed3 ed4 hregister ra2 ra3 stay
est sto l7
qui logit y gender marry ag2 ag3 ag4 ed2 ed3 ed4 hregister ra2 ra3 stay lnincome
est sto l8
qui outreg2 [l*] using logit.doc,replace
```

*** robust test 1:变换估计方法
```
qui probit y gender
est sto p1
qui probit y gender marry
est sto p2
qui probit y gender marry ag2 ag3 ag4
est sto p3
qui probit y gender marry ag2 ag3 ag4 ed2 ed3 ed4
est sto p4
qui probit y gender marry ag2 ag3 ag4 ed2 ed3 ed4 hregister
est sto p5
qui probit y gender marry ag2 ag3 ag4 ed2 ed3 ed4 hregister ra2 ra3
est sto p6
qui probit y gender marry ag2 ag3 ag4 ed2 ed3 ed4 hregister ra2 ra3 stay
est sto p7
qui probit y gender marry ag2 ag3 ag4 ed2 ed3 ed4 hregister ra2 ra3 stay lnincome
est sto p8
outreg2 [p*] using probit.doc
```

*** robust test 2:分年度回归
```
qui logit y gender marry ag2 ag3 ag4 ed2 ed3 ed4 hregister ra2 ra3 lnincome if year==2011
est sto w1
qui logit y gender marry ag2 ag3 ag4 ed2 ed3 ed4 hregister ra2 ra3 stay lnincome if year==
2012
est sto w2
qui logit y gender marry ag2 ag3 ag4 ed2 ed3 ed4 hregister ra2 ra3 lnincome if year==2013
est sto w3
```

```
qui logit y gender marry ag2 ag3 ag4 ed2 ed3 ed4 hregister ra2 ra3 stay1 lnincome if year = =
2014
est sto w4
qui logit y gender marry ag2 ag3 ag4 ed2 ed3 ed4 hregister ra2 ra3 stay1 lnincome if year = =
2016
est sto w5
qui logit y gender marry ag2 ag3 ag4 ed2 ed3 ed4 hregister ra2 ra3 stay1 lnincome if year = =
2017
est sto w6
outreg2 [ w * ] using w.doc,replace
```

*** robust test 3:随机抽取子样本回归

```
preserve
bsample 200000
qui logit y gender marry ag2 ag3 ag4 ed2 ed3 ed4 hregister ra2 ra3 stay lnincome
est sto b1
outreg2 [ b1 ] using b.doc
restore
preserve
bsample 300000
qui logit y gender marry ag2 ag3 ag4 ed2 ed3 ed4 hregister ra2 ra3 stay lnincome
est sto b2
outreg2 [ b2 ] using b.doc
restore
preserve
qui bsample 400000
logit y gender marry ag2 ag3 ag4 ed2 ed3 ed4 hregister ra2 ra3 stay lnincome
est sto b3
outreg2 [ b3 ] using b.doc
restore
preserve
qui bsample 500000
logit y gender marry ag2 ag3 ag4 ed2 ed3 ed4 hregister ra2 ra3 stay lnincome
est sto b4
outreg2 [ b4 ] using b.doc
restore
preserve
```

```
qui bsample 600000
logit y gender marry ag2 ag3 ag4 ed2 ed3 ed4 hregister ra2 ra3 stay lnincome
est sto b5
outreg2 [b5] using b.doc
restore
preserve
qui bsample 700000
logit y gender marry ag2 ag3 ag4 ed2 ed3 ed4 hregister ra2 ra3 stay lnincome
est sto b6
outreg2 [b6] using b.doc
restore
preserve
qui bsample 800000
logit y gender marry ag2 ag3 ag4 ed2 ed3 ed4 hregister ra2 ra3 stay lnincome
est sto b7
outreg2 [b7] using b.doc
restore
```

STATA 代码：6.3 节

```
cd C:\Users\Desktop\博士论文写作\第六章写作
use diliuzhangshuju,clear
set more off
global var1 lnurban lnpertudi lnpergdp jymd1 fe1 lnpop perpublic
```

```
***初步回归分析
qui xtreg lnq gender1,fe
est sto l1
qui xtreg lnq marry1,fe
est sto l2
qui xtreg lnq age1,fe
est sto l3
qui xtreg lnq gender1 $var1,fe
est sto l4
qui xtreg lnq marry1 $var1,fe
est sto l5
qui xtreg lnq age1 $var1,fe
```

```
est sto l6
outreg2 [l1 l2 l3 l4 l5 l6] using h13.doc
qui xtreg lnq edu1 ,re
est sto m1
qui xtreg lnq hregister1 ,fe
est sto m2
qui xtreg lnq range1 ,fe
est sto m3
qui xtreg lnq edu1 $var1 ,fe
est sto m4
qui xtreg lnq hregister1 $var1 ,fe
est sto m5
qui xtreg lnq range1 $var1 ,fe
est sto m6
outreg2 [m1 m2 m3 m4 m5 m6] using h46.doc
qui xtreg lnq stay1 ,fe
est sto n1
qui xtreg lnq lnincome1 ,fe
est sto n2
qui xtreg lnq stay1 $var1 ,fe
est sto n3
qui xtreg lnq lnincome1 $var1 ,fe
est sto n4
outreg2 [n1 n2 n3 n4] using h78.doc

*** robust test
qui xtreg lnq gender1 ,re
est sto l11
qui xtreg lnq marry1 ,re
est sto l21
qui xtreg lnq age1 ,re
est sto l31
qui xtreg lnq gender1 $var1 ,re
est sto l41
qui xtreg lnq marry1 $var1 ,re
est sto l51
qui xtreg lnq age1 $var1 ,re
```

```
est sto l61
outreg2［l11 l21 l31 l41 l51 l61］using h131.doc
qui xtreg lnq edu1 ,re
est sto m11
qui xtreg lnq hregister1 ,re
est sto m21
qui xtreg lnq range1 ,re
est sto m31
qui xtreg lnq edu1  $var1 ,re
est sto m41
qui xtreg lnq hregister1  $var1 ,re
est sto m51
qui xtreg lnq range1  $var1 ,re
est sto m61
outreg2［m11 m21 m31 m41 m51 m61］using h461.doc
qui xtreg lnq stay1 ,re
est sto n11
qui xtreg lnq lnincome1 ,re
est sto n21
qui xtreg lnq stay1  $var1 ,re
est sto n31
qui xtreg lnq lnincome1  $var1 ,re
est sto n41
outreg2［n11 n21 n31 n41］using h781.doc
```